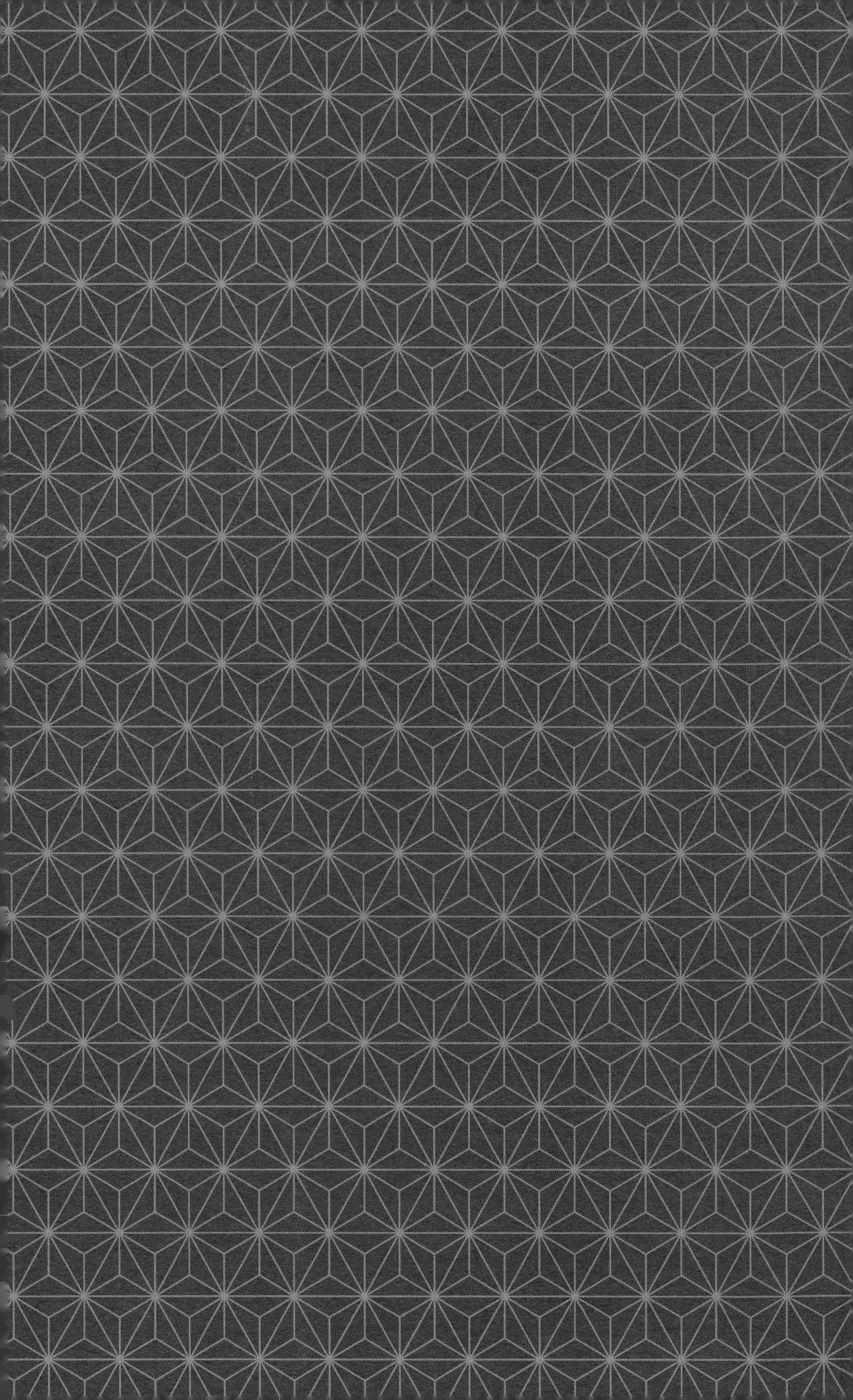

JULIA MOMOSÉ
unter Mitarbeit von Emma Janzen

JAPANISCHE COCKTAILS

TRADITIONEN, TECHNIKEN, REZEPTE

AUS DEM ENGLISCHEN VON ELKE HOMBURG
FOTOS VON KEVIN MIYAZAKI
ILLUSTRATIONEN VON YUKO SHIMIZU

DUMONT

INHALT

Einleitung 7

TEIL I
DER JAPANISCHE WEG

Essen und Trinken in Japan 17
Eine kurze Geschichte des Cocktails in Japan 27
Werkzeuge und Techniken 57
Japanische Getränke 81

TEIL II
REZEPTE

haru | Frühling 104
natsu | Sommer 160
aki | Herbst 210
fuyu | Winter 262

TEIL III
ANHANG

Hausgemachte Zutaten 316
Quellen 321
Beachtenswerte Bars 322
Bibliografie und Literaturempfehlungen 323
Dank 325
Sachregister 327
Rezept- und Zutatenregister 331

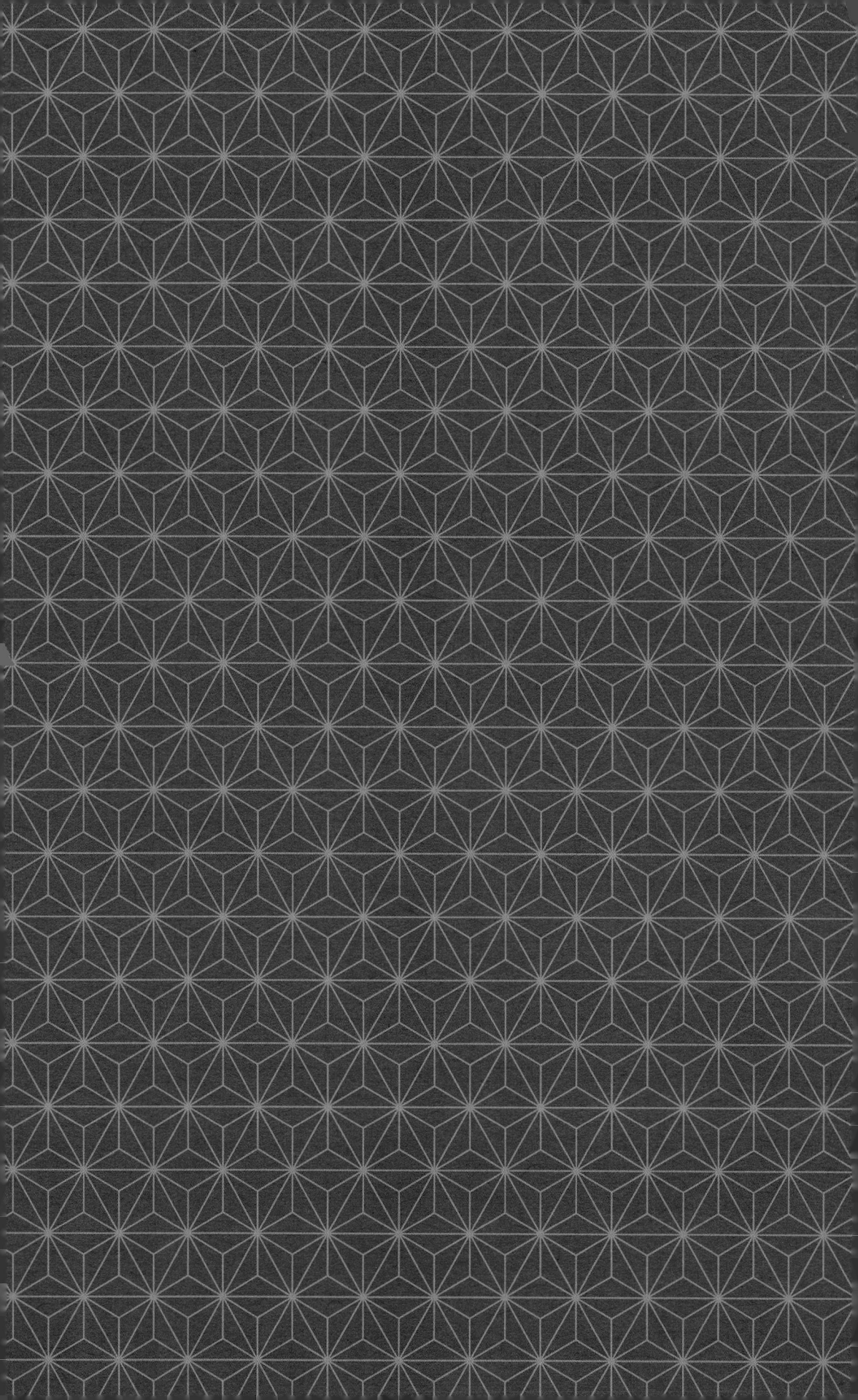

前書きと意図

EINLEITUNG

In Kyōto treffen sich die Geister von Vergangenheit und Gegenwart. Ihre Stimmen trällern in den imposanten Bambuswäldern von Arashiyama, flattern durch die Blätter und trommeln auf den sich biegenden Zweigen. Sie tanzen im Sonnenlicht durch die zinnoberroten Torii (Tore), die zum Schrein von Fushimi Inari-taisha führen, wo Wünsche erfleht und erfüllt werden. Sie steigen in Gion aus, diesem bezaubernden Stadtteil mit seinen magischen Tempeln und seinem Labyrinth aus gewundenen Kopfsteinpflastergassen – flankiert von verwitterten Machiya, den traditionellen hölzernen Stadthäusern aus dem 17. Jahrhundert. Hinter jeder Abzweigung wartet ein neues Abenteuer. Kyōto ist mein Lieblingsort in Japan.

Bevor ich zum Studium nach Amerika ging, arbeitete ich in Gion, dem historischen Stadtviertel Kyōtos, das für seine Geisha-Kultur berühmt ist. Ich liebte es, den letzten Teil meines Arbeitswegs zu Fuß zurückzulegen. Deshalb stieg ich in Sanjō aus – eine Station früher als nötig. Schon auf den letzten Treppenstufen aus dem Untergrund umfing mich die Energie des Viertels, und eine kräftige Brise wehte mir vom nahe gelegenen Fluss Kamo entgegen. Der Wind brachte die Papiertüten der Touristen zum Rascheln und verschmolz mit dem Gesang der Vögel, die in den Bäumen zwitscherten. Ein erfrischender Willkommensgruß zu jeder Jahreszeit.

Gion zieht ganz unterschiedliche Menschen an – Künstlerinnen und Künstler, Familien, junge Paare, Touristen und Büroangestellte strömen gleichermaßen zum Arbeiten oder zum Entspannen in die kleinen Bars und Geschäfte. Die Straßen schlängeln sich durch das Netz der Altstadt wie Weinreben, die sich an ihrem Spalier entlangranken. Besucher können sich leicht verirren. Ich lasse mich treiben, folge den köstlichen Düften aus dem Waffelladen, dem Geruch von Nukazuké (fermentierter Reiskleie) auf dem Nishiki-Markt und dem Karamellaroma des gerösteten Kaffees in dem alten Café. Nachts beleuchten Laternen die Reihen von Geschäften, Teehäusern und Restaurants, die die Gassen säumen. Elegante Frauen in traditionellen Kimonos geleiten Gäste durch diskrete Eingänge in die Kyō-ryōriya (traditionelle Kyōto-Restaurants). Trauben von Menschen quellen derweil aus den Izakaya (Kneipen), wo man oft für die besten Highballs und Otsumami (Snacks) Schlange stehen muss.

In Kyōto besuchte ich zum ersten Mal in meinem Leben eine Cocktailbar und tauchte in der Stadt, die ich so gut zu kennen glaubte, in eine neue Welt ein. Mein Freund und ich stiegen eine Treppe herab, läuteten an einer Tür und schauten in eine Überwachungskamera. Eine Stimme knisterte durch den Lautsprecher. Ein Winken, und die Tür glitt auf, um einen schmalen, schmucklosen Flur zu enthüllen, der zu einem schweren roten Samtvorhang führte. Ein sanfter Jazzgesang wehte uns entgegen wie ein Bote aus einer anderen Zeit. Die Sängerin posierte in ihrem scharlachroten Kleid wie eine Göttin neben dem Klavier in der Ecke. Auf der anderen Seite beleuchtete schummriges Licht die lange hölzerne Bar, an der ein Bartender in einer weißen Smokingjacke hantierte. Seine Art, sich zu bewegen, war hypnotisierend. Seine Eleganz war einzigartig, er schenkte jedem Handgriff seine volle Aufmerksamkeit. Es war – wie gesagt – mein erster Besuch in einer richtigen Cocktailbar, und so sog ich jeden Moment und jedes Detail auf. Das Klirren der Eiswürfel im Glas, das Gemurmel der anderen Gäste, der Klang des Klaviers. Ich fühlte mich wie ein Teil einer geheimnisvollen Welt, die sich unter den wuseligen Straßen von Kyōto verbarg.

Ich wusste nicht, was ich bestellen sollte, also fragte ich nach einem Martini. Der Bartender lächelte und begann mit einem wissenden Nicken sein einstudiertes Ritual des Mixens. Er wählte ein geschliffenes Kristallglas und füllte es mit Eissplittern, die an ein glitschiges Puzzle erinnerten. Dann stellte er das Glas zum Kühlen beiseite und maß Gin und Vermouth ab. Nun wischte er die Tropfen von den Flaschenöffnungen ab, bevor er die Flaschen vor mir auf der Bar platzierte, als wolle er mich von der Qualität überzeugen.

Mit gekonnten Bewegungen wirbelte er mit seinen Rührwerkzeugen herum. Der Cocktail im Glas erinnerte mich an einen Mondstein, der in seiner Fassung dahinschmolz. Mit einem Schwung wurden Zitronenöle über dem glitzernden Edelstein ausgedrückt, dann schob er mir den Martini über die Bar. In diesem Moment wusste ich, dass ich Bartenderin werden wollte. Ich wollte anderen Menschen diese besondere Erfahrung schenken.

Ich verließ meine Heimat, um an der Cornell University in Ithaca, New York, Design und Umweltanalyse zu studieren. Doch eigentlich wollte ich ja Bartenderin werden und suchte mir Jobs in Bars, um die Ausbildung bezahlen zu können. Doch die Jobsuche war nicht so einfach. Ein Barchef war der Meinung, Collegegirls seien nicht geeignet für den Job als Bartenderin. Um die Gleichberechtigung stand es damals in Amerika noch nicht gut. Da ich aus Japan kam, wo die Diskriminierung von Frauen an der Tagesordnung war, war ich nicht sonderlich überrascht. Also fing ich im Service an und arbeitete mich zur Barfrau hoch.

In meinem neuen Job sortierte ich Flaschen und Gläser, während die Bestellungen über den Bartresen geschrien wurden, wischte Verschüttetes auf, während sich Flüssigkeiten vom Ausgießer ins Glas ergossen. Getränke wanderten so schnell wie möglich in die Hände durstiger Collegestudenten, und ich sog jede Menge Wissen auf, während ich beobachtete, lauschte und Gläser polierte. Ich lernte so viele Rezepte auswendig wie möglich – für die damaligen Klassiker wie Long Island Iced Tea, Fuzzy Navel und Mudslide sowie Newcomer wie Pineapple Upside-Down Cake und Surfer on Acid. Schließlich wurde ich Bartenderin und machte mir zur Aufgabe, die Drinks, die ich kannte, zu perfektionieren. Nach der Poesie der Momente, die ich in der Jazzbar in Kyōto erlebt hatte, suchte ich vergeblich, aber fürs Erste war ich zufrieden.

Besondere Umstände sorgten dafür, dass ich die Schule verlassen und nach Japan zurückkehren musste, um mich neu zu orientieren. Eines Abends spazierte ich mit einem Freund auf der Suche nach einem Schlummertrunk durch die Straßen von Kōbe. Wir stießen auf eine schicke Bar, deren kohlegraue Wände einen langen Holztresen aus dunklem Holz einrahmten. Das einzige Geräusch, das den Raum durchdrang, war das »chk, chk, chk« eines Eispickels, mit dem der Bartender das Eis fachmännisch auf Bestellung zerkleinerte. Er ließ den Eispickel für einen kurzen Moment sinken, um unsere Ankunft zu bestätigen, und reichte uns eine Barkarte mit Klassikern wie Manhattan, Gimlet und French 75. Ich entschied mich für einen einfachen Gin Tonic, und während ich ihm bei der Zubereitung zusah, bewunderte ich erneut die Sorgfalt, die Bartender in Japan jedem Getränk widmen.

Im Scheinwerferlicht bearbeitete er die glatte Eiskugel hingebungsvoll, bevor er das Eis in ein altmodisches Glas gab. Dann warf er winzige Stücke gefrorenen Eises in die Luft, während er zwei kleinere Kugeln für meinen Gin Tonic formte. Jede Bestellung erledigte er mit der gleichen Sorgfalt – egal ob es sich um einen ausgefallenen Cocktail oder einen Standard-Highball handelte. Es war schön zu sehen, dass es alle Drinks in seinen Augen verdient hatten, großartig zu sein. Jeder Drink der Welt *sollte* so zubereitet werden, dachte ich. Jede Interaktion und jeder Gast verdient die gleiche Sorgfalt. Ich fühlte mich inspiriert und gleichzeitig geerdet, als ich die Bar verließ. Das Erlebnis hatte meine Leidenschaft für das Barhandwerk neu entfacht.

Als ich nach Amerika zurückkehrte, dieses Mal nach Baltimore, arbeitete ich in einer Bar, die hauptsächlich klassische Cocktails servierte. Während der Einarbeitung in die reiche Cocktailgeschichte Amerikas lernte ich, warum der Old Fashioned so beliebt ist und warum ein perfekter Manhattan zwei Vermouth-Arten vereinen sollte.

Die Leidenschaft hatte mich gepackt, und es gab kein Zurück mehr. Schließlich zog ich nach Chicago, um im *The Aviary* zu arbeiten. Ich war die erste Bartenderin, die hinter der Bar *The Office* Cocktails mixte. Hier fragten wir die Gäste nach ihren Vorlieben, statt ihnen einfach die Barkarte vorzulegen. Dann arbeitete ich als Chef-Bartenderin im *GreenRiver*, das mit einem Michelin-Stern ausgezeichnet ist, und anschließend im Zwei-Sterne-Restaurant *Oriole*. In beiden Lokalen konzentrierte ich mich darauf, Kreationen mit subtilen japanischen Einflüssen zu entwickeln.

Mit der Zeit wurde mir klar, dass ich eine eigene Cocktailbar betreiben wollte. Eine Bar, die nicht nur japanische Elemente in die amerikanische Barkultur einbrachte, sondern den japanischen Weg des Cocktailmixens und die japanische Gastfreundschaft lebte. Chefkoch Noah Sandoval vom *Oriole* trat mit einem Angebot an mich heran und ermutigte mich, meine Vision zu verwirklichen. In den nächsten Jahren konzipierte und gestaltete ich jedes noch so winzige Detail des Raums. Zwischendurch reiste ich immer wieder in meine Heimat, um den Kontakt zu meinen Wurzeln nicht zu verlieren. Im Januar 2019 öffneten wir offiziell und begrüßten das neue Jahr.

Kumiko ist ein Ort, an dem ich zwei Kulturen vereinen kann: die Kultur meines Heimatlandes und die meiner Wahlheimat. Das Wort »kumiko« steht für eine japanische Holzbearbeitungstechnik, bei der Holzstücke auf kunstvolle Weise zu Tafeln mit symbolischen Mustern zusammengelegt werden. Das fertige Werk ist großartig, aber auch der Weg zum Endprodukt ist inspirierend. Diese Technik erinnert mich an mein Erbe und an die japanische Cocktailkultur, die wir im *Kumiko* leben. Bei allem, was in der Bar passiert, geht es um den Prozess, nicht nur um das Ergebnis.

Viele Leute nennen *Kumiko* eine japanisch inspirierte Cocktailbar, aber das trifft den Geist unserer Bar nicht vollständig. Es ist keine echte japanische Bar, denn sie liegt nun mal außerhalb Japans. Sie ist aber nicht nur »japanisch inspiriert«, denn ich komme aus Japan und bringe meine Kultur ein. Stattdessen ist das *Kumiko* ein Ort, der zwischen zwei Welten liegt. Es ist die Summe meiner Erfahrungen hinter

der Bar in Amerika und meiner Erziehung in Japan, die sich harmonisch vereinen wie die kleinen Holzstückchen, die eine Kumiko-Tafel bilden.

Im Japanischen gibt es das Wort »wa«, was so viel wie »Harmonie« bedeutet. Dahinter steht die Philosophie, das Miteinander über individuelle Bedürfnisse zu stellen. Frieden, Einigkeit und Gemeinwohl sind in Japan hohe Werte. Damit ist ein Moralkodex verbunden, der seine Wurzeln in Japans landwirtschaftlicher Vergangenheit hat, als Bauern eng zusammenarbeiten mussten, um das Beste aus dem verfügbaren Land zu machen.

Heute passt diese Philosophie zu einem Land mit über 126 Millionen Einwohnern, die auf einer Insel leben, die nur geringfügig größer als das Vereinigte Königreich ist, das etwa halb so viele Einwohner hat. Wir warten, bis die Fußgängerampel grün ist, bevor wir die Straße überqueren, damit es nicht zu Unfällen kommt. Wir werfen keinen Müll auf die Straße, damit alle sich über saubere Straßen freuen können. In Restaurants essen wir in einem angemessenen Tempo, damit die nächste Person in der Schlange nicht zu lange auf einen Platz warten muss. Auch wenn nicht viel Platz in Japan ist, soll jeder ein möglichst angenehmes Leben führen können.

Wa ist auch auf einer tieferen kulturellen Ebene von Bedeutung. Es ist das alte Wort für »Japan« und wird verwendet, um ein Gefühl für einen Ort oder eine Kultur auszudrücken, die im Geiste japanisch ist. Washitsu sind zum Beispiel Räume, die mit Tatamiböden aus Reisstroh ausgestattet sind, das nach der Ernte übrig geblieben ist. Wagashi, die japanischen Süßigkeiten aus Zutaten wie Reis, Agar-Agar, Pfeilwurzel, Yomogi (Beifuß) oder Adzuki-Bohnen, werden zu essbaren Kunstwerken geformt, die die Jahreszeiten repräsentieren. Wa berührt Kunst, Design, Architektur, Wirtschaft und mehr. Ich glaube, man kann es auch in Verbindung mit Cocktails verwenden.

Ein japanischer Cocktail ist nicht nur ein Getränk, das in Japan erfunden wurde – obwohl es einige davon gibt, wie zum Beispiel den azurblauen Sky Diving (s. S. 306) oder den Million Dollar (s. S. 313). Es geht aber nicht nur um die Zutaten, die ins Glas kommen: Wenn ein Getränk Saké oder Shōchū enthält, ist es noch kein japanischer Cocktail. Ein Cocktail kann nur dann wirklich »japanisch« sein, wenn er den Sinn für Harmonie und Verbundenheit widerspiegelt, der in der japanischen Kultur so wesentlich ist. Es geht um Zeremonie und Konzentration, Raffinesse, Präzision und Eleganz. Es geht um die Erfahrung, dass Elemente nahtlos ineinandergreifen, um den Prozess, der genauso gefeiert wird wie das Endprodukt. Es geht um Wa.

Bei Cocktails beginnt die Reise zu Wa an der Spitze der Lieferkette. Ein Master Bartender bedenkt auch die Sorgfalt, die Landwirte in den Anbau von Zuckerrohr, Gerste oder Reis für die Spirituosen stecken. Er würdigt die Kunstfertigkeit der Brenner, die diese landwirtschaftlichen Produkte in Rum, Whisky oder Shōchū verwandeln, und die Geschicklichkeit und das Fachwissen der Handwerker, die die

Werkzeuge zum Schütteln oder Rühren herstellen. All diese Komponenten fließen in die Cocktailherstellung ein, lange bevor eine Flüssigkeit aus der Flasche fließt. Es ist die Aufgabe des Bartenders, die Handwerkskunst und jedes Element vom Ursprung bis zum Glas zu respektieren und diese Komponenten zu ehren.

Es kommt aber noch mehr dazu – beispielsweise das Design und die Architektur der Bar, wie der Raum zum Leben erwacht, wenn das Licht eingeschaltet wird, und auch die Persönlichkeit des Bartenders. Die Gläser werden gekühlt, bis sie gefrostet sind. Die Flaschen werden mit den Etiketten in Richtung des Gastes auf die Bar gestellt. Die Lautstärke der Musik wird angepasst – sie soll nicht zu laut und nicht zu leise sein. Dann das Schütteln – eine Choreografie, die in jahrzehntelanger Praxis entwickelt wurde. Oder ein heißes Handtuch von genau festgelegter Temperatur, das in Reichweite auf der Theke liegt. Kleinigkeiten für sich genommen, aber wenn sie zusammengefügt werden, entsteht die Kunst der Cocktailzubereitung, die zutiefst japanisch ist.

Als Bartenderin denke ich bei allen Aspekten meines Berufs und meines Lebens an das Konzept des wa. Es ist die Art und Weise, wie ich meine Werkzeuge halte, die nächste Bewegung vorwegnehme, sodass eine Bewegung nahtlos in die nächste übergeht. Die Art und Weise, wie man Zutaten mischt und aufeinander abstimmt, um einen ausgewogenen Geschmack zu erzeugen. Wa ist das, wonach ich bei jeder Interaktion mit einem Gast strebe und was ich beim Mixen eines Cocktails in jede Bewegung einfließen lasse. Es geht darum, etwas zu schaffen, das größer ist als die Summe seiner Teile – sowohl im Gesamterlebnis als auch im Glas.

In diesem Buch werden wir in die Seele japanischer Cocktailkultur eintauchen und die Frage erörtern, wie sich Tradition und Philosophie auf die Herstellung von Getränken auswirken. Es geht aber auch um cocktailspezifische Grundlagen wie Technik, Werkzeuge und Elemente der Gastlichkeit. Wir werden untersuchen, inwiefern moderne japanische Cocktails ein Produkt der japanischen und amerikanischen Bartender-Geschichte sind, denn die beiden Kulturen stehen seit dem 19. Jahrhundert in einem wiederkehrenden Dialog. Schließlich begeben wir uns in das Reich der japanischen Spirituosen.

Natürlich gibt es auch Rezepte. In diesem Buch finden Sie Cocktails, die den Geist der japanischen Cocktailkultur einfangen – aus der Sicht einer jungen Japanerin, die in Chicago lebt. Sie werden Drinks finden, die von Geschmacksrichtungen inspiriert sind, die ich als Kind geliebt habe, Abwandlungen von Klassikern, die seit Langem von japanischen Bartendern geschätzt werden, und meine Interpretationen von in Japan erfundenen Drinks. Saisonale Cocktails wurden für die japanischen Jahreszeiten und deren Hauptzutaten entwickelt. Sie können aber natürlich jederzeit in Kapitel eintauchen, auf die Sie gerade Lust haben. Weil Drinks in Japan oft von Essen begleitet werden, lade ich Sie außerdem ein, Snacks und kleine Speisen zu entdecken, um Ihr Cocktail-Erlebnis kulinarisch abzurunden.

Ich hoffe, dass Ihnen dieses Buch hilft, ein Verständnis für die Elemente zu entwickeln, die die japanische Cocktailkultur so speziell machen.

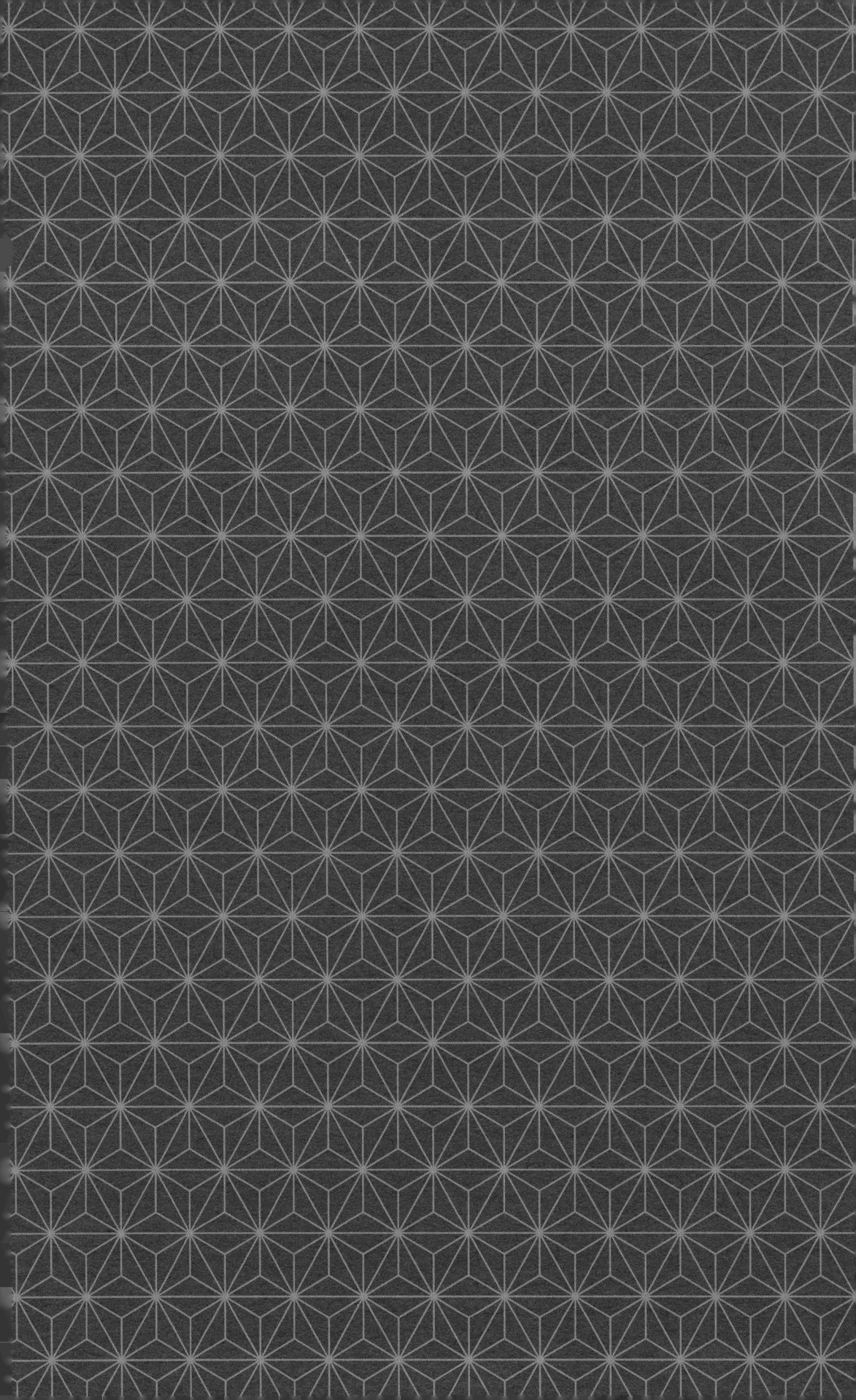

TEIL I

DER JAPANISCHE

WEG

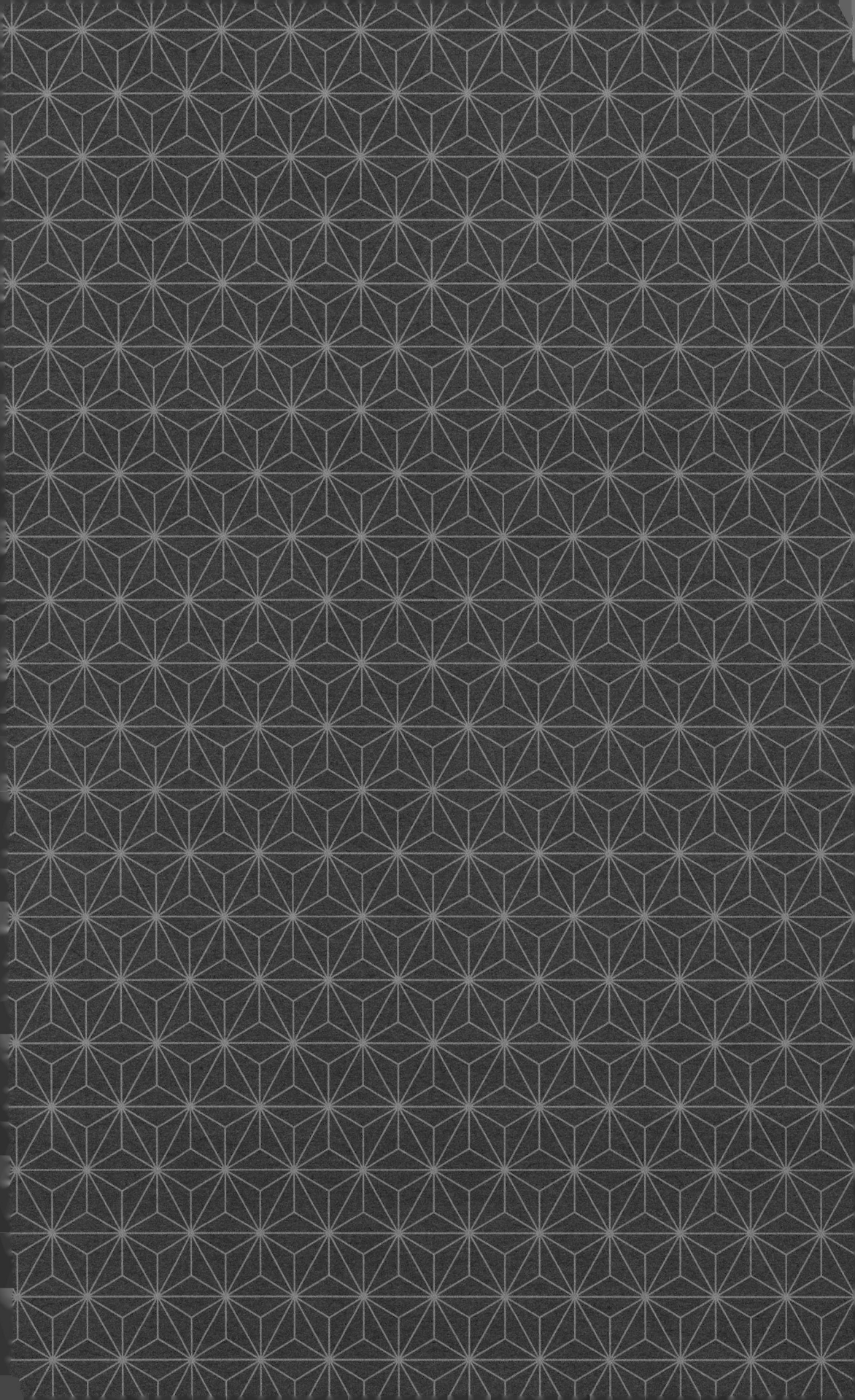

日本の飲食文化

ESSEN UND TRINKEN IN JAPAN

In Japan aufgewachsen, war mir nicht bewusst, welchen Stellenwert die Speisen und Getränke meiner Kindheit im globalen Kontext besitzen. Seit ich in Amerika lebe, weiß ich jedoch die Besonderheiten und die lange Geschichte der japanischen Küche zu schätzen. Jede Region hat ihre eigenen kulinarischen Traditionen, die sie den Bäuerinnen und Bauern, Köchen und Händlern verdankt, die sie über Jahrhunderte hinweg entwickelten, perfektionierten und bewahrten. Vom erdigen Süßkartoffel-Shōchū aus Kagoshima bis hin zu den salzigen Tako-yaki (luftige Teigbällchen, die oft mit Tintenfisch gefüllt sind), berühmt geworden über Straßenhändlerinnen und -händler in Ōsaka, bietet Japan eine nationale Küche mit vielen Besonderheiten. Sie gilt als eine der besten der Welt.

Abgesehen von einigen Menschen und der Kultur allgemein vermisse ich am meisten die Vielfalt und Qualität der japanischen Speisen und Getränke und den Stellenwert, den in Japan Essen und Trinken genießen. Wir haben sogar ein spezielles Wort dafür: »itadakimasu«. Das bedeutet wörtlich übersetzt: »Ich nehme demütig an«. Es drückt das Gefühl der Dankbarkeit für die Mahlzeit oder das Getränk aus, das wir genießen. Egal, ob es sich um ein aufwendiges mehrgängiges Kaiseki oder eine schnelle Mahlzeit im Stehen am Bahnhof handelt. Wir wissen schließlich, mit welcher Sorgfalt jeder Bissen oder Schluck zubereitet wird.

Das gilt auch für die japanische Cocktail-Szene, wo Bartender jedes Element eines Getränks als Teil des Gesamtkunstwerks betrachten. Vielleicht wählen sie einen bestimmten Gin für den Martini, weil er mit Botanicals infusioniert ist, die in der Stadt wachsen, aus der sie kommen. Oder sie nutzen einen Cobbler Shaker statt eines Boston Shakers für Ihren Gimlet, weil sie wissen, wie man ihn verwendet, um eine optimale Kühlung und Mischung zu erzielen. Möglicherweise wählen sie ein Stück Zitronenschale statt einer Kirsche für den Old Fashioned, weil sie Ihnen einen Sonnenstrahl an einem düsteren Abend schenken wollen. Itadakimasu ist eine verbale Würdigung – ein Innehalten für Gast und Bartender.

Noch weitere kulturelle Faktoren beeinflussen die Art und Weise, wie Essen und Trinken in Japan erlebt werden. Insbesondere gibt es drei wesentliche Grundsätze, die man kennen muss, um zu verstehen, warum sich die japanische Cocktailkultur so sehr von der in anderen Ländern der Welt unterscheidet: Erstens sind Lebensgewohnheiten und Rituale in Japan weitgehend von Shun (Saisonalität) oder genauer von Sekki (Mikrojahreszeiten) bestimmt. Zweitens ist die japanische Philosophie des Monozukuri – das Wertschätzen von Handwerkskunst, Erfahrung und Fachwissen – entscheidend. Und schließlich Omotenashi – die Aufrichtigkeit, die die japanische Gastlichkeit von der in anderen Teilen der Welt unterscheidet. Diese drei Säulen berühren alle Aspekte des japanischen Lebens – von der Schule über das Geschäftsleben bis hin zur Freizeit. Wer mit diesen Grundsätzen vertraut ist, wird verstehen, warum die japanische Cocktailkultur so einzigartig ist.

shun

SAISONALITÄT

Unser Haus in Tomio, einer kleinen Stadt in der japanischen Präfektur Nara, war von einem kleinen Garten umgeben. Im Garten, der wie ein hübsches, um eine Geschenkverpackung geschlungenes Band angelegt war, nutzen wir jede Ecke zum Anbau von saisonalem Obst und Gemüse. Im Frühling erfreuten uns die Umé-Blüten und im Sommer die kanariengelben Früchte des Biwa-Baums (Mispel). Im Herbst waren Momiji (japanischer Ahorn), Kaki und Kinmokusei (Duftblüte) die Stars der Saison – ein buntes Mosaik aus Farben. Im Winter bildeten die hübschen rosafarbenen Knospen der Tsubaki (Kamelien) einen herrlichen Kontrast zum frisch gefallenen Schnee.

Anders als in vielen westlichen Ländern, wo Zentralheizung und Klimaanlagen das ganze Jahr über für ein ausgeglichenes Raumklima sorgen, verfügen viele Häuser in Japan nicht über diese Annehmlichkeiten. Deshalb spüren wir die Jahreszeiten viel deutlicher. Das ist auch ein Grund, warum die Wechsel der Jahreszeiten beeinflussen, was wir essen und trinken. Sie sind außerdem oft Anlass für Feste und Treffen mit Freunden und Familie. Der Begriff für die Aufmerksamkeit, die wir der Saisonalität des Essens schenken, lautet »shun«.

Im japanischen Kalender gibt es Frühling, Sommer, Herbst und Winter – wie in den meisten Ländern mit gemäßigtem Klima auf der ganzen Welt. Aber es gibt auch 24 Mikrojahreszeiten, »sekki« genannt, die alle zwei Wochen wechseln und beispielsweise von Sonnenwenden und Tagundnachtgleichen eingegrenzt werden. Dieses Organisationsschema haben wir einst von der Han-Dynastie in China übernommen, und viele japanische Kalender halten sich daran. Jede Jahreszeit und Mikrojahreszeit wird von Ereignissen in der Natur begleitet, zum Beispiel dem Auftauen der Flüsse oder der Verwandlung von Raupen in Schmetterlinge. Diese Ereignisse wiederum inspirieren Rituale rund ums Essen und Trinken.

Essen und Trinken im Einklang mit den Jahreszeiten hilft uns, den Moment zu leben. Wir schätzen diese besonderen kleinen Ereignisse und achten darauf, dass wir die Dinge zur rechten Zeit würdigen und das Gleichgewicht der Natur erhalten.

Wenn zum Beispiel die Blüten des japanischen Kirschbaums (Sakura) im Frühling die Welt begrüßen, versammeln sich Freunde und Familien mit japanischem Saké, Shōchū und Bier bei Kirschblütenfesten. Es heißt, es bringe Glück, wenn eine Sakura-Blüte in jemandes Saké-Glas fällt. Die Sommerzeit dagegen erschöpft uns durch große Hitze und Feuchtigkeit. Das ist die Zeit, in der die mobilen Eisverkäufer Kakigōri, eiskalte Erfrischungen, anbieten. Sie versprechen eine kurze, sehr willkommene Erleichterung. Die Märkte füllen sich dann mit Gurken, Melonen und Tomaten, und wir genießen eine flüssige Abkühlung in Form von einer Tasse Mugi-cha (Gerstentee) und Shiso no jyūsu, dem Saft des duftenden Shiso-Krauts.

Im Herbst, wenn sich die Ahornblätter von leuchtend grün zu orangefarben und karmesinrot färben, locken Feste mit Süßkartoffelsnacks und gerösteten Kastanien sowie Shōchū die Massen an. Die Tage werden kürzer, und wenn es morgens und abends kühl wird, wärmen wir uns bei einer Tasse heißem Bancha (Tee der zweiten Ernte). Im Winter kuscheln wir uns gleich in mehrere Decken unter den Kotatsu (einen niedrigen beheizten Tisch), trinken wohlig heißen Saké und naschen sonnengereifte japanische Zitrusfrüchte. Im Dezember lassen sich viele Japanerinnen und Japaner von der Weihnachtsstimmung verzaubern – westliche Traditionen, die sie übernommen haben. In den Schaufenstern der Konditoreien stehen Torten, die mit leuchtend roten Erdbeeren und weißer Schlagsahne dekoriert sind, und am Ende des Jahres freue ich mich auf eine meiner liebsten saisonalen Kombinationen: Kentucky Fried Chicken und Champagner.

monozukuri

HANDWERKSKUNST UND SPEZIALISIERUNG

Der ehemalige Master Blender der *Yamazaki-Destillerie* von *Suntory* in Ōsaka, Seiichi Koshimizu, ist berühmt für seine Liebe zum Handwerk. Das Blending von Whisky erfordert Akribie und Finesse, damit sich verschiedene Geschmacksnuancen zum bestmöglichen Geschmackserlebnis vereinen. Um seinen Gaumen nicht überzustrapazieren, nahm Koshimizu-san nur ein sehr leichtes Frühstück mit grünem Tee zu sich und aß jeden Mittag Tempura Udon aus der Cafeteria, wenn er in der Brennerei arbeitete. Außerdem aß er weder Knoblauch, noch rauchte er. Daran hielt er sich zehn Jahre lang streng, denn nur so war er in der Lage, neue Geschmacksrichtungen zu erkennen und seine Blends Jahr für Jahr zu verbessern.

Dieser Respekt vor Handwerkskunst und Spezialisierung wird »monozukuri« genannt. Der Begriff beschreibt eine Tätigkeit oder einen Beruf, dessen Ausübung ein extremes Maß an Rücksichtnahme und Verzicht erfordert. Wörtlich übersetzt bedeutet Monozukuri »die Herstellung von Dingen«. Das klingt einfach, aber die tiefere Bedeutung ist in der japanischen Psyche verankert. Monozukuri steht für zielstrebige Hingabe – in der Regel für ein Handwerk wie Holzbearbeitung oder Keramik, für die Landwirtschaft oder für die Arbeit als Bartender oder Koch. Von klein auf werden Japanerinnen und Japaner angehalten, einen solchen Weg einzuschlagen und die Fähigkeiten, die für die perfekte Ausführung dieser Tätigkeit erforderlich sind, ständig zu verbessern. Dafür muss man oft Opfer bringen. Manchmal bedeutet es, dass man jeden Tag das gleiche Mittagessen zu sich nehmen muss, damit der Gaumen nicht abgelenkt wird.

Wir sagen, dass es mindestens zehn Jahre dauert, bis man ein Handwerk beherrscht. Um diese Stufe zu erreichen, muss man demütig den Weg vom Lehrling zum Meister verfolgen. Auf Japanisch »minarai« (die Person, die beobachtet und lernt) und »masutā« (Meister des Handwerks, hier bezogen auf die Arbeit in einer Bar). Lehrlinge beobachten den Masutā und arbeiten sich langsam, Schritt für Schritt, in die Materie ein. Man muss ständig üben, um eine Aufgabe zu beherrschen, bevor man zur nächsten weitergeht. Die Fähigkeiten der Lehrlinge werden durch eine allmähliche Erweiterung der Verantwortung auf die Probe gestellt. Dieser Zyklus wird so lange fortgesetzt, bis die Lehrlinge geschickt genug sind, um Master Bartender genannt zu werden. Dann beginnt es mit einer neuen Generation.

In der Welt der Bars schreitet der Prozess langsam voran, jeden Schritt geht man mit Geduld und voller Dankbarkeit. Wenn sich die Lehrlinge zu schnell der Herstellung von Drinks widmen würden, könnten sie ein entscheidendes Element im Prozess verpassen. Also beginnt die Ausbildung mit dem Polieren der Gläser. Man lernt, wie man sie effizient reinigt. Man lernt weiterhin, wann man Gästen warme Handtücher anbietet und wie man sie unterhält, während der Bartender Cocktails mixt. Irgendwann beginnen die Lehrlinge, mit einem Jigger oder Shaker zu üben, und im weiteren Verlauf der Ausbildung werden sie schließlich Drinks zubereiten – meist immer noch unter dem wachsamen Blick ihres Lehrers.

Monozukuri ist auch einer der Gründe, warum sich so viele Bars und Restaurants in Japan auf eine bestimmte Art von Speisen und Getränken spezialisieren. Eine Izakaya zum Beispiel, die sich auf Yakitori-Spieße konzentriert, macht bessere flambierte Spieße mit Hühnerleber als eine Izakaya, die sich auf frische Meeresfrüchte spezialisiert hat. Im Cocktailbereich spezialisieren sich einige Bartender auf einen Cocktail, den sie am meisten lieben. Masayuki Kodato von der Bar *Shake* in Tōkyō zum Beispiel strahlt vor Stolz, wenn er Gästen seine perfekte Version des Campari Soda (s. S. 171) serviert. In der nahe gelegenen *Bar Orchard Ginza* haben Takuo und Sumiré Miyanohara ein Imperium mit frischen Fruchtcocktails aufgebaut, weshalb die »Barkarte« durch eine Platte voller Trauben, Bananen, Yuzu und anderen Köstlichkeiten repräsentiert wird. Sumiré nennt ihren Partner »Mr. Blender«, weil er ein Händchen dafür hat, die Fülle der Natur in köstliche Cocktails zu verwandeln.

Nach einem Jahrzehnt des Studiums und der Praxis mag sich ein Bartender vielleicht Meister nennen, das Lernen aber endet nie, denn die japanische Einstellung zur Perfektion ist einzigartig: Es wird nie einen Punkt geben, an dem man so gut in seinem Beruf ist, dass man sich nicht mehr anstrengen muss. Stattdessen sollte man immer ein hohes Maß an Exzellenz anstreben und Zufriedenheit in der Hoffnung finden, dass man weiter lernen und wachsen wird. Dies ist ein Grund, warum sich einige der besten Cocktailbars der Welt in Japan befinden. Wenn ein Bartender sein Leben der Perfektionierung des Dry Gin Martinis gewidmet hat, ist dieser Dry Gin Martini einen Quantensprung entfernt von dem gleichen Drink in einer Bar mit einer »für jeden etwas«-Mentalität. Monozukuri bedeutet – auf Cocktails bezogen – für Gäste unvergleichlichen Genuss.

omotenashi

GASTLICHKEIT

Als ich in Kyōto im Gastgewerbe arbeitete, hatte ich auch einen Job im Bagel-Shop eines Nobelkaufhauses. Jeden Tag standen die Mitarbeiterinnen und Mitarbeiter in einer Reihe und verbeugten sich vor den Kunden, wenn diese morgens das Kaufhaus betraten. Das Gleiche taten wir am Ende des Abends. Die Inhaber brachten

mir bei, immer ein Lächeln aufzusetzen – auch beim Aufräumen und Müllentsorgen. Diese Philosophie der Gastlichkeit habe ich verinnerlicht, es hat meine Einstellung zur Arbeit nachhaltig beeinflusst. Auch wenn ich einen schlechten Tag habe, darf es der Gast nie erfahren.

Dieses Maß an Rücksichtnahme entspringt einem allgemeinen Gespür für Respekt und dem Wunsch, das Wohl der Gruppe über das des Einzelnen zu stellen. Von klein auf wird uns beigebracht, das Klassenzimmer in einem besseren Zustand zu verlassen, als wir es betreten haben. Als Erwachsene stellen wir uns am Bahnsteig rechtzeitig zum Einsteigen in einer Reihe auf, nachdem die Fahrgäste die Wagen verlassen haben. Es ist nicht erlaubt, in der Bahn zu essen, zu trinken, zu telefonieren oder Musik zu hören. Die meisten Menschen halten sich an diese Regeln, denn deren Beachtung sorgt dafür, dass die Gesellschaft möglichst effizient funktioniert.

In der Welt des Gastgewerbes manifestiert sich diese Selbstlosigkeit in einem viel größeren Zusammenhang, »omotenashi« genannt – eine tief empfundene Gastlichkeit, die dem Wunsch entspringt, dass unsere Gäste und Kunden glücklich sind und sich wohlfühlen. In den Bars großer Städte wie Tōkyō oder Kyōto zeigt sich Omotenashi in vielen kleinen Dingen. Wenn ein Gast Linkshänder ist, stellt der Bartender das Glas auf die linke Seite. Wenn jemand auf die Toilette oder zum Rauchen geht, stellt ein aufmerksamer Bartender den Cocktail in das Gefriergerät, damit er eisgekühlt bleibt. In vielen Fällen begleitet der Bartender oder die Besitzerin den Gast nach seinem Besuch in eine andere Bar oder ein anderes Restaurant. Das machen wir auch im *Kumiko*, denn die Beziehungen zu anderen Bars und Restaurants in unserer Nachbarschaft sind uns wichtig. Wenn wir wissen, dass ein Gast in eine nahe gelegene Bar geht, rufen wir dort an, um einen Tisch zu reservieren, und geben im Telefonat schon weiter, ob der Gast das Wasser mit oder ohne Kohlensäure bevorzugt, ob er Allergien hat oder ob es etwas zu feiern gibt.

Oftmals begleiten entweder ich, ein Bartender oder jemand vom Servicepersonal die Gäste persönlich zum nächsten Ziel. Für den Fall, dass es regnet, halten wir große Regenschirme bereit oder rufen ein Taxi, damit der Gast sicher und bequem nach Hause kommt.

Es gibt kein Handbuch, mit dem man Omotenashi lernen kann. Es muss dem aufrichtigen Wunsch entspringen, anderen eine Freude zu machen. Es verlangt Fingerspitzengefühl, denn eine Geste, die der eine Gast schätzt, kann dem anderen aufdringlich erscheinen. Ziel ist es, die Bedürfnisse eines jeden Gastes zu erkennen und zu erfüllen, bevor er sie überhaupt benennen kann. Und wenn der Gast glücklich ist, sind auch wir glücklich.

TYPEN JAPANISCHER BARS

In vielen Ländern findet man Pianobars, Cocktailbars, Pubs, Cafés und andere Arten von Orten, an denen man sich in erster Linie auf einen Drink trifft. Auch in Japan gibt es eine Reihe verschiedener Lokalitäten dieser Art. Hier einige Bar-Typen, die Sie kennen sollten.

ōsenchikkubā | AUTHENTISCHE BAR

»Ōsenchikkubā« bedeutet wörtlich übersetzt »authentisch«. Damit ist die japanische Version einer klassischen Cocktailbar gemeint. Die Bezeichnung entstand 1923 nach dem großen Kantō-Erdbeben im Bezirk Chūō in Tōkyō. Zu dieser Zeit boten viele Bars weibliche Gesellschaft als Hauptattraktion an. Der Begriff Ōsenchikkubā kennzeichnete im Gegensatz dazu Lokale, in denen Cocktails und keine anderen Formen der Unterhaltung im Mittelpunkt standen. Diese Bars sind heute noch die japanischen Cocktailbars, die wir kennen und lieben – versteckt in den Gassen und zwischen den Hochhäusern von Ginza oder in den kopfsteingepflasterten Straßen in Kyōto. Die Bartender dort sind ausgebildete Experten in der Kunst des Cocktailmixens. Standardrezepte überwiegen, obwohl eigene Kreationen auch hin und wieder angeboten werden. Man bestellt üblicherweise Cocktails. Der Bottleservice, bei dem man einen Tisch vorbestellt, ist dort nicht üblich.

izakaya | GASTROPUB

Bevor die klassischen Cocktailbars auftauchten, gab es Izakaya. Diese Art von Bar geht auf die Edo-Zeit zurück, als Saké-Händler Verkostungsecken in ihrem Sakaya (Saké-Laden) einrichteten. Es heißt, ein Händler hätte begonnen, einfache hausgemachte Gerichte zum lokalen Bier zu servieren. Aus Sakaya wurde Izakaya – ein Wort, das sich aus »Sakaya« und dem Verb »iru«, was so viel heißt wie »sein« oder »bleiben«, zusammensetzt. Eine Izakaya ist also ein Saké-Laden, in dem man eine Weile bleibt, um zu essen und zu trinken. Heute hat fast jede Izakaya ihre Spezialität. Manche servieren ein bestimmtes Gericht, wie Yakitori, Meeresfrüchte oder regionale Küche, während sich andere auf Shōchū oder Saké spezialisieren, auf Bier oder einfache Cocktails wie Highballs.

shottobā | SHOT BAR

Auch wenn es so klingen mag: Shot Bars sind nicht die Art von Bar, in der man sich bis zur Besinnungslosigkeit trinkt. Spirituosen werden im Glas serviert, aber normalerweise keine Cocktails. Zwar haben einige eine kleine Auswahl an einfachen Drinks wie Highballs, aber erwarten kann man das nicht. Der Name entstand in den 1960er-Jahren, um diese Art von Bar von den Snackbars (s. unten) zu unterscheiden, wo man in der Regel flaschenweise bestellt.

sunakku bā | SNACKBAR

Als Sunakku bā bezeichnet man Bars, die leichte Snacks servieren – ein Brauch, der in den späten 1960er-Jahren entstand, um legal auch nach Mitternacht geöffnet bleiben zu können. In den meisten von ihnen gehen Frauen, die bei der Mama-san (der Besitzerin der Bar) angestellt sind, mit Whisky- oder Shōchū-Flaschen durch den Raum, machen Small Talk und ermuntern Männer zum Trinken.

»Bottle keep«-Service ist verbreitet. In den meisten Sunakku stehen Reihen von Flaschen in den Regalen, an deren Hälsen Schilder mit dem Namen des Gastes hängen. So möchte man Gäste zum Wiederkommen motivieren. Für einsame Seelen ist ein Sunakku fast schon ein zweites Zuhause. Diese Bars tragen typischerweise den Namen einer Frau und sind erkennbar an dem Zusatz スナック (Sunakku) auf dem Namensschild.

risuningubā • rekōdobā | MUSIKBARS • SCHALLPLATTENBARS

Diese Bars entwickelten sich aus den Jazz-Kissa, einer besonderen Art von Kissate – einer Mischung aus Teestube und Coffeeshop, in der man auch Yōshoku (eine Mahlzeit im westlichen Stil) bekommen kann. Jazz-Kissa wurden nach dem Zweiten Weltkrieg als Cafés eröffnet, in denen Gäste Musik hören konnten, die damals nicht leicht zugänglich war. Heute bieten Musikbars und Schallplattenbars sowohl Musik als auch Getränke an. Es gibt aber einen kleinen Unterschied zwischen den beiden Varianten: Schallplattenbars sind relativ entspannte Orte, deren Charakter sich der dort gespielten Musikrichtung anpasst. Musikbars sind strenger auf den Hörgenuss fokussiert und kein Ort für Geplauder und exzessives Trinken.

kyabakura • hosutesu/hosutokurabu | CABARET CLUBS

Cabaret Clubs bieten vor allem eine Illusion von Geselligkeit. Sex oder Anmache spielen keine Rolle im Kyabakura – vielmehr möchte man ein Gefühl von Intimität durch Gespräche vermitteln. Für einige Cabaret Clubs benötigt man eine Mitgliedschaft, oft sind sie auch bekannt für ihre Gastgeberinnen. Deren Rolle ist es, mit den Kundinnen und Kunden zusammenzusitzen, ihnen Getränke einzuschenken, Konversation zu machen und sie letztendlich dazu zu bringen, Geld auszugeben.

kurabu | CLUBS

In ganz Japan gibt es Nachtclubs und Tanzclubs. Die Kurabu allerdings sind nur für Mitglieder geöffnet, also eine Variante der Kyabakura (s. links) mit beschränktem Zutritt. Diese Bars sind nur auf Empfehlung zugänglich. Manchmal verweigern sie sogar Mitgliedern den Service, wenn die Hostess, die sich normalerweise um das Mitglied kümmert, nicht im Dienst ist.

tachinomiya • sutandingubā | STEHBARS

Zwei Begriffe für eine bestimmte Art von Bar: Tachinomiya und Sutandingubā bedeutet jeweils »Stehbar«. Es sind Bars, in denen es – wie der Name schon sagt – keine Sitzplätze gibt. Tachinomiya und Sutandingubā sind zwei Seiten der gleichen Medaille. Beide haben nüchterne, typischerweise sehr kleine Räume. Tachinomiya sind jedoch zwangloser. Es kann einen Bartender geben oder auch nicht. Manchmal sind nur ein paar Tische neben Verkaufsautomaten oder unter Bahntrassen aufgestellt, wo Angestellte sich nach der Arbeit treffen. Eher ein Ort für Einheimische. Sutandingubā dagegen haben in der Regel eine Bar, an der man es sich gemütlich machen kann, mit einem Bartender, der eine Reihe von Getränken serviert. Einige bieten auch Essen an. In einem Tachinomiya kommt das Essen meist aus dem Automaten. Beide sind perfekte Boxenstopps für einen After-Work-Happen auf dem Heimweg oder auf dem Weg in die nächste Bar.

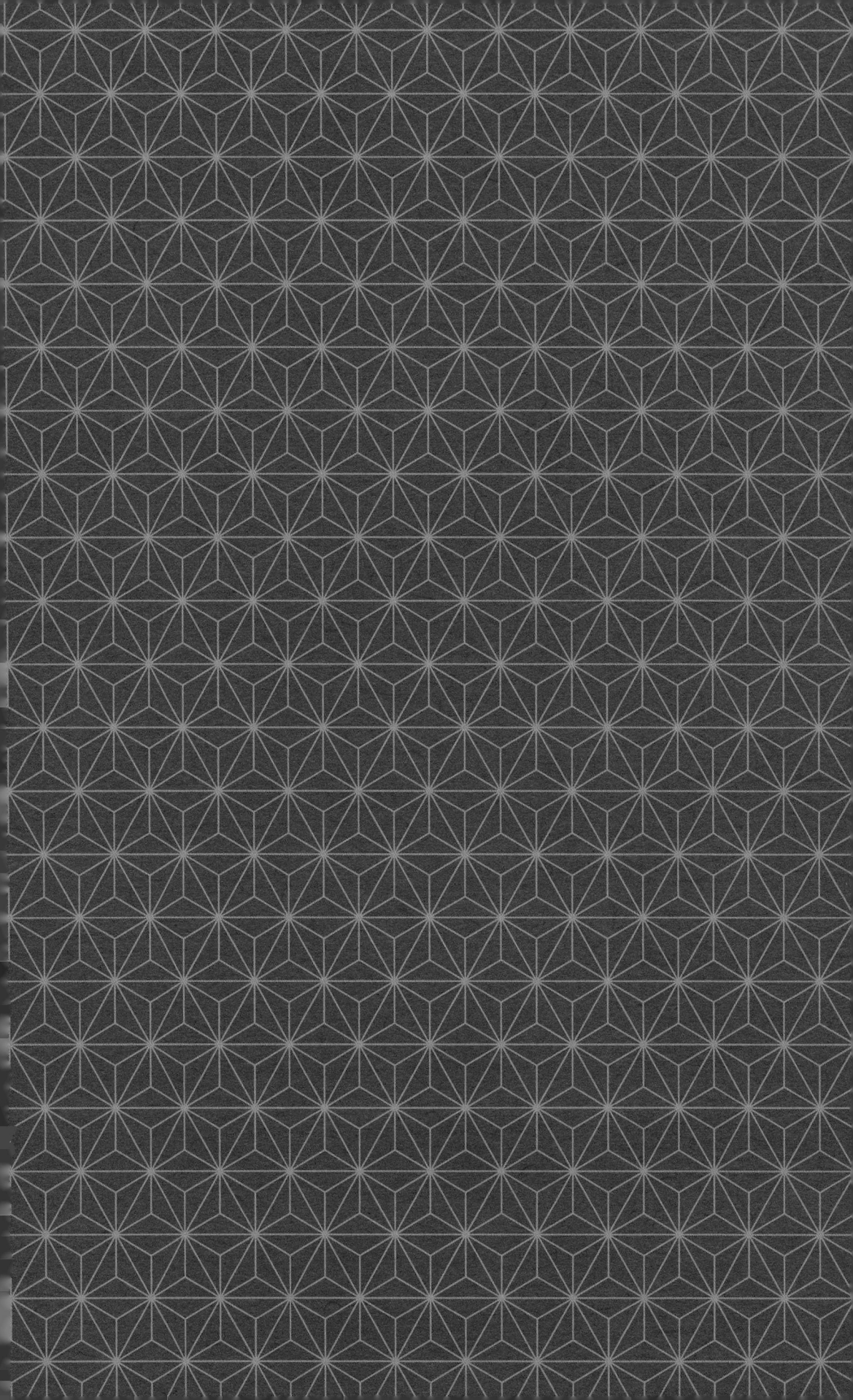

日本のカクテル略史

EINE KURZE GESCHICHTE DES COCKTAILS IN JAPAN

Seit die japanischen Inseln bewohnt sind, nehmen die Menschen dort Einflüsse aus dem Ausland auf. Ein Beispiel sind die Schriftzeichen, die wir heute verwenden – die Kanji. Sie kamen ursprünglich aus China und wurden nur leicht abgeändert und unserer Sprache angepasst.

Portugiesische Soldaten brachten kulinarische Schätze wie Paprika und Tempura mit, als sie 1543 nach Japan kamen. Etwa zur selben Zeit fanden Destillationstechniken über China, Thailand und andere Länder den Weg ins südliche Japan. Sie waren die Basis für Shōchū. 1853 schließlich führte ein gewisser Matthew Calbraith Perry, Flottilleadmiral der US-Armee, bei uns im Rahmen einer Kampagne zur Öffnung der Grenzen Japans für den Westen den Whisky ein und stellte damit die Weichen für die Liebe der Japanerinnen und Japaner zu gereif-

Die Bühne für globale Einflüsse erweiterte sich mit der Meiji-Restauration im Jahr 1868 erheblich – einer Revolution, die zur Umorientierung der japanischen Gesellschaft führte. Man öffnete sich westlichen Einflüssen in allen Bereichen. So wurde ein allgemeines Bildungssystem eingeführt und der Schwerpunkt auf die Industrialisierung gelegt. Neue Modetrends wie Anzüge für Männer und westliche Frisuren setzten sich durch. Viele Männer schnitten ihre Haarknoten ab und begannen, Hüte zu tragen. Auch Sportarten wie Kricket und Baseball hielten Einzug, und Hotels im europäischen Stil wurden eröffnet. Mit ihnen kamen neue Musikstile von Militärmusik bis zu Kirchenliedern ins Land.

Auf der anderen Seite des Pazifiks begann damals das goldene Zeitalter der Cocktailkultur. In seinem Buch *Imbibe!* zeichnet der Historiker David Wondrich ein Bild dieser Zeit: »In den anderthalb Jahrhunderten zwischen der amerikanischen Revolution und der Prohibition wurde die Kunst des Mixens von Getränken geboren, wurde erwachsen und verbreitete sich in jeden Winkel der Welt. Grundlagen, Techniken, Werkzeuge und Rezepte entwickelten sich, die diese Kunst noch heute prägen.«

Mit Japans Akzeptanz globaler Einflüsse, die in alle Bereiche der Gesellschaft eindrangen, war der Weg für das Debüt des Cocktails gebahnt. Eine Trinkkultur war in Japan durch die Traditionen von Saké und Shōchū bereits ausgeprägt und Cocktails bildeten eine Ergänzung. Japanische Bartender integrierten die Cocktailkultur auf ihre Weise in die japanische Gesellschaft: Westliche Neuerungen verschmolzen mit dem östlichen Fundament. Vom ersten Aufflackern bis zur heutigen Szene, in der Tradition auf Erfindungsreichtum trifft, liegen die Wurzeln von Japans Cocktailgeschichte in Yokohama, südlich von Tōkyō.

EIN GROSSER AUFTRITT FÜR DEN COCKTAIL

Das Fischdorf Yokohama galt für Amerikaner, Europäer und andere Besucher aus dem Westen Mitte des 18. Jahrhunderts als das Tor nach Japan. Hier baute man die erste Eisenbrücke Japans, hier eröffnete man das erste Bekleidungsgeschäft und hier verkaufte man früher als anderswo in Japan westliche Spezialitäten wie Brot, Eiscreme und Bier. Wie in anderen Hafenstädten des 19. Jahrhunderts war Yokohama offen für neue Ideen in Handel, Kultur und anderen Bereichen.

Yokohama gehört zu den ersten Städten, die es Ausländern erlaubten, innerhalb der Stadtgrenzen zu leben. Diese Erlaubnis galt jedoch nicht uneingeschränkt. Um eine zu starke Verflechtung der Kulturen zu verhindern, mussten sich die Neuankömmlinge von den Einheimischen abgrenzen. Touristen und Kaufleute konnten nur zu bestimmten Zeiten und in bestimmtem Rahmen die ihnen zugewiesenen Bereiche verlassen. So spielten Hotels eine wichtige Rolle beim Austausch zwischen den Kulturen. Eines davon wurde Anlaufstelle für ausländische Berühmtheiten, Würdenträger und wohlhabende Reisende: das *Grand Hotel*, das 1873 eröffnete. Zu den prominenten Gästen zählten Charlie Chaplin, der Schauspieler Douglas Fairbanks, der Schriftsteller Rudyard Kipling oder Baseballstar Babe Ruth. Und natürlich war die Hotelbar der Platz zum Sehen und Gesehenwerden.

In den ersten fünfzehn Jahren servierten die Bartender wahrscheinlich nur Wein und Bier, bis ein charismatischer Herr namens Louis Eppinger mit der Cocktailkultur im Schlepptau auftauchte. Der deutschstämmige Eppinger hatte sich im amerikanischen Gastgewerbe einen Namen als Betreiber von Saloons und Hotels in Indianapolis, San Francisco, Portland und Salt Lake City gemacht. In seinem Buch *History of the San Francisco Stock and Exchange Board* gibt der Autor Joseph L. King einen Einblick in Eppingers Persönlichkeit: »Er war sehr beliebt, ein freundlicher, fröhlicher Bartender, der alle Aufmerksamkeit auf sich zog, während er einen Drink mixte«, schreibt er. »In seinem weißen Kittel, mit seinem runden, fast kahlen Kopf und seinem schwarzen Schnurrbart, immer mit einem Witz auf den Lippen, schien er genau der richtige Mann zu sein, der Erfolg mit dem Führen einer Bar haben konnte.«

Eppingers Charme beeindruckte alle Gäste, und mit der Zeit begannen auch Einheimische, sich für das neue Gewerbe zu interessieren. Der Geist der Meiji-Restauration war allgegenwärtig, und so war es kaum überraschend, dass alles, was Eppinger aus der Welt des amerikanischen Bartendings mitbrachte – Zutaten, Werkzeuge, Techniken und Rezepte –, in der japanischen Trinkkultur schnell Einzug hielt.

Zwei der vielen Cocktails, die er in dieser Zeit einführte, gelten heute als Ikonen unter den japanischen Cocktails. Der Bamboo Cocktail (s. S. 206) war zwar keine Erfindung von Eppinger, doch man bringt den Cocktail bis zum heutigen Tag mit ihm in Verbindung. Mit seiner besonderen Mischung aus Sherry, Vermouth und Orangenbitter erhoben viele japanische Bartender das Getränk zum nationalen Schatz und verfeinerten den Drink weiter bis zur Perfektion. Noch heute steht er auf der Barkarte des *Grand Hotel* (jetzt *Hotel New Grand*) in der Bar *Sea Guardian II*, wo er mit viel Sherry und einem Spritzer Noilly Prat Original Dry Vermouth und Orangenbitter serviert wird. In den letzten Jahren entwickelten Bartender in anderen Städten der Welt Variationen dieses Cocktails, was ihn zu einem der international bekanntesten japanischen Cocktails aller Zeiten erhob.

Eppinger wird auch die Kreation des Million Dollar (s. S. 313) zugeschrieben, eines Cocktails aus Gin, süßem Vermouth, Ananas, Grenadine und Eiweiß. Der Drink wurde berühmt, nachdem ihn ein Bartender namens Shogo Hamada in Tōkyō einführte, wo er im *Café Raion* (Löwe), einer Bar im noblen Ginza-Viertel, arbeitete. Dort verliebte sich ein Stammgast, der Journalist und Dramatiker Hiroshi Kikuchi, in den Cocktail. Er bewarb ihn 1926 sogar in einer Werbekampagne seiner Zeitschrift Bungei-shunjū mit folgendem Slogan: »Wenn Alkohol, dann ein Cocktail; wenn ein Cocktail, dann ein Million Dollar; wenn eine Zeitschrift, dann mein Bungei-shunjū.« Die fruchtige Mixtur fand außerhalb Japans nie eine große Schar von Liebhabern, gilt aber immer noch als Klassiker und ist überall auf den Barkarten zu finden – vor allem in Yokohama, wo man die historischen Cocktails in Ehren hält.

1907 starb Eppinger im Alter von 77 Jahren in Yokohama und gilt seither als Vater der japanischen Cocktailkultur. Als 15 Jahre nach seinem Tod ein großes Erdbeben das *Grand Hotel* zerstörte, suchten viele seiner Mitarbeiter in anderen Großstädten ihr Glück. Einige von Eppingers Schützlingen zogen nach Tōkyō, wo sie mit dem Know-how des Meisters ihre eigenen Bars im Ginza-Viertel eröffneten.

GINZA ENTWICKELT SICH ZUM ZENTRUM DER COCKTAILKULTUR

Nach einem Feuer, das das Viertel 1872 zerstörte, wurde Ginza zum Zentrum der Modernisierung in Japan. Bis 1875 wurde es komplett neu aufgebaut (unter Regie eines englischen Architekten, der klugerweise auf nicht brennbare Materialien setzte), und im frühen 20. Jahrhundert bekam Ginza mehr und mehr ein kosmopolitisches Gesicht. Die Einheimischen durchstreiften gern die Märkte, die damals hier eröffneten. Daraus entwickelte sich der Begriff »Gin-bura«, was so viel bedeutet wie »in Ginza umherspazieren«. Ginza war fortan ein Viertel, in dem Trends gesetzt wurden, mit einer jungen Szene, die eine zeitgenössische Küche und neue Ideen willkommen hieß. Für Hauptstädter, die Veränderungen gegenüber offen waren, war Ginza die Vision eines neuen, avantgardistischen Japans.

In den 1910er-Jahren hielt die Kaffeehausszene Einzug, und Scharen aufgeschlossener junger Männer (mobo) und Frauen (moga) strömten in die Kinos, Theater und Bars der Stadt. Genau wie in Europa verkauften diese Kaffeehäuser neben Kaffee und Tee auch Bier und Mixturen auf Likörbasis, womit sie weltoffenen Gästen ein wenig Eskapismus boten. In diesen Etablissements legten ehemalige Bartender des *Grand Hotels* den Grundstein für die spätere japanische Cocktailkultur.

EIN BLICK IN DIE VERGANGENHEIT In dem Buch *Tōkyō: A Cultural and Literary History* zeichnet Autor Stephen Mansfield ein lebhaftes Bild dieser Zeit und beschreibt das Ginza der frühen 1900er-Jahre: »Junge Frauen mit kurzen Röcken, Bubikopf-Frisuren und Eton Caps schlenderten über die Boulevards, begleitet von jungen Männern mit Schlaghosen und runden Brillen, den Stil des Stummfilmstars Harold Lloyd imitierend.«

In den letzten Jahren der Meiji-Ära trafen sich Schriftstellerinnen und Künstler in diesen Cafés im europäischen Stil, nippten an Schnäpsen und Cocktails und diskutierten über Politik und Poesie. Ihre Aufzeichnungen gehören zu den wenigen dokumentierten Erwähnungen von Cocktails in dieser Zeit, sodass heute nicht bekannt ist, in welchen Cafés Cocktails erstmals auf den Getränkekarten standen und wie viele Lokale diese überhaupt anboten. Viele blieben unerwähnt, aber im Folgenden sind einige bekannte Lokale aufgeführt, die dazu beitrugen, die Cocktailkultur in Japan bekannt zu machen.

MAISON KŌNOSU

Das 1910 eröffnete *Maison Kōnosu* wird oft als die erste Bar im europäischen Stil bezeichnet, die für gute Cocktails bekannt war. Das Lokal lag im heutigen Viertel Nihonbashi, nördlich der eigentlichen Ginza im Bezirk Chūō von Tōkyō. Eröffnet wurde die Bar von Komazō Okuda, der aus Kyōto stammte und zunächst eine Ausbildung in französischer Kochkunst absolvierte. *Maison Kōnosu* war bekannt für seinen Punch und einen Cocktail namens Goshiki no Saké, was so viel bedeutet wie »Alkohol in fünf Farben«. (Eine ähnliche französische Erfindung, der Pousse Café, gelangte durch Jerry Thomas' Cocktailbuch *How to Mix Drinks* aus dem Jahr 1862 in die USA.) Zu einer Zeit, als Cocktails in der Regel noch einfach und unkompliziert waren, erforderten diese Drinks mit ihren »geschichteten« Zutaten viel technisches Know-how. Das spricht für das besondere Geschick der ersten Bartender Japans. Es spricht auch für die Fähigkeit und den Wunsch der Japanerinnen und Japaner, Bräuche und Trinkkulturen aus dem Ausland zu übernehmen.

CAFÉ PURANTAN

Das *Café Purantan* (Printemps) eröffnet 1911, ein Jahr nach dem *Maison Kōnosu*. Der japanische Künstler Shōzō Matsuyama beabsichtigte, mit dem Lokal das Interieur und die Atmosphäre der Pariser Cafés zu imitieren, in die er sich auf seinen Reisen durch Frankreich verliebt hatte. Es war auch eine der ersten Café-Galerien und eines der ersten Lokale in Japan, das von Mitgliedern getragen wurde. Autorinnen, Künstler, Musikerinnen, Politiker und andere gehörten zu den ersten Gästen, die durstig nach Cocktails westlichen Stils, nach Kaffee und anregenden Gesprächen waren. Den Zwang zur Mitgliedschaft ließ man nach einer Weile fallen und das Café öffnete sich für alle. Das Modell war jedoch insoweit bemerkenswert, als es Vorbild für Bars war, die nur für Mitglieder geöffnet sind und die es heute überall in Japan gibt.

CAFÉ RAION

Shogo Hamada, Bartender im *Grand Hotel* in Yokohama von 1912 bis 1923, wurde 1924 für das grandiose *Café Raion* (Löwe) in Ginza rekrutiert. Das dreistöckige Café, das vor allem für sein Essen bekannt war, wurde beschrieben als ein »trendiger Ort, dessen Modernität Menschen anlockte, die in westlichen Restaurants etwas Neues suchten«. Das Lokal beschäftigte Frauen als Trinkgefährtinnen und verlangte keinen Mitgliedsbeitrag – eine Strategie, um neben Künstlerinnen und Schauspielern auch andere Gäste anzulocken.

TRADITIONEN FESTIGEN SICH

Als in Amerika 1920 die insgesamt 13 Jahre dauernde Prohibition begann, gingen – bis das Gesetz aufgehoben wurde – unzählige Cocktailtraditionen verloren. In Japan gab es diese Unterbrechung nie. Stattdessen kam es 1923 nach dem großen Kantō-

Erdbeben im Bezirk Chūō von Tōkyō zu einem Umbruch oder Neuanfang, wenn man so will. Der Stadtteil Ginza erlebte ein weiteres Mal einen Niedergang, doch aus der Asche entstand wieder ein völlig neues Viertel mit schicken Kaufhäusern und einer U-Bahn-Station, die Besucherinnen und Besucher in das Herz des Einkaufsviertels brachte.

Restaurants und Cafés eröffneten wieder – zusammen mit einer Reihe neuer Bars, die sich ausschließlich auf Cocktails spezialisierten. Um diese Lokale klar von anderen Bars abzugrenzen, nannte man sie »ōsenchikkubā«, was so viel heißt wie »authentische Bars«. In Lokalen wie der *Bar Lupin* und dem *Café Line* köderten die Besitzer Kunden nicht mehr mit weiblichem Personal. Stattdessen wurden Cocktails angeboten, die größtenteils von heimgekehrten japanischen Marinesoldaten zubereitet wurden, welche auf ihren Auslandsreisen als Kajüten-Bartender gearbeitet hatten. Diese Männer brachten einen neuen Ausbildungsstil mit – das System der französischen Küchenbrigade (brigade de cuisine), das heute noch überall auf der Welt praktiziert wird. Unter Beibehaltung der im Ausland erlernten Techniken, Rezepten und Praktiken und der Verwendung westlicher Zutaten machten diese Bartender Ginza zur Hochburg einer neuen Art des Bartendings. Sie schufen ein Fundament aus Technik und Tradition, auf dem künftige Generationen aufbauen konnten. Diese strukturierte Herangehensweise an das Bartending lebt heute in den authentischen Bars von Ginza wie *Four Seasons*, *Tender Bar* und *JBA Bar Suzuki* weiter, wenn auch vielleicht weniger militaristisch.

Tatsuzō Maniwa, Mitglied der *Japan Bartenders Association* (jetzt *Nippon Bartenders Association*) und Buchautor, beschrieb seine Erfahrungen als Bartender-Lehrling in den 1920er-Jahren in seinen von der Japan Hotel Association veröffentlichten Memoiren:

Ich begann mit der Arbeit, sobald die Sonne hoch am Himmel stand, obwohl die Bar erst am Abend öffnete. Ich machte mit dem Sortieren vom Vorabend weiter, wischte jede Flasche ab, polierte die Theke, natürlich auch den Boden, und schrubbte die Oberfläche der Bar mit einer Wurzelbürste. Ich wurde losgeschickt, die Kleidung des älteren Bartenders zu reinigen, und erledigte alles, was mir sonst noch aufgetragen wurde. Unter den Tätigkeiten, die mit meinem eigentlichen Job zu tun hatten, war das Spülen von Gläsern und Geschirr meine Spezialität. Wenn ich einen Shaker oder eine der westlichen Spirituosen berührte, wurde ich laut gescholten: »Dafür ist es noch zu früh. In zwei oder drei Jahren.«

Ein interessantes Fallbeispiel aus dieser Zeit stammt aus dem *Imperial Hotel* in Tōkyō. Der amerikanische Architekt Frank Lloyd Wright wurde mit der Modernisierung des ursprünglich bescheidenen Holzbaus aus dem späten 19. Jahrhundert beauftragt. Das Hotel eröffnete 1929 an dem Tag, an dem sich das große Kantō-

Erdbeben ereignete. Wie durch ein Wunder blieb das Hotel stehen, und in der Bar wurde später einer der historischen Cocktails Japans erfunden: der Mount Fuji. Zutaten waren Old Tom Gin, Maraschino, Zitrone, Ananas, Zuckersirup, Eiweiß und frische Sahne. Er ist ein ziemlich dekadenter Drink – wie andere japanische Cocktails dieser Zeit.

In japanischen Cocktail-Rezeptsammlungen kursieren mehrere Versionen des Mount Fuji. Im Jahr 1933 stellte die *Japan Bartenders Association* bei der World Cocktail Competition in Madrid eine Version vor, die mit Vermouth (es ist umstritten, ob er es sich um Rosso oder Bianco handelte), Bacardi, Zitronensaft und Orangenbitter zubereitet wurde. Eine Version erschien 1937 auf der Barkarte des *Fujiya Hotel*s, die vermutlich vom ehemaligen Manager des *Imperial Hotel*s, Shōzō Yamaguchi, kreiert wurde. Sie enthielt Gin, Ananassaft, Zitronensaft, Zucker und Eiweiß. Es ist spannend zu sehen, wie früh Bartender mit Varianten der Originale experimentierten.

MOUNT FUJI

Der Spirituosenkenner und Autor Ishikura Kazuo vertritt die Theorie, dass dieses Rezept des *Imperial Hotel* wahrscheinlich um 1922 von Manager Shōzō Yamaguchi und Chef-Bartender Noborifumi Ōsaka kreiert wurde. Es stand erstmals 1924 auf der Barkarte der *Imperial Bar* und lebt im *Imperial Hotel* als Klassiker weiter.

Für 1 Glas

4,5 cl Old Tom Gin

1 TL Maraschino

1,5 cl Zitronensaft

1 TL Ananassaft

1 TL Zuckersirup

1 Eiweiß

2 TL Sahne

Alle Zutaten zusammen mit Eiswürfeln in einen Shaker geben und kräftig schütteln. In ein gekühltes Cocktailglas abseihen und mit einer roten Kirsche am Glasrand garnieren – wie die aufgehende Sonne über dem schneebedeckten Gipfel des Mount Fuji.

Ein weiterer interessanter Meilenstein dieser Zeit war das Jahr 1924, als zwei japanische Bücher zum Thema Cocktail veröffentlicht wurden. Das erste war *Kakuteru* oder *Cocktail* von Tokuzō Akiyama. Bekannt als der »japanische Escoffier« – wegen seiner französischen Kochausbildung und seiner Arbeit als Koch des Kaisers Taishō – veröffentlichte Akiyama 1923 ein 1600 Seiten umfassendes Buch über die französische Küche und ein Jahr später sein Cocktailbuch mit 209 Rezepten.

Das zweite Buch, mit dem Titel *Kokutēru*, kam einen Monat später heraus. Autor war Yonekichi Maeda, der 27-jährige Bartender einer Bar namens *Café Line*. Im Vorwort beklagt Maeda, es gäbe nach dem Erdbeben in vielen Cafés keinen Bartender mehr, der sich auf das Mixen von Cocktails verstehe. Seiner Ansicht nach gehörten Cocktails (zusammen mit diversen Luxusgütern) zu den kleinen Vergnügen nach einem harten Arbeitstag. Also veröffentlichte er das Buch, um die gute Botschaft überall zu verbreiten.

Das Buch enthält 287 Rezepte, darunter Standardrezepte aus dem Ausland und einige japanische Originale, wie den Line Cocktail (s. S. 229). Eiji Arakawa, ein Cocktailhistoriker und Inhaber der *Bar UK* in Ōsaka, glaubt zu wissen, dass Maeda viele Rezepte an Bord des internationalen Passagierschiffes aufschnappte, auf dem er arbeitete. Dies wird durch die Tatsache untermauert, dass viele der Rezepte auch in Harry MacElhones *Harry's ABC of Mixing Cocktails* aus dem Jahr 1919 und im *The Savoy Cocktail Book* von Harry Craddock aus dem Jahr 1930 auftauchen. Einige sind identisch, wie zum Beispiel der Morning Cocktail – mit dem Unterschied, dass dieser von Maeda gerührt wird, während er von Craddock geschüttelt wird. Andere, wie der Thistel Cocktail, weisen Unterschiede auf. In Maedas Buch enthält er Rye Whiskey anstelle von Scotch, wie im *The Savoy Cocktail Book* beschrieben.

SAIDĀNEKUTĀ

Einige der Rezepte in *Kokutēru* finden sich nur in diesem Buch, darunter der Line Cocktail (s. S. 229) und dieses Rezept aus dem Jahr 1884 mit Brandy, Sherry und Mitsuya Cider, einem kohlensäurehaltigen Getränk, das an Zitronen-Limetten-Soda und Ginger Ale erinnert. »Saidānekutā« heißt übersetzt »Cidernektar«, eine Anspielung auf die wichtigste Zutat, die man auch heute noch in Japan (oder im Onlinehandel) finden kann.

Für 1 Glas

1 TL Zucker	1,5 cl Sherry
1,5 cl Brandy	6 cl Mitsuya Cider

Ein Punschglas bis zur Hälfte mit zerstoßenem Eis und dem Zucker füllen. Die übrigen Zutaten ins Glas geben, alles mit einem Barlöffel umrühren und mit stillem Wasser auffüllen.

Arakawa zufolge gab Maeda seine Stelle als Bartender im *Café Line* auf, nachdem er das Cocktailbuch veröffentlicht hatte, um ein Spirituosengeschäft in Ginza zu eröffnen – das *Maeda Yonekichi Honten*. Dort verkaufte er über ein Jahrzehnt lang westliche Spirituosen und abgefüllte Cocktails, bevor er im Alter von 42 Jahren an einer

YUKIGUNI

(Seite 40)

KAIKAN FIZZ

(Seite 39)

akuten Alkoholvergiftung starb. *Kokutēru*, das wohl bedeutendste historische Werk über japanische Cocktails, war sein Vermächtnis. Es ist das Buch eines Bartenders über sein Handwerk, aber es war in den folgenden Jahrzehnten auch ein wichtiges Nachschlagewerk bei der Gründung authentischer Cocktailbars.

Gleich einer sanften Welle fasste die Cocktailkultur im Laufe der späten 1920er- und frühen 1930er-Jahre weiter Fuß in Japan, was 1929 zur Gründung von Bartenderverbänden wie der *Nippon Bartenders Association* (NBA) führte. In der Folgezeit sponserten Unternehmen wie *Suntory* (damals *Kotobukiya*) die ersten Cocktailwettbewerbe im Land (1931) und brachten Mischspirituosen wie Hermes Gin (1936) auf den Markt. Die Cocktailkultur blieb stark – bis der Zweite Weltkrieg 1939 alle Erscheinungen des japanischen Lebens und der japanischen Kultur zerstörte.

KRIEGSVERWÜSTUNGEN

Viele Artikel schildern die japanische Bartenderkultur als eine ununterbrochene Erfolgsgeschichte – geprägt von Hingabe, Konzentration und Wachstum. Doch das ist nicht die ganze Wahrheit. Japan machte keine Prohibition durch wie Amerika, doch der Zweite Weltkrieg brachte die Lichter von Ginza schnell und brutal zum Erlöschen.

Bars und Restaurants litten unter strengen Ausgangssperren und wurden in einigen Fällen ganz zur Schließung gezwungen. Bis 1944 gab es Beschränkungen für den Verkauf von Luxusartikeln wie Alkohol, und Frauen wurden von ihren Arbeitsplätzen im Gastgewerbe abgezogen, um in Fabriken zu arbeiten. Der Mangel an Arbeitskräften führte bereits zu Schließungen einiger Bars, die Brandbombenangriffe von 1945 taten ein Übriges.

Bemerkenswerterweise beeinträchtigte die von der Regierung auferlegte Rationierung von Lebensmitteln und anderen landwirtschaftlichen Produkten den Konsum von Whisky kaum. Die US-Besatzungstruppen brachten einen großen Durst nach Alkohol mit – wahrscheinlich der Grund dafür, dass einige wenige Bars während der Kriegszeit geöffnet blieben. Eine dieser Bars war die *Bar Lupin* in Ginza, die 1928 eröffnet hatte und überlebte, weil die Besitzer Alkohol auf dem Schwarzmarkt organisierten und ihre Stammgäste damit versorgen konnten.

Eine andere Geschichte wird von der Hauptbar des *Tōkyō Kaikan* erzählt, einer Veranstaltungshalle, die 1922 eröffnete. Sie wurde während des Krieges beschädigt und dann von amerikanischen Soldaten 1945 unmittelbar nach der Kapitulation Japans beschlagnahmt. Das Gebäude fungierte für die US-Truppen bis zum Ende der Besatzung 1952 als *American Club of Tōkyō*. Chef-Bartender war in diesen Jahren Haruyoshi Honda, der sowohl Expertise als auch Omotenashi mitbrachte und Cocktails für ausländische Gäste mixte. Eine seiner interessantesten Kreationen war der Kaikan Fizz. Dieser Cocktail war beliebt bei Offizieren, die gern schon morgens unbemerkt dem Alkohol zusprechen wollten. Die *Main Bar* wurde von ihnen als die Bar bezeichnet, in der sie so viel essen und trinken konnten, wie sie wollten.

KAIKAN FIZZ

Der Kaikan Fizz aus der Bar *Tōkyō Kaikan* ist ein köstlicher Drink – er macht Eindruck, ist aber auch nostalgisch und hat eine verblüffende Ähnlichkeit mit einem süßen Joghurtgetränk namens Calpis (sprich: karupisu), das unter dem Namen Calpico exportiert wird. Während Eier im frühen 20. Jahrhundert in Lebensmitteln und Getränken weitverbreitet waren, gehörten Milchprodukte zu den Luxusgütern. Wahrscheinlich versorgten GIs während des Krieges die Bar mit Milch und seltenen Spirituosen, um das Mixen des Cocktails möglich zu machen.

Für 1 Glas

4,5 cl Gin	3 cl Milch	
1,5 cl Zitronensaft	Club Soda zum Auffüllen	1 TL Zucker

Alle Zutaten mit etwas Eis gut schütteln (schön kräftig, damit die Milch nicht gerinnt) und in ein Highball-Glas mit frischem Eis gießen. Das Glas bis zum Rand mit weiterem Eis füllen und Club Soda über den Rücken eines Barlöffels in das Glas gießen.

DIE TRINKKULTUR KEHRT ZURÜCK

In den Jahren nach dem Krieg blieben viele Cocktailbars geschlossen. Sie galten als Luxus-Etablissements, für die in der Nachkriegsgesellschaft wenig Platz war. Das Land war verwüstet, und erst Mitte der 1950er-Jahre etablierte sich wieder eine Trinkkultur. Allerdings standen zunächst Getränke im Fokus, die erschwinglich waren.

1955 eröffnete Shinjirō Torii von *Kotobukiya* (heute *Suntory*) eine Reihe von lässigen »Torys Bars« in Ōsaka und Tōkyō, um für seine Produkte zu werben. Man servierte vor allem Highballs auf Basis von Whisky. Diese Trinkstuben, die Menschen aus allen Gesellschaftsschichten anzogen, kurbelten den Whiskyabsatz an und machten Barbesuche überhaupt wieder populär. Manche sagen, dieser Trend habe der Cocktailkultur einen Dämpfer versetzt, aber ich sehe das anders: Während die Leute hier einfache Whisky-Highballs, Chū-hi (Shōchū-Highballs) und Bier tranken, konnte sich abgekoppelt davon wieder eine klassische Barszene etablieren.

Während des Wiederaufbaus nach dem Krieg wurden Bars wie das *Bordeaux* in Ginza (1927–2016) wiedereröffnet, ebenso wie das *Tōkyō Kaikan*. Lokale wie das *Ginza 1954* gaben mit frischen Fruchtcocktails und Katsu-sando (Sandwiches mit frittiertem Schweinefleisch) ihren Einstand. In Städten außerhalb von Tōkyō eröffneten Bars mit westlichen Spirituosen und Cocktails, die sich an das Konzept der klassischen (authentischen) Bar anlehnten. Eine besonders erwähnenswerte Bar ist das *Kern* in der Stadt Sakata in Nordjapan: Es wurde von Keiichi Iyama betrieben, der 1955 eigens seinen Job als Tanzlehrer in Tōkyō aufgab, um nach Sakata zurückzukehren und diese Bar zu eröffnen. Drei Jahre später nahm er am nationalen *Kotobukiya*-Cocktailwettbewerb teil, wo sein Cocktail Yukiguni (Schneeland) 1959 den ersten Preis gewann. Er gilt heute als Klassiker in Japan. Der 1926 geborene Iyama-san arbeitete bis ins hohe Alter als Bartender, bis er im Jahr 2021 mit 95 Jahren starb.

YUKIGUNI

Wie bei klassischen Cocktails auf der ganzen Welt üblich, erfuhr das Rezept des Yukiguni im Laufe der Zeit einige Änderungen, um es dem Geschmack der heutigen Cocktailfans anzupassen. Heute bereitet man ihn meist mit mehr Alkohol und weniger Zucker zu. Das folgende Rezept stammt aus der Datenbank von *Suntory* und nennt die ursprünglichen Mengen. Ilyama-san veröffentlichte in der Zwischenzeit eine Aktualisierung des Rezepts, das 4,5 cl Wodka, 0,75 cl weißen Curaçao und 0,3 cl Suntory-Limetten-Sirup vorschlägt. Es ist ein Zeichen von Souveränität, einen preisgekrönten Cocktail auch nach 60 Jahren noch weiterzuentwickeln und den Wünschen der Kundinnen und Kunden anzupassen.

Für 1 Glas
3 cl Wodka
1,5 cl weißer Curaçao (Triple Sec)
1,5 cl Limettensaft*

Das Cocktailglas mit einem wie Schnee wirkenden Rand aus Zucker versehen. Dafür eine Zitrone (oder eine andere Zitrusfrucht) halbieren und die Saftseite der Frucht am Glasrand entlangführen. Den angefeuchteten Rand in eine Schale mit Zucker tauchen, damit die Kristalle wie Schneeflocken am Glasrand haften. Während das Glas auf dem Kopf steht, leicht gegen die Handfläche klopfen, um überschüssigen Zucker abzuschütteln. Dann das Glas langsam nach oben drehen, damit kein Zucker auf die Oberfläche der Bar rieselt, und beiseitestellen.

Den Wodka, den weißen Curaçao und den Limettensaft in einem Shaker mit Eis schütteln, um den Drink zu kühlen. Dann in das Cocktailglas mit Zuckerrand abseihen und mit einer grünen Maraschino-Kirsche garnieren.

* Ursprünglich wurde dieser Cocktail nicht mit frischem Saft zubereitet, da die Bartender in den 1950er-Jahren keine frischen Limetten bekommen konnten. *Suntory* stellt einen Limettensirup namens Suntory Cocktail Lime her.

1962 wurde die *Hotel Barmen's Guild Japan* (HBG) in Tōkyō gegründet. Was als Gruppe von neun Hotel-Bartendern begann, die ein Forum für Diskussion und Fortbildung etablieren wollten, entwickelte sich 1970 zu einem regelrechten »Barmen's Club«. Dieser veranstaltet Wettbewerbe und führt Brennereibesichtigungen und Bildungsprogramme durch. Aus diesen Vereinigungen gingen viele Bartender hervor, die später eigene Bars eröffneten und dazu beitrugen, nationale Standards und Philosophien rund um die Cocktailkultur zu festigen.

Heute hat die HBA (1977 wurde der Name wieder in *Hotel Barmen's Association* geändert) Zweigstellen im Norden bis Hokkaidō und im Süden bis Kyūshū.

Die authentischen Bars erlebten in den Nachkriegsjahren ihre Wiederauferstehung und wurden Ausbildungsstätten für viele der bekanntesten Bartender von heute. Als das *Tōkyō Kaikan* die Fesseln der US-Besatzung abschüttelte, arbeiteten hier legendäre Bartender wie Tatsurō Yamazaki, der maßgeblich an der Entwicklung der authentischen Barkultur in Sapporo beitrug, als er 1953 auf Geheiß seines Mentors Haruyoshi Honda in die Stadt zog. Honda war auch der Mentor von Kiyoshi Imai, der als »Mr. Martini« bekannt wurde. Imai arbeitete an der Seite von Honda, Shogo Hamada und anderen historischen Barleuten und war selbst eine Legende, als er 1999 im Alter von 75 Jahren verstarb. Imai war vor allem für seine Meisterschaft im Rühren von Martinis bekannt, aber er war auch der Erste, der die Backbar so gestaltete, dass sich die Gläser auf Augenhöhe der Gäste befinden. Ein Designelement, das sich seitdem in Bars in ganz Japan und sogar in meiner Bar *Kumiko* in Chicago durchgesetzt hat. *Tōkyō Kaikan* war in jeder Hinsicht stilprägend für das japanische Bartending.

DIE GEBURT DER AUTHENTISCHEN BARS VON HEUTE

In den 1990er-Jahren entstanden in Ginza neue Cocktailbars, eröffnet von den Lehrlingen der alten Cocktail-Meister. Ein Generationenwechsel. Traditionelle Rezepte, klassisches Design und Gastlichkeit lebten hier weiter und ein Kader von Master Bartendern mixte altbewährte Standardcocktails, arbeitete aber gleichzeitig eifrig daran, neue Rezepte zu kreieren.

Viele der Bars, die in dieser Zeit eröffnet wurden, prägen bis heute die japanische Cocktailszene. Yūichi Hoshi zum Beispiel eröffnete 1993 das *Little Smith*, eine stimmungsvolle Bar mit spannendem Design – geprägt von wellenförmigen Kurven und einer geheimnisvollen Einbauleuchte, die ein beruhigendes Licht auf die polierte Holzplatte der Bar wirft. Hoshi gewann den *International Bartender Competition Japan Cup Grand Prix* im Jahr 2001 mit einem Drink namens Sakura Sakura, der aus Dry Gin, Pfirsichlikör, Sakura-Likör und Zitronensaft besteht. 2004 eröffnete er die *Bar Hoshi* in Ginza und besitzt nun mehrere Bars zwischen Tōkyō und seiner Heimatstadt Fukushima, doch *Little Smith* ist und bleibt eine der bekanntesten Bars in Japan.

Eine weitere authentische Bar, die sich längst einen Namen gemacht hat, ist die *Mōri Bar*, die 1997 unter der Leitung von Takao Mōri eröffnet wurde. Der Meister mixt Drinks mit großem Geschick: ein Tropfen Orangenbitter, gefolgt von Boodles Gin, einem Spritzer trockenem Vermouth und einem Spritzer ätherischen Öls aus einer Zitronenschale beispielsweise. Mōri steht auch hinter dem »M« in der *Y&M Bar Kisling*, die er 2004 zusammen mit Mitsugi Yoshida eröffnete. Yoshida-san ist inzwischen verstorben, aber die Bar wird von seinem ehemaligen Lehrling Nobuo Abé weitergeführt.

Einer der international bekanntesten japanischen Bartender ist Kazuo Uyeda. Nach einer Zeit als Bartender im *Tōkyō Kaikan* und in der Bar *L'Osier* im *Shiseido Parlor* eröffnete er 1997 das *Tender* in Ginza. Eingezwängt zwischen den Hochhäusern des Viertels steht hier jedes Element von Mr. Uyedas Bar für sein Streben nach Präzision und Monozukuri. Sein Gimlet – geschüttelt und über einer glitzernden Eiskugel serviert – ist bis heute ein majestätischer Anblick. Uyeda arbeitet ständig an seiner Optimierung als Bartender und konzentriert sich dabei auf sein Engagement für die japanische Cocktailkultur, ohne sich um globale Trends zu scheren. Im Jahr 2000 veröffentlichte er das Buch *Cocktail Technic*, das ein Jahrzehnt später in englischer Übersetzung erschien. Das Buch trug wesentlich dazu bei, dass Japans Cocktailszene international Anerkennung fand.

> Menschen im Westen konzentrieren sich auf die Ergebnisse. Dieses Denken beeinflusste zweifellos auch die Japaner, aber im Grunde ist uns der Prozess wichtiger. Ich glaube, dass die Mühe, die man sich beim Mixen eines Cocktails macht, dessen Geschmack wesentlich beeinflusst.
> – KAZUO UYEDA, *Cocktail Techniques*

Eine weitere Welle von neuen (aber immer noch authentischen) Bars eröffnete in ganz Tōkyō Anfang der 2000er-Jahre – darunter die *Star Bar Ginza* (2000), die Bar *Ishinohana* (2003) und das bereits erwähnte *Y&M Kisling* (2004). In jeder dieser Bars bemühen sich talentierte Bartender, alte Traditionen für ein neues Publikum am Leben zu erhalten. Besonderes Verdienst kommt Hisashi Kishi zu, dem Gründer der *Star Bar Ginza*. Er war 1996 der erste japanische Bartender, der die *Bartender Association's World Cocktail Championship* gewann. Zusammen mit seinem Lehrling Hidetsugu Ueno (der später die *Bar High Five* eröffnen sollte) entwickelte er eine neue Eisform, die »Eisdiamant« genannt wird (s. S. 62), für die das Eis mit einem Messer in Form geschnitzt wird. Heute versuchen Bars auf der ganzen Welt, seinen »Eisdiamanten« nachzubilden. Das Eis schmilzt in dieser Form langsam und glitzert gleichzeitig im Glas wie der namensgebende Edelstein.

Auch außerhalb Tōkyōs existieren nach wie vor Cocktailbars im alten Stil: in Yokohama beispielsweise, wo Lokale wie die *Bar Noble* (2011) einen rituellen Stil der Getränkezubereitung pflegen, der von der Praxis der japanischen Teezeremonie inspiriert ist. In der *Bar Rocking Chair* in Kyōto (2009) mixt Kenji Tsubokura klassische und charakteristische Cocktails in einem heimelig anmutenden Raum mit gedämpftem Licht und Holzvertäfelung. Er gewann den *NBA National Cocktail*-Wettbewerb im Jahr 2015 und die *IBA World Cocktail Championships* 2016. In Fukuoka schließlich, in der *Bar Oscar*, bietet Shuichi Nagatomo (der auch in der Bar *L'Osier* im *Shiseido Parlor* mit Kazuo Uyeda arbeitete) seit mehr als 20 Jahren einen entspannten Rahmen für seine Gäste – Touristen und Einheimische gleichermaßen.

BRÄUCHE UND KULTUR IN DEN AUTHENTISCHEN BARS VON HEUTE

Heute gibt es in Japan viele Cocktailbars, die den Geist der traditionellen Cocktailkultur einfangen und bewahren. Sie sind im ganzen Land zu finden, aber die Konzentration ist nach wie vor in Ginza am höchsten, wo sich über 300 Bars in Wolkenkratzern und Wohngebäuden verbergen. Was viele eint, ist eine Reihe vorgeschriebener Praktiken und Rituale. Hier folgen einige der spezifischen Techniken, die das traditionelle Erlebnis bestimmten und deutlich machen, was die japanische Cocktailkultur von anderen auf der ganzen Welt etablierten Kulturen abhebt und so besonders macht.

senmon

SPEZIALISIERUNG

Viele amerikanische und europäische Cocktailbars sind bestrebt, durch ein breites Repertoire jeden Kunden zu bedienen, in Japan dagegen bevorzugt man eine messerscharfe Spezialisierung. Oftmals ist eine Bar oder ein Master Bartender für einen bestimmten Cocktail oder Getränkestil bekannt, wie beispielsweise den Mōri Martini in der *Mōri Bar*. Besucherinnen und Besucher der *Ginza* empfehle ich, auch den Sidecar in der *Star Bar* und den Campari Soda in der *Bar Shake* zu probieren.

Manchmal kommt eine ganze Spirituosenkategorie oder ein breiteres Thema ins Spiel. In Yokohama ist die Bar *Casablanca* auf frisches Obst der Saison spezialisiert (wie auch die *Bar Orchard Ginza* in Tōkyō). Dort wird ein so einfaches Getränk wie Physalis mit Champagner zu einem Feuerwerk frischer Aromen, wenn man es an einem frostigen Tag zu Beginn des Winters trinkt. Ein anderes Mal kommt die Inspiration über die Zutaten: Die Bar *Le Parrain* in Tōkyō ist nach dem Film »Der Pate« benannt (*parrain* ist französisch für Pate), und die Innenräume der stimmungsvollen Cocktailbar schmücken gerahmte Fotografien von Filmszenen. Der Martini dort ist natürlich etwas ganz Besonderes.

Um den Ort, die Zeit und den Master Bartender zu ehren, möchte ich Barbesucherinnen und -besucher ermutigen, sich über die Spezialitäten einer Bar zu informieren, bevor sie sich zum ersten Mal dorthin wagen. Viele Bars verfügen über eine Website oder eine Instagram-Präsenz, und einige haben auch Blogs, die vermitteln können, worauf die jeweilige Bar sich spezialisiert hat und wie man seinen Aufenthalt dort am besten genießen kann. Man besucht eine Cocktailbar in Japan nicht zuletzt, um den Bartender bei der Arbeit zu erleben. Man schaut nicht einfach vorbei auf einen schnellen Shot oder ein Bier. Um wirklich von seinem Barbesuch zu profitieren, sollte man sich kundig machen, welche Getränke die Bartender über Jahrzehnte perfektioniert haben. Danach wählt man seinen Drink sorgsam aus.

omakasé

AUSWAHL DES DRINKS

Klassische Barkarten finden Sie in authentischen Bars nicht immer. Stattdessen stellt der Bartender Fragen nach der Grundspirituose, der Art des Getränks (geschüttelt, gerührt, sprudelnd) und nach dem Alkoholgehalt (niedrig, mittel, hoch), um den besten Drink für den jeweiligen Gast zu finden. Eine weitere Frage, die manchmal gestellt wird, ist: »Wie viele Drinks haben Sie heute Abend schon getrunken?« Damit versucht der Bartender sicherzustellen, dass der Gast auch mehr als ein Getränk genießen kann und niemand überversorgt wird.

omotenashi

GASTLICHKEIT

Ein Gefühl von Omotenashi, grenzenloser Gastlichkeit, begleitet den Gast vom Anfang bis zum Ende seines Aufenthalts. Das ist Bestandteil der japanischen Cocktailkultur. Zwar gibt es kein offizielles Regelwerk für Omotenashi, aber es gibt einige Elemente, die einfach dazugehören. Hier sind ein paar, die ich besonders schätze.

- Wenn eine Bar beim Eintreffen eines Gastes voll ist, verlässt der Bartender kurz seinen Platz an der Bar, um den Gast zu einem anderen Ort zu begleiten.
- Verlässt ein Gast die Bar, um eine Zigarettenpause einzulegen oder die Toilette aufzusuchen, stellt der Bartender dessen Cocktail in den Kühlschrank, um ihn kalt zu halten.
- Wenn ein Gast zurückkehrt, kommt der Bartender hinter der Bar hervor, um den Stuhl des Gastes zurechtzurücken und ihm ein heißes (oder kaltes, falls angebracht) Oshibori (Handtuch) zum Erfrischen anzubieten.
- Wenn ein Gast sein Handy zückt, um ein Foto von seinem Getränk zu machen, rückt der Bartender manchmal eine Kerze ans Glas, um die Aufnahme besser auszuleuchten. (Bevor man das ausprobiert, um Erlaubnis zum Fotografieren bitten und kein Blitzlicht verwenden.)
- Der Bartender merkt sich die Lieblingsgläser oder -cocktails des Gastes und bemüht sich, diese Gläser im Laufe des Abends für die servierten Getränke sowie bei künftigen Besuchen zu verwenden.
- Rauchen ist in japanischen Bars immer noch üblich, obwohl die jüngsten Gesetze dies ändern, und wenn ein Gast eine Zigarre bestellt, bittet ihn der Bartender manchmal, ein Stück weiterzurücken, damit dieser keine andere Gäste mit dem Rauch belästigt.
- Am Ende eines Besuchs begleitet der Bartender (oder der Eigentümer oder Chef-Bartender) die Gäste zum Aufzug, um sich bei ihnen zu bedanken und

ihnen eine gute Heimfahrt zu wünschen. Einige Bartender sind sogar dafür bekannt, die Treppen hinunterzueilen, um den Aufzug im Erdgeschoss abzupassen und ihren Gästen einen zweiten Abschiedsgruß mitzugeben.

sutandādo kakuteru

STANDARDCOCKTAILS

Wenn es an der Cocktailbar Barkarten gibt, dann findet man darauf meist klassische Cocktails wie Gin Fizz, Martini, White Lady und Daiquiri. Klassische Cocktails, die in Japan »sutandādo« genannt werden, sind diejenigen, die sich über die Zeit bewährten und einen festen Platz in der Cocktailgeschichte und Cocktailkultur eroberten. Von japanischen Bartendern wird erwartet, dass sie diese Standardrezepte auswendig lernen, um sich als Master Bartender zu qualifizieren. Zusätzlich zu einfachen Klassikern finden sich manchmal auch die preisgekrönten Rezepte des Master Bartenders in einer speziellen Rubrik auf der Karte.

Barverbände und die Wettbewerbe, die sie in Japan veranstalten, sind mit einem enormen Prestige verbunden. Die Auszeichnungen sind hoch angesehen. Interessant ist auch, dass die meisten japanischen Bartender (in traditionellen Bars) keine hausgemachten Zutaten verwenden, wie es in westlichen Bars üblich ist. Im Westen stellen viele Bartender ihre eigenen Versionen von Sirup, Likör und anderen Zutaten selbst her, um Kreativität zu beweisen und sich von anderen abzuheben. Diese Praxis ist in Japan nicht so weit verbreitet, wahrscheinlich weil es dort schon immer einen gewissen Respekt vor hochwertigen kommerziellen Produkten wie Sirup und Likör gab. Der Schwerpunkt liegt hier auf der durchdachten Verwendung dieser Zutaten.

oshibori

HANDTUCH

Das erste, was den Gästen beim Platznehmen in einer authentischen Bar angeboten wird, ist ein Oshibori, ein heißes Handtuch. Es gibt sie in vielen Farben – oft entsprechend der Jahreszeit oder der Stimmung, die der Bartender an einem bestimmten Abend hervorrufen möchte. Manchmal sind sie auch parfümiert. Das Oshibori bleibt oft auf der Bar oder auf dem Tisch liegen, damit der Gast es benutzen kann, während er Fingerfood isst, oder um eventuell Kondenswasser vom Cocktailglas abzuwischen. Ein frisches Oshibori kann auch überreicht werden, wenn der Gast an die Bar zurückkehrt – entweder nach einem Toilettenbesuch oder nachdem er eine Zigarette geraucht hat.

otōshi

PLATZGEBÜHR

Da der Platz in japanischen Cocktailbars begrenzt ist, wird oft eine Sitzplatzgebühr, Otōshi, auf die Rechnung aufgeschlagen. Sie kann zehn bis 20 Dollar pro Person betragen. Im Gegenzug bietet die Bar Snacks zum Knabbern an, sobald der Gast ankommt. Das kann eine kleine Schale mit gemischten Nüssen, Crackern, Trockenfrüchten, Wasabi-Erbsen oder ausgefallenen Pralinen sein. Diese Snacks werden ebenfalls Otōshi genannt, und die Phrase »otōshidegozaimasu« – »Hier ist Ihr Otōshi« – erklingt, wenn die Schale mit den Snacks serviert wird. So weiß der Gast, dass am Ende des Abends eine Platzgebühr erhoben wird, und ist bei Eintreffen der Rechnung nicht überrascht.

In einigen Lokalen wird das Angebot kreativ gestaltet: In der Bar *Casablanca* in Yokohama und im *Little Smith* in Tōkyō beispielsweise regen warme Kleinigkeiten den Appetit mit Essenzen von Umami und Salz an. In einer winzigen Whisky-Bar namens *Shu-Ha-Li* in Saitama, nördlich von Tōkyō, serviert man eine halbierte Avocado, die im Ofen geröstet und mit schmelzendem Käse bestreut ist. Dieses kleine Ritual trägt dazu bei, dass der Barbesuch den Gästen in Erinnerung bleibt.

ABOKADO NO CHĪZU-YAKI
(MIT KÄSE ÜBERBACKENE AVOCADO)

Genau so geht Otōshi! Hier ist ein Rezept, das ich zu Ehren von *Shu-Ha-Lis* Avocado mit Käse kreiert habe.

Für 2 Personen

1 Avocado

Salz und frisch gemahlener schwarzer Pfeffer

1 Handvoll geriebener Käse, z.B. Mozzarella

1 TL Shichimi Tōgarashi (japanische Gewürzmischung)
oder nach Belieben mehr

Den Backofen auf 180 °C vorheizen. Die Avocado längs halbieren und den Kern entfernen. Ein Rautenmuster in das Fruchtfleisch schneiden, ohne die Schale zu verletzen. Dann einen Löffel unter das Fruchtfleisch schieben, damit sich die Segmente später leichter herausheben lassen.

Ein kleines Backblech mit Backpapier auslegen. Die Avocadohälften mit dem Fruchtfleisch nach oben darauflegen und mit Salz und Pfeffer würzen. Mit einer Schicht Käse bestreuen. Die Avocado im vorgeheizten Ofen 5–10 Minuten backen, bis der Käse geschmolzen und goldgelb ist. Mit Shichimi Tōgarashi bestreuen und nach Bedarf mit Salz und Pfeffer nachwürzen.

EINE NEUE ÄRA FÜR JAPANISCHE COCKTAILS

Während sich die Cocktailkultur weiter globalisiert, gehen auch japanische Bartender aller Generationen mehr denn je auf Reisen, lassen sich von Getränketraditionen in aller Welt inspirieren und bringen neue Ideen mit zurück in ihre heimischen Bars in Kyōto, Ōsaka, Sapporo und anderen Städten. Wie die Begründer der japanischen Cocktailkultur vor ihnen, erfinden diese kreativen Bartender die japanische Cocktailbar neu.

In Tōkyō entstanden zwischen 2005 und 2010 Lokale wie die Bar *Shake* (2007), *Bar Orchard Ginza* (2007) und *Bar High Five* (2008). Viele dieser neuen Bars halten die Tradition der authentischen Bar aufrecht, setzen aber auch persönliche Akzente. Das Diamanteis von Hidetsugu Ueno in der *Bar High Five* ist ein Paradebeispiel für kreative Ideen, gepaart mit den soliden Grundlagen, die er als Lehrling von Hisashi Kishi in der *Star Bar* erworben hat. Im *High Five* bricht Ueno mit der stillen Ehrfurcht vor authentischen Bars und deren Ambiente. Er lässt spielerische Momente in sein Handwerk einfließen. Wenn er nicht gerade mit ernster Miene die Technik eines seiner Lehrlinge studiert, kann man ihn oft dabei beobachten, wie er Gästen ein subtiles Augenzwinkern und ein kleines Lächeln schenkt, während er die Herstellung eines angesagten Bamboo Cocktails überwacht.

Für eine neue Generation leidenschaftlicher und kreativer Bartender stehen unter anderem Hiroyasu Kayama von der *Bar Benfiddich* (2013) und Gen Yamamoto von *Gen Yamamoto* (2013), die ihren Gästen ein einzigartiges, sich von dem in anderen Bars abhebendes Erlebnis bieten wollen. Es sind authentische Bars, in denen Bartender in Anzug und Krawatte Drinks von Meisterhand zubereiten. Aber sie tun etwas, was sonst niemand tut. Kayama-san baut zum Beispiel Botanicals für seinen hausgemachten Absinth, Magenbitter und Campari an. Und keine andere Bar führt wie die von Yamamoto-san ein Degustationsmenü mit kleinen Cocktails, die mit saisonalen Produkten zubereitet werden – mit Akzent auf japanischen Spirituosen. Das sind wirklich einzigartige Bars in der globalen Cocktaillandschaft.

In ganz Japan werden immer mehr solcher individueller Bars eröffnet. Kyōto hat eine durch und durch moderne und aufregende Cocktailszene, mit Bartendern wie Tomoiki Sekiné, der Gin-Cocktails (unter Verwendung japanischer Zutaten) im *nokishita711* neu erfindet. Hidenori Yasuda erschafft ein künstlerisches Wunderland im *Cinematik Saloon*, wo Kino auf Live-Musik und Cocktails trifft. Und in der *Hakata Yatai Bar Ebi-chan* in Fukuoka gestaltete Akio Ebina die Bar in ein Yatai (einen kleinen mobilen Speisewagen) um. Er baut die gesamte Bar jeden Abend für den Service neu auf.

Während viele der heutigen Cocktailbars die Grundsätze früherer Generationen beibehalten, sind doch viele Aspekte der Cocktailkultur im Fluss – von der Inneneinrichtung bis hin zur Musik, den Zutaten und den Rezepten. Hier einige Beispiele für neue Wege in der Cocktailszene.

kakuteru

COCKTAILS

Heute experimentieren Bartender bewusst mit originellen Kreationen, für die sie zuweilen unkonventionelle Spirituosen oder moderne Techniken aus aller Welt verwenden. Manche Erfindungen sind lediglich leichte Abwandlungen klassischer Cocktails wie im *Bee's Knees* in Kyōto, wo der namensgebende Drink mit Yuzu-Tee zubereitet wird, der die Standardzutaten Gin, Zitrone und Honig ergänzt. In der Bar *Trench* in Tōkyō bereitet man ein Rezept wie den Mezcal-Milchpunsch zu, der mit Mezcal, Brandy, Kamille, grünem Tee, geklärter Vollmilch und Kardamom-Bitter zubereitet wird. Mezcal ist keine traditionelle Zutat in Japan, sondern ein neuartiges, überraschendes Element.

In diesen modernen Lokalen werden auch Spirituosen und Liköre verwendet, die in Japan heimisch sind. Bartender erfinden Drinks, die ein Gefühl für den Ort vermitteln, an dem sie entstehen. Im *SG Club* in Tōkyō mixt man Cocktails mit Zutaten wie Hōjō, Shōchū, Saké und japanischem Whisky sowie Hōjicha (geröstetem grünem Tee), Shisho und Yuzu. Das Interieur und Personal betreffend eine sehr internationale Cocktailbar, aber die Zutaten zeigen, dass sie tief in der japanischen Kultur verwurzelt ist. Ganz ähnlich das Konzept der *Bar Rocking Chair* in Kyōto, wo japanischer Rum wie Nine Leaves für den typischen Daiquiri verwendet wird. Der Kyōto Martini ist ein besonders gelungenes Beispiel für einen dieser neuartigen Drinks auf Basis von frischem grünem Tee, Wasanbon (einem feinkörnigen japanischen Zucker) und getrockneten Orangenschalen, die im Mörser zerstoßen werden. Ki No Bi Kyoto Dry Gin wird hinzugefügt und das Ganze gemixt, bevor man die Mischung in ein AeroPress-Set gibt und weitere Zutaten wie einen Dolin Dry Vermouth de Chambéry hinzugibt. Das Getränk wird gerührt und schließlich in ein Cocktailglas abgeseiht.

Heutzutage schaffen Bartender auch neue Aromen durch individuellere Zutaten. Im *nokishita711* werden Cocktails wie der Fungus Negroni mit einem mit Shiitake infusionierten Gin, Amaro, Mirin, Sojasauce, Umami-Bitter und fermentiertem Pilzsirup gemixt, um vertraute japanische Geschmacksvorlieben anzusprechen. In der *Bar Benfiddich* hebt Kayama-san die Idee der hausgemachten Zutaten auf die nächste Stufe, indem er Kräuter, Gewürze und andere Zutaten verwendet, um beliebte bekannte Liköre und Spirituosen von Grund auf neu zu erfinden. Wenn man eine seiner originellen »Campari«-Kreationen probiert, wird einem schnell bewusst, dass Japans zeitgenössische Garde jede Menge Kreativität zu bieten hat.

dezain

DESIGN

Viele zeitgenössische Bars setzen auf ein modernes Interieur. Vorbei sind die Zeiten der langen, niedrigen Bars mit dunklen Holzverkleidungen und heller Deckenbeleuchtung. In der *Bar Juniper* zum Beispiel finden Gäste ein stylishes, aber dennoch gemütliches Design mit Kupferrohren, Metrokacheln und plüschigen blaugrünen Barhockern vor. Für die Beleuchtung sorgen mattweiße Hängelampen. Ein speziell angefertigter Kühlschrank für Flaschen, der an ein sturmgepeitschtes U-Boot mit Bullaugen erinnert, schmückt die Backbar. Ein stylishes Ambiente für die Gin-Drinks, das dem Zeitgeist entspricht.

Bei *nokishita711* hängen getrocknete Blumen und ein Geflecht aus Ästen von der Decke. Eine Art Leinwand, wo die Gäste Visitenkarten, handschriftliche Notizen, U-Bahn-Tickets, Einkaufsquittungen und internationale Währungen hinterlassen – Liebesbriefe an die Bar gewissermaßen. Eine Form der Kunstinstallation und auf jeden Fall ein besonderer Platz. Ein weiteres Novum: Die Gäste entscheiden selbst, was sie für die Getränke zahlen wollen. Der *Cinematik Saloon*, ebenfalls in Kyōto, lässt sich von seinem Namen inspirieren. Die Bar liegt in einem lagerhausähnlichen Loft und besitzt eine große Leinwand, auf die alte Filme projiziert werden. Gedämpftes Licht unterstreicht das Ambiente, während Besitzer Hidenori Yasuda aus einer Sammlung von über 2000 Schallplatten den passenden Hintergrundsound auswählt. In der Tat ein Kinoerlebnis.

In der nahe gelegenen Bar *L'Escamoteur* herrscht Steampunk-Atmosphäre. Im winzigen, dachbodenähnlichen Raum verschmelzen Japan und Frankreich. Nippes stapelt sich in den Regalen, altmodische Glühbirnen erhellen den Raum und alte Bücher baumeln von den Regalen wie Fledermäuse. Wenn die Musik laut ist und die Barhocker voll besetzt sind, fühlt man sich nach Paris versetzt. Ein grandioser Taschenspielertrick. Kein Wunder – der Inhaber Christophe Rossi ist ausgebildeter Zauberer.

ongaku

MUSIK

Die musikalische Untermalung spielt in der japanischen Cocktailbar eine zentrale Rolle. Die meisten – wenn nicht alle – traditionellen Lokale wählen entweder Klassik oder Jazz, und fast immer ist die Musik leise und zurückhaltend – wie ein stiller Begleiter, der subtil zum Barerlebnis beiträgt. Im Gegensatz dazu wählen zeitgenössische Bars wie die *Bar Benfiddich* in Tōkyō einen dramatischeren Ansatz mit cineastischen Klanglandschaften, die bei höherem Dezibelpegel wellenförmig verlaufen und den anmutigen Bewegungen von Kayama-san einen Hauch von Drama verleihen. Wird das alles beispielsweise durch die ausdrucksstarke Musik des Film- und Fernsehkomponisten Ludovico Einaudi untermalt, verstärkt sich das Gesamterlebnis.

Die Art der Musik in japanischen Cocktailbars verändert sich laufend, da immer mehr Bartender um die Welt reisen und sich von anderen Cocktailkulturen inspirieren lassen. In der *Bar High Five* in Tōkyō trällern Jazzsängerinnen wie Ella Fitzgerald aus den Lautsprechern – ergänzt durch andere westliche Künstlerinnen und Künstler aus den 1930er- und 1940er-Jahren wie die Andrews Sisters. So entsteht eine beschwingte, aber dennoch klassische Atmosphäre, wie man sie auch in heutigen amerikanischen Speakeasy-Bars findet. In anderen Lokalen wie dem *nokishita711* in Kyōto erklingen Hip-Hop und R&B – das mag unerwartet sein, passt aber zum Ambiente. Hier überwinden Besucher schnell ihre vorgefassten Meinungen gegenüber japanischen Cocktailbars. Ein ähnlicher Klangteppich erwartet die Gäste in der Bar *Trench* in Tōkyō, wo sich Rufus-Wainwright-Titel mit Frank-Ocean-Tracks mischen.

Manchmal herrscht auch nur Stille. An Orten wie der *Bar Gen Yamamoto* in Tōkyō und in der *Bar Bunkyu* in Kyōto gibt es überhaupt keine Musik. In Letzterer hallen in dem winzigen, höhlenartigen Raum die Geräusche von Naoyuki Sakauchis Schütteln und Eingießen wider. Für viele westliche Barbesucher, die laute Bars gewöhnt sind, kann das befremdlich wirken. Aber in vielerlei Hinsicht unterstreicht die Stille nur den Zweck des Besuchs von Cocktailbars in Japan: Man geht nicht in die Bar, um Musik zu hören, sondern um sich mit dem Bartender zu unterhalten, ihm bei der Arbeit zuzuschauen und schließlich die Cocktails zu genießen. Manchmal sitzt man einfach da in andächtiger Stille und lauscht dem Widerhall von klirrendem Eis oder dem belebenden Zischen der Limonade.

FRAUEN HINTER DER BAR

»Harmonie ist Wertschätzung und das Vermeiden von mutwilligem Widerspruch.« So steht es in der ersten Verfassung Japans aus dem Jahr 604, die von Kaiserin Suiko erlassen wurde, der – laut Aufzeichnung – ersten Kaiserin des Landes. Sie setzte sich für die Verbreitung des Buddhismus im Land ein.

Offensichtlich war Japan nicht immer eine patriarchalische Gesellschaft. Der Wandel vollzog sich während der Meiji-Ära, die 1868 begann und 1912 ihren Höhepunkt erreichte. Eine Zeitspanne, die wir oft als eine Zeit des Wachstums und der Veränderung bezeichnen, obwohl wir heute wissen, dass nicht alle diese Entwicklungen Verbesserungen waren.

»Ryōsai kenbo«, was sich mit »gute Ehefrau, weise Mutter« übersetzen lässt, war eine Redewendung, die während der Meiji-Ära an den Schulen verbreitet wurde. Man war der Ansicht, die Frau habe dem Mann untertan zu sein und ihre Aufgabe sei es, Kinder zu gebären und vor allem Söhne zum Wohle der Nation aufzuziehen.

Eine Frau, die keine Kinder hatte, wurde als Versagerin angesehen. Bis die Meiji-Verfassung 1946 abgeschafft wurde, durften Frauen weder wählen, noch Eigentum besitzen, erben oder ihren Ehepartner selber wählen. Nach dem Zweiten Weltkrieg erhielt Japan eine neue Verfassung, und in den darauffolgenden Jahren wurden Frauen zumindest vor dem Gesetz gleiche Rechte wie Männern zugestanden. Allerdings lebte die Vorstellung, dass Männer die Ernährer und Frauen Versorgerinnen sind, in der japanischen Gesellschaft fort. Das führte dazu, dass das Arbeitsleben weitgehend von Männern dominiert wurde.

Auch die Arbeit in Cocktailbars war lange Männern vorbehalten und ist noch immer eine männliche Domäne. Die Mehrheit der Bars, die von Frauen geführt werden, sind auf Geselligkeit ausgerichtet, nicht auf den Genuss von Cocktails. Im *Sunakku* (Snackbar) beispielsweise leitet eine Frau, die Mama-san, den Betrieb. In den authentischen Bars Japans findet man unbestritten weibliche Bartender (wie die Chef-Bartenderin Kaori Kurakami von der *Bar High Five*, Master Bartenderin Hiroko Hasegawa von *Bar Tsubomi* und Sumir Miyanohara, Miteigentümer der *Bar Orchard*), aber wenn man sich die berühmten Bars anschaut, wird man feststellen, dass die meisten – wenn nicht alle – von Männern betrieben und geführt werden.

In Japan herrscht eine Doppelmoral. Von Frauen wird erwartet, dass sie süß, nett, freundlich, niedlich und sanftmütig sind, aber wenn eine Bartenderin in einer authentischen Bar als zu freundlich empfunden wird, sagt man ihr Koketterie nach und nimmt sie nicht ernst. Männer bestimmen, in welchen Bereichen des professionellen Gastgewerbes Frauen erfolgreich sein dürfen. Sie versuchen, Frauen in Schubladen zu stecken, die ihren eigenen Weltanschauungen entsprechen. Dem männlichen Weltbild entsprechen Frauen in Animierbars oder die Mama-san in der Snackbar. Nach wie vor haben es Frauen schwer, sich in der Welt der Cocktailbars zu etablieren.

In einem Online-Forum fragte ein Japaner kürzlich, wie er eine Bartenderin nennen solle. Er war verwirrt, weil er in einer Bar gewesen war, in der es nur einen Bartender gab – eine Frau. Er war sich nicht sicher, ob sie die Besitzerin oder nur die Bartenderin war, auf jeden Fall fühlte er sich nicht wohl damit, sie Masutā (Master Bartender) zu nennen. Das war interessant zu lesen, denn wäre der Bartender ein Mann gewesen, hätte der Kunde ihn zweifellos ohne Zögern als Masutā angesprochen.

Mehrere Frauen reagierten auf seine Bemerkung: »Warum sollten wir nicht denselben Titel tragen? Wir sind qualifiziert und machen die gleiche Arbeit.« Meiner Meinung nach ein Dilemma in der japanischen Barszene, ja in der gesamten Barwelt. Hier gibt es noch viel zu tun. Veraltete Vorstellungen aus einer Arbeitswelt, in der Männer das Sagen hatten, müssen überwunden werden. Auch wenn es unbequem für die Männerwelt ist: Es ist an der Zeit, dass Frauen genauso wie Männer authentische Bars besitzen, betreiben und den Titel einer Masutā tragen können. Man möge uns deshalb bitte nicht Mama-san nennen.

CHRONIK

MEIJI-ÄRA

1868–1912 – Japan lässt die Feudalgesellschaft hinter sich und öffnet sich dem globalen Handel und der Industrialisierung.

1899 Louis Eppinger etabliert im *Grand Hotel* in Yokohama das erste Cocktailprogramm westlichen Stils in Japan.

1910 Mit dem *Maison Kōnosu* eröffnet die erste Bar europäischen Stils mit Cocktails und Essen in Ginza.

1911 Das *Café Purantan* (Printemps) eröffnet als erste Café-Galerie und mitgliederbasierte Gastgewerbeeinrichtung in Japan.

TAISHŌ-ÄRA

1912–1926 – Eine Periode des Wachstums für die japanische Cocktailszene. Die Grundlagen werden gelegt, als Moga und Mobo westliche Garderobe, westliche Aktivitäten sowie westliche Bars und Cafés für sich entdecken.

1923 Das *Imperial Hotel*, in dem der Mount-Fuji-Cocktail erfunden wurde, wird in Tōkyō eröffnet. Im gleichen Jahr ereignet sich das große Kantō-Erdbeben im Chūōward von Tōkyō. Als die Bars wieder öffnen, profilieren sich viele als Cocktailbars. Das *Grand Hotel* in Yokohama wird beim Erdbeben zerstört, was Eppingers Schützlinge veranlasst, sich in Tōkyō niederzulassen.

1924 Zwei japanische Bücher zum Thema Cocktails kommen heraus: *Kakuteru* (Kongōshu Chōgō-hō) von Küchenchef Tokuzō Akiyama und *Kokutēru* von Bartender Yonekichi Maeda. Eppinger-Schüler wie Shogo Hamada gründen in Ginza/Tōkyō das *Café Raion* (Löwe).

SHŌWA-ÄRA

1926–1989 – eine Zeit großer Veränderungen in Japan. Für die japanische Cocktailszene wird ein starkes Fundament gelegt. Sie überlebt nicht nur, sondern erstarkt zusehends.

1928 Eröffnung der *Bar Lupin* in Ginza als eine auf Cocktails spezialisierte Bar. Heute eine der ältesten Bars, die noch immer im Geschäft sind.

1929 Die *Nippon Bartenders Association* (NBA) wird gegründet.

1931 *Suntory Whisky* (damals noch unter dem Namen *Kotobukiya*) sponsert den ersten Cocktail-Wettbewerb in Japan.

1939 Ausbruch des Zweiten Weltkriegs

1945 Nach dem Krieg werden der *Tōkyō Kaikan* und die dortige Hauptbar von amerikanischen Soldaten beschlagnahmt; der Kaikan Fizz wird in dieser Zeit erfunden.

1952 Japan erlangt seine Souveränität zurück und es kommt Bewegung ins Land. Menschen strömen aus ländlichen Gebieten in die Metropole Tōkyō. Auf der anderen Seite kehren Bartender, die die Besatzungsjahre in Tōkyō-Bars verbracht haben, nach Hause zurück und eröffnen dort eigene Bars.

1953 Tatsurō Yamazaki, ein Schützling von Haruyoshi Honda aus *Tōkyō Kaikan*, zieht nach Sapporo und wirkt maßgeblich an der Entwicklung der dortigen authentischen Barkultur mit.

1955 Shinjiro Torii von *Kotobukiya* (jetzt *Suntory*) eröffnet eine Reihe von lässigen »Torys Bars« in ganz Ōsaka und Tōkyō. Keiichi Iyama eröffnet *Kern* (sprich: Kerun) in Sakata.

1962 Die *Hotel Barmen's Guild*, Japan (HBG), gründet sich in Tōkyō, erweitert sich 1970 zu einem vollwertigen »Barmen's Club« und veranstaltet Wettbewerbe, Brennereitouren und Bildungsprogramme. 1977 ändert die Vereinigung ihren Namen in *Hotel Barmen's Association* (HBA), unter dem sie heute noch bekannt ist.

HEISEI-ÄRA

1989–2019 – eine Zeit, in der viele der heute bekannten Bars eröffnen.

1993 Yūichi Hoshi eröffnet *Little Smith* in Ginza.

1996 Hisashi Kishi gewinnt als erster japanischer Bartender die *Bartender Association's World Cocktail Championship*, die Weltmeisterschaft für Bartender.

1997 Takao Mōri eröffnet die *Mōri Bar*, Kazuo Uyeda die *Tender Bar* in Ginza.

2000 Uyeda veröffentlicht das Buch *Cocktail Technic*, das der japanischen Cocktailszene Anerkennung verschafft. Hisashi Kishi eröffnet die *Star Bar Ginza*.

2004 Eröffnung der *Y&M Bar Kisling* unter der Leitung von Takao Mōri und Mitsugi Yoshida in Ginza.

2007 Masayuki Kodato eröffnet die *Bar Shake* in Ginza, das Ehepaar Takuo und Sumiré Miyanohara die *Bar Orchard Ginza*.

2008 Hidetsugu Ueno eröffnet die *Bar High Five* in Ginza.

2010 Chef-Bartender Rogerigo Igarashi Vaz eröffnet die Bar *Trench* in Ebisu.

2013 Hiroyasu Kayama eröffnet die *Bar Benfiddich* in Nishi-Shinjuku, Gen Yamamoto die *Bar Gen Yamamoto* in Azabujuban.

2018 Shingo Gokan eröffnet den *SG Club* in Shibuya.

REIWA-ÄRA

2019–heute
Die Ära beginnt mit der Thronbesteigung von Kaiser Naruhito am 1. Mai 2019. Sein Vater Akahito ist der erste Monarch seit etwa 200 Jahren, der den Chrysanthementhron freiwillig für seinen Nachfolger frei macht.
Reiwa verkörpert die Hoffnung auf Ordnung und Harmonie in den kommenden Jahren. Das deckt sich mit meinen Hoffnungen auf den Erfolg meiner japanischen Bartenderkollegen und ihrer wunderbaren Etablissements in einer sich ständig verändernden Welt.

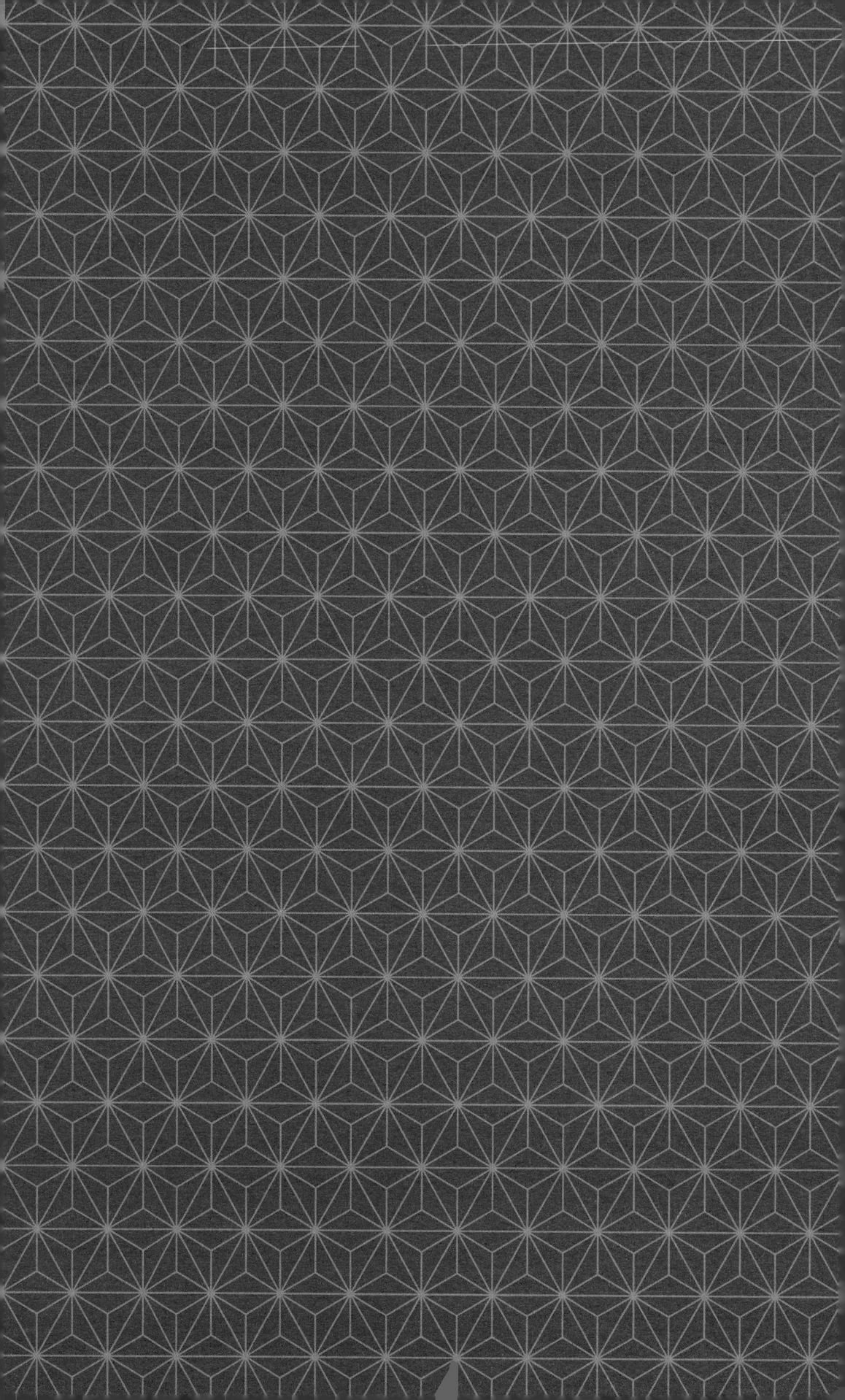

道具と手法

WERKZEUGE UND TECHNIKEN

Der Architekt Louis Sullivan prägte 1896 in einem Aufsatz die Formulierung: »Form ever follows function« (die Form folgt immer der Funktion). Seiner Einschätzung nach sollten in der modernen Architektur Form und Grundriss eines Gebäudes durch seinen Zweck bestimmt werden. Ausschmückungen um der Ausschmückung willen sind seiner Auffassung nach bedeutungslos – ein besonderes Element, das die Funktion einer Sache unterstreicht, sei dagegen nahezu göttlich. Diese Theorie (oft verkürzt als »form follows function«) setzte sich schnell in der Architektur durch und wurde in den letzten Jahrzehnten von unzähligen Professorinnen und Praktikern aufgegriffen. Ich glaube, das Konzept gilt auch für japanische Bartender.

Die in Japan hergestellten Barwerkzeuge werden für ihre Ausgewogenheit, Ästhetik und Präzision gelobt. In der japanischen Barkultur prägen die Werkzeuge auch Stil und Technik der Bartender. Die Art und Weise, wie ein erfahrener Bartender sein Werkzeug in Harmonie mit seiner eigenen Körperlichkeit handhabt, ist von Bedeutung. Aber natürlich muss das Werkzeug in erster Linie seine Funktion erfüllen und dazu führen, ein besseres Getränk zu kreieren.

Betrachten wir einmal das, was viele Westler als »Hard Shake« kennen – eine Technik, die von Kazuo Uyeda von der *Tender Bar* in Tōkyō entwickelt wurde. Er verwendet einen Cobbler Shaker und hat einen ganz eigenen Stil, der auf seiner Art und Weise, sich mit einem ganz bestimmten Ziel zu bewegen, beruht. Dieses Ziel sind die richtige Temperatur, Ausgewogenheit (durch Verdünnung) und Textur (durch Belüftung) des Cocktails. Als er nach Amerika kam, um seine Technik den dortigen Bartendern zu demonstrieren, dachten viele, sein Stil sei japanisch. Das führte zu dem Missverständnis, man müsse einen Cobbler Shaker stark schütteln, wenn man ihn »wie in Japan« benutzt, und schon hätte man einen besseren Cocktail! Das ist ein völliges Missverständnis. Bei Uyeda-san geht es nicht um die Heftigkeit der Bewegung; diese besondere Art des Schüttelns ist einfach seine Eigenart. Auch wenn man kräftig schüttelt, schmeckt der Drink nicht zwangsläufig wie bei Uyeda – das funktioniert nur, wenn man in der gleichen Bar mit dem gleichen Eis und den gleichen Werkzeugen arbeitet und die gleiche Statur und den gleichen Rhythmus wie er hat. Deshalb sollte jeder Bartender seinen eigenen, einzigartigen Stil und seine eigene Technik entwickeln. Jeder Bartender ist anders!

Stil und Ausführung beruhen auf jahrzehntelangem, geduldigem Studium und Praxis, denn Techniken wie Werkzeuge werden vom Lehrer an den Lehrling weitergegeben. Wie die Dirigentin eines Orchesters, die ihre Komposition mit ihrem hölzernen Stab dirigiert, oder ein Koch, der Gemüse mit seinem Lieblingsmesser schneidet, entwickelt der Bartender eine physische und emotionale Beziehung zu Jigger oder Barlöffel. Die Bedeutung dieser Beziehung kann nicht hoch genug geschätzt werden, denn beim japanischen Bartending sollte jede Bewegung anmutig sein und nahtlos in die nächste übergehen. Harmonie sollte den gesamten Prozess bestimmen, nicht nur das, was am Ende im Glas landet.

Da Werkzeuge, Bartender und Umgebung die Technik beeinflussen, ist es meiner Meinung nach wichtig, alles zusammen zu betrachten, um ein Gesamtbild zu erhalten. Mir ist klar, wie schwierig – wenn nicht gar unmöglich – es ist, die Bartender-Technik anhand eines Buchs zu erlernen. Betrachten Sie dieses Buch vielmehr als Sprungbrett oder als Fundament, auf dem Sie aufbauen können. Bitte beachten Sie auch, dass ich in diesem Kapitel nicht auf jedes einzelne Werkzeug eingehen kann, das man in einer japanischen Cocktailbar finden kann. Vielmehr stelle ich diejenigen Werkzeuge vor, die für meinen Stil des japanischen Bartendings unverzichtbar sind.

WERKZEUGE UND TECHNIKEN

DIE GESCHICHTE DER BARWERKZEUGE

So wie die Cocktailkultur über Amerika nach Japan kam, so kamen auch die Barwerkzeuge aus Amerika nach Japan. Der Jigger und der Cobbler Shaker wurden in Amerika Ende des 19. Jahrhunderts patentiert, und auch Begleiter wie das Barsieb und der Barlöffel wurden von japanischen Bartendern übernommen.

In den letzten zehn Jahren etwa, seit das Interesse an der japanischen Barkultur weltweit zugenommen hat, belebten jedoch japanische Hersteller von Barwerkzeugen mit High-End-Innovationen diese Industrie. Der Cocktailshaker von *Birdy*, gestaltet von Tetsuya Yokoyama, kam 2013 auf den Markt und sorgte für Aufsehen, weil er technische Innovation und japanisches Design vereinte. Er wurde mithilfe von Technologien aus der Automobilindustrie kreiert. Auf den ersten Blick sieht der dreiteilige Shaker wie die meisten dreiteiligen Shaker aus, er hat aber eine hochglanzpolierte und somit extrem glatte Innenfläche, um die Textur der Shakes zu verbessern. Durch die verminderte Reibung entsteht weniger Schmelzwasser und das Eis kann den Drink besser kühlen. Während die meisten Bartender bei Shakern nur auf Form und Größe achten, griff Yokoyama ein Element des Werkzeugs auf, das eine technische Verbesserung versprach. Yokoyama sagte, er sei durch seine Beobachtung von Bartendern inspiriert worden und wollte ihr Handwerkszeug verbessern.

Heute ist das Interessanteste an der japanischen Barwerkzeugindustrie, wie regionale Traditionen zu einer Spezialisierung im ganzen Land führten. In Nīgata liegt der Schwerpunkt auf der Stahlverarbeitung, in der Region Kansai auf Feinschmiede- und Metallarbeiten, in Zentral- und Südjapan auf Keramik. Traditionelle Werkzeuge wie Messer, Reiben und Siebe, die für die Bar übernommen wurden, stammen immer noch aus den Regionen Kansai, Tōkyō und Nara. Die schwereren Werkzeuge aus Edelstahl wie Jigger, Shaker und Barsiebe kommen aus Nīgata.

Da japanische Bartender zunehmend in andere Länder reisen, um neue Techniken zu erlernen, entstehen auch neue Stile. *Yukiwa* brachte 2015 einen Shaker heraus, der ähnlich wie der *Birdy* hochglanzpoliert ist, sowie einen zweiteiligen Tin-Tin-Shaker im Pariser Stil, der immer noch auffällt, weil der dreiteilige Shaker nach wie vor die Norm ist. Es ist spannend zu sehen, wie japanische Werkzeugmacher sich von globalen Traditionen inspirieren lassen, sie nach Japan mitbringen und Geräte herstellen, die zuverlässig und in der japanischen Handwerkskunst verwurzelt sind.

gurasu - tōki

TRINKGEFÄSSE

GLAS

Viele Cocktailbars rund um die Welt besitzen eine große Menge einheitlicher Gläser, aber japanische Bartender bevorzugen kleine Sammlungen von Einzelstücken, die zu ihrer spezifischen Ästhetik passen. So wird jedes Getränk zu etwas Besonderem. Meist sind die Gläser aus hochwertigem Kristallglas gefertigt. In einer belebten westlichen Cocktailbar würde man sie nicht finden, weil sie zu zerbrechlich sind, um dem Massengebrauch standzuhalten. Die japanischen Bargläser haben oft verschnörkelte oder handgeschliffene Muster, bekannt als Kiriko. Echte Kiriko-Gläser kosten über 100 Dollar und werden mit größtem Respekt und größter Sorgfalt behandelt.

Die besten Cocktailgläser bescheren einen Moment des Innehaltens und der Wertschätzung für die Kunstfertigkeit, mit der der Cocktail zubereitet wurde. Aber nicht alle Gläser müssen traditionell sein. In der *Bar Orchard Ginza* haben Takuo und Sumiré Miyanohara eine Reihe fantasievoller Trinkgefäße zusammengestellt, die für Überraschung sorgen sollen. Eines ihrer berühmtesten ist ein weißes »Glas« in Form einer kleinen Badewanne auf Füßen – garniert mit Salzschaum und einer Miniatur-Gummiente. In der *Bar Benfiddich* in Tōkyōs Shinjuku-Viertel zieren unerwartete Kurven und Linien die geometrischen Gläser, um das Gefühl für Dramatik zu verstärken, das die Bar von Hiroyasu Kayama prägt. Diese Kreativität in punkto Trinkgefäße ist Teil dessen, was diese Bars zu etwas ganz Besonderem macht.

KERAMIK

Töpferwaren aus Steingut und Porzellan gelten als die ältesten Kunstformen Japans. Viele halten diese alten Keramiken für die besten der Welt. Traditionell waren Keramiktassen Tee oder Shōchū vorbehalten, Gefäße wie die Chawan (Teetasse) wurden für Zubereitung und Servieren von Matcha genutzt. Inzwischen verwenden auch einige Bartender, die sich tief in der japanischen Kultur verankert fühlen, Keramikbecher für Cocktails.

Ein Element, auf das ich bei japanischer Keramik achte, ist, dass die Stücke den Hersteller und die Region, in der sie hergestellt wurden, repräsentieren. Je nach örtlichen Traditionen und Art des Bodens sieht Keramik anders aus und fühlt sich anders an. In Kyōto zum Beispiel sind die Glasuren von Kyō-yaki-Stücken mit kleinen Sternen gesprenkelt, während Shigaraki-yaki aus den Bergen mit seinen grünen und braunen Farbtönen rustikaler wirkt. Weiter östlich, in Richtung Tōkyō, sind die Tokoname-yaki (hergestellt in der Präfektur Aichi, die für ihr Teegeschirr bekannt ist) aus sehr weichem rotem Ton.

Keramik mag zwar robust erscheinen, sollte aber ebenso mit Vorsicht behandelt werden wie Glas und erfordert zusätzliche Überlegungen. Unglasiertes Geschirr nimmt die Aromen und Geschmäcker der Flüssigkeiten auf, die man hineingibt. Daher sollte immer nur eine Sorte Tee oder einer anderen Flüssigkeit in dem Gefäß serviert werden, da es sonst zu einer Kollision der Geschmäcker kommt. Im Laufe der Zeit sind Brüche unvermeidbar. Sie werden mit Lack und Gold geflickt – eine Methode, die Kintsugi genannt wird. Oft wirken die Keramiken nach der Reparatur noch exquisiter.

kōri
EIS

Eis hat in einer japanischen Cocktailbar viele Funktionen. Die offensichtlichsten – Verdünnung und Kühlung – gelten für Bartender auf der ganzen Welt. In der japanischen Cocktailbar spielt Eis aber auch eine ästhetische Rolle. Bartender verbringen in Japan viel Zeit damit, ihre Drinks zu perfektionieren und dafür zu sorgen, dass sie ebenso attraktiv wie köstlich sind. Nicht zuletzt der Umgang mit Eis hat die japanischen Bars in der internationalen Barszene berühmt gemacht, mehr als irgendein Rezept. Viele Bartender hatten sich nie Gedanken um die Aufbereitung von Eis gemacht, bis Fotos und Berichte von Besuchern in Japan vor einigen Jahren im Internet zu kursieren begannen. Die kunstvolle Aufbereitung von Eis sorgt in Japan für Raffinesse und Glamour im Glas.

Die meisten Bars in Japan sind zu klein, um Eismaschinen aufzustellen, daher sind sie auf die tägliche Lieferung riesiger kristallklarer Eisblöcke angewiesen, um die Bar für den Service zu füllen. Die Klarheit von Cocktaileis ist von größter Bedeutung, denn sie beeinflusst sowohl Aussehen als auch Geschmack des Getränks. Trübes Eis, wie es in haushaltsüblichen Gefrierschränken hergestellt wird, ist nicht schön anzusehen und auch nicht appetitlich, denn die Trübung stammt sowohl von Verunreinigungen als auch von eingeschlossener Luft. Dass das Wasser für Eiswürfel zuvor gefiltert wird, sollte selbstverständlich sein. Viele Spirituosenpuristen und Bartender bemängeln auch den Geschmack, den das Eis annimmt, entweder durch den Gefrierschrank selbst, durch Mineralien im Wasser oder durch die eingeschlossene Luft, die ins Getränk entweicht.

Außerdem schmilzt poröses Eis schneller als festes, kristallklares Eis, was ebenfalls zu unerwünschten Effekten führt. Wenn das Eis nicht bis zum Kern fest ist, verwässert es das Getränk schneller und kühlt zu Beginn nicht zufriedenstellend. Die Lebensdauer des Cocktails als Ganzes wird durch minderwertiges Eis verkürzt.

Um diese Nachteile zu vermeiden, verwenden viele Bartender (und Spezialeisfirmen) die Methode des gerichteten Gefrierens, bei der das Wasser langsam und nur in eine Richtung gefriert – von unten nach oben. So wird garantiert, dass Mineralien und Luftblasen aus dem Weg geschoben werden und das Eis die perfekte Struktur erhält. Dies kann in jedem Gefriergerät (s. S. 64) oder durch den Einsatz einer Clinebell-Maschine geschehen, die zur Herstellung von Bausteinen für Eisskulpturen genutzt wird.

Der Bartender zerkleinert die Eisblöcke mit verschiedenen Werkzeugen wie Sägen, Messern oder Eispickeln. Dies ist ein Ausdruck von Kodawari – der unermüdlichen Konzentration auf die Perfektionierung der jeweiligen Aufgabe. Viele Bartender verbringen Jahre damit zu lernen, wie man Eis in die richtige Größe und Form zum Schütteln, Rühren und Herstellen von Cocktails bringt.

EIS-TYPEN

GROSSE WÜRFEL

Eine der grundlegendsten Formen von Cocktaileis mit einer Größe von fünf bis zwölf Zentimeter Kantenlänge. Die kleinsten Würfel sind am besten geeignet für das Servieren von Spirituosen, die über einen einzigen Würfel gegossen werden. Die größeren Würfel werden in Form geschnitten oder gehackt – beispielsweise zu Diamanten oder Kugeln.

KUGELN

Kugelförmige Eiswürfel in verschiedenen Größen tauchten in der amerikanischen Cocktailkultur im späten 19. Jahrhundert erstmals auf. Sie sind bis heute auch ein Standard japanischer Bartender. Kugeln werden am häufigsten für gerührte Cocktails, Highballs oder das Einschenken von Spirituosen verwendet. Sie sind begehrt wegen ihrer geringen Schmelzrate und ihres auffälligen Aussehens. Kugeln können gehackt, geschnitten, gepresst oder sogar in speziellen Eismaschinen geformt werden.

HIGHBALL- ODER COLLINS-STANGEN

In eine lange, schmale, rechteckige Form geschnitten, passen Eisblöcke in ein Highball- oder Collins-Glas. In Japan ist es üblich, zwei rechteckige Eisstücke statt einer einzelnen Stange zu verwenden.

EISDIAMANTEN

Als Hidetsugo Ueno in der *Star Bar Ginza* als Lehrling in Tōkyō arbeitete, führten er und der Master Bartender Hisashi Kishi das Cocktaileis auf ein neues Niveau, indem sie es in Form eines funkelnden Diamanten schnitten. In dieser Form schmilzt das Eis langsam und sieht sensationell aus. Man verwendet die Diamanten üblicherweise für Rührgetränke und zum Einschenken von Spirituosen über Eis.

EIS AUS DER MASCHINE: WÜRFEL UND UNTERSCHIEDLICHE FORMEN

Das Basiseis zum Schütteln und Rühren von Cocktails und manchmal zum Servieren einfacher Highballs. Viele japanische Bars lassen sich diese Würfel von Eisfirmen liefern. Einige Bars, insbesondere erst kürzlich eröffnete Cocktailbars, besitzen *Hoshizaki*-Maschinen, die kleine Würfel (ca. zwei Zentimeter Kantenlänge) herstellen. *Hoshizaki* produziert auch Maschinen, die Herzen, Kugeln und sternförmiges Eis für traditionelle Whisky-Highballs und Chū-hi (Shōchū-Highballs) herstellen.

EIS AUS DER MASCHINE: SHAVED ODER CRUSHED

Wird für Frappé-ähnliche Cocktails, Swizzles und einige tropische Cocktails verwendet. Die meisten japanischen Bars stellen dieses Eis mit einer kleinen Crushed-Ice-Maschine her oder verwenden Eisspäne von der Eiszubereitung des Tages. Alle kleinen Shavings und Stücke von Diamanten und Kugeln können für andere Cocktails im Laufe des Abends verwendet werden. Für eine modernere Präsentation verwenden einige Bars Eis Shaver, die man auch zur Herstellung von Kakigōri (Shaved Ice) nutzt.

Wie Bildhauer feilen japanische Bartender oft noch im allerletzten Moment an der endgültigen Form eines Eisstücks, bevor sie dem Gast das Getränk servieren. Dies sorgt für größtmögliche Frische und schafft einen weiteren Aspekt von Schönheit bei der Getränkezubereitung.

Zunächst nimmt der Bartender das Eis aus dem Gefriergerät, um es zu temperieren, wobei er es manchmal in ein Hangiri aus Zedernholz (ein Gefäß zum Herstellen und Kühlen von Sushi-Reis) gibt, während er das Getränk zubereitet. Temperiertes Eis lässt sich leichter schneiden. Das ist für den Gast schön anzuschauen und erleichtert dem Bartender die Arbeit.

KRISTALLKLARES EIS HERSTELLEN Füllen Sie einen Behälter (wie eine Thermo- oder Styroporbox) zu drei Vierteln mit gefiltertem Wasser. Decken Sie den Behälter mit Frischhaltefolie ab, um das Wasser vor Gerüchen zu schützen, die im Gefriergerät zirkulieren. Nehmen Sie den Behälter aus dem Gefrierschrank, bevor der Block vollständig gefroren ist. Dies verhindert, dass sich Eiskristalle am Boden des Behälters bilden und Luftblasen durch den klaren Eisblock nach oben schießen. Den entstandenen Block können Sie mit einem Eispickel in handliche Stücke zerteilen. Lagern Sie das Eis in luftdichten Beuteln oder Behältern, um es vor Verunreinigungen zu schützen und Form und Geschmeidigkeit des Eises zu bewahren.

Hier einige der Werkzeuge, die Sie für den Umgang mit Eis auf japanische Art benötigen:

kōrinoko

EISSÄGEN

Japanische Cocktailbars bestellen gewöhnlich kristallklare Eisblöcke bei ortsansässigen Unternehmen und verwenden Kōrinoko, um sie schnell und effizient aufzubrechen. Es gibt verschiedene Hersteller von Sägen in Japan, und einige davon führen mehrere Modelle, sodass die Bartender die perfekte Klinge auswählen können. Beim Zerkleinern von Blöcken in kleinere Würfel ist es wichtig, eine Säge mit relativ breiten Zähnen zu verwenden, die das Eis gut greifen. Mit zu feinen Zacken fühlt es sich an, als würde man versuchen, Holz mit einem Buttermesser zu schneiden. Das Sägeblatt sollte außerdem lang genug sein, damit die Hand nicht bei jeder Bewegung gegen die Seite stößt. Sägen aus Edelstahl rosten nicht, und hochwertige Sägen sind immer eine gute Wahl, da sie im Gebrauch sicherer als billigere Modelle sind.

Der Schneideprozess ist einfach. Das Eis sollte zuerst temperiert werden. Wenn auf der Außenseite Wasser schimmert, ist es bereit zum Schneiden. Auf der Arbeitsfläche eine Plastikplane oder eine Matte zu deren Schutz auslegen, darauf ein

Schneidebrett, auf dem man arbeiten kann. Den Block zunächst mit einem Messer und einem Lineal einritzen, um genaue Markierungen zu erhalten. Ich arbeite von der Mitte nach außen, was gleichmäßige Schnitte erleichtert (und wenn man es vermasselt, bleibt immer noch eine Menge Eis übrig, das man retten kann). Wenn man vom Ende her sägt, besteht die Gefahr, dass die Säge abrutscht, falsch schneidet oder Endstücke abbricht. Sobald das Eis zehn bis 12,5 Zentimeter dick ist, lässt sich der Rest mit einem Pickel oder Messer brechen.

aisupikku

EISPICKEL

Der Eispickel ist nicht nur für die japanische Bar, sondern auch für viele Hausbars ein wichtiges Werkzeug. Er kann für die einfachsten Aufgaben eingesetzt werden – vom Aufbrechen von Eiswürfeln, die in einem Eiskübel verklumpt sind, bis zum Herausbrechen von Zylindern und Kugeln aus größeren Blöcken oder zum Brechen von rechteckigen Prismen für Highballs. Japanische Bartender verwenden entweder einen einzackigen, dreizackigen, fünfzackigen oder sechszackigen Pickel – manchmal auch unterschiedliche Modelle für verschiedene Aufgaben. Superlange einzackige Modelle sind gut für große Blöcke, während die kürzeren zum Einkerben und für andere Arbeiten geeignet sind. Dreizackige Pickel verursachen weniger Kratzer auf einem großen Eisblock, benötigen aber mehr Energieeinsatz beim Verteilen der Kraft. Sie sind in der Regel leichter und daher einfacher zu handhaben. Der sechszackige Pickel eignet sich am besten, um einen großen Block in zwei Hälften zu spalten, wenn man das Eis vollständig aushärten lässt und genügend Kraft aufwendet.

Die größte Herausforderung bei der Arbeit mit dem Eispickel ist die Eiskugel. Man kann erkennen, dass eine Kugel von Hand gemacht wurde, wenn sie durch Schläge der Edelstahlzinken gewölbt aussieht und Einkerbungen hat wie ein Mondkrater. Um Eis mit einem Eispickel in eine Kugel zu verwandeln, macht man mit den Handgelenken kleine, zügige Bewegungen. So hat man mehr Kontrolle darüber, wo der Eispickel landet. Richtet man ihn nach unten, so fallen größere Stücke vom Würfel, und wenn man ihn nach oben hält, rasiert man kleine Teile vom Eis ab. Eine Kombination aus beiden Techniken ergibt ein schillerndes Endprodukt. Man sollte zuerst mit kräftigen Abwärtshieben nach unten schlagen, um große Stücke zu entfernen. Dann sollten sanftere Striche an den Seiten folgen, um die Kanten zu verfeinern.

Wenden Sie das Eis unbedingt in den Händen in gleichmäßigem Tempo, damit der Würfel nicht zu schnell schmilzt. Achten Sie dabei darauf, dass Sie sich nicht in die Hand stechen und immer mit dem Eispickel auf das Eis schlagen, nicht umgekehrt.

naifu

MESSER

Genau wie ein zuverlässiges Kochmesser ist auch ein Barmesser ein vielseitiges und wichtiges Werkzeug. Es gibt viele Formen und Größen von Messern, die sich für die Arbeit mit Eis eignen, daher besitzen die meisten Bartender mehrere Messer für verschiedene Zwecke. Zum Aufbrechen von ganzen Eisblöcken greifen Bartender zu einem einfachen Kochmesser, einem Soba-Schneidemesser oder – meine Vorliebe – zu einem Nata (einem Gartenmesser mit flacher Schneide). Die Arbeit mit Eisblöcken kann Messer stumpf werden lassen und beschädigen, aber Nata sind robust – und ökonomisch, denn man kann sie häufig schleifen.

Sobald der Eisblock in eine handlichere Größe, zum Beispiel in einen großen Würfel, geschnitten ist, kann er zu verschiedenen Formen wie Diamanten und Kugeln weiterverarbeitet werden. Das Honetsuki, ein Ausbeinmesser, ist für diese Aufgaben gut geeignet, weil es robust ist und eine relativ kurze Klinge besitzt, die flach auf einer ebenen Fläche aufliegt. So kann man die Klinge gleichmäßig durch das Eis drücken. Es kann einen Würfel schnell zu einem Diamanten formen oder zu einer Kugel schaben.

Viele japanische Bartender verwenden einen beschwerten Gummihammer zusammen mit einem langen Eismesser mit flacher Klinge, um große Eisblöcke zu spalten. Dazu ritzen Sie den Eisblock ein, indem Sie die Klinge auf dem temperierten Block hin und her bewegen. Das Messer dann gerade gegen den Block halten und mit dem Hammer sanft entlang der Klinge von der Mitte über den Griff bis zur Spitze klopfen, bis das Eis in zwei Hälften gespalten ist. Diesen Vorgang wiederholen und jedes Stück halbieren, bis die Eisstücke die gewünschte Größe und Form haben.

Messer sind auch fantastische Werkzeuge für das Finish. Ein Schälmesser kann Dellen wegschaben, die durch das Hacken mit einem Eispickel entstanden sind. Ein Messer mit Wellenschliff, zum Beispiel ein Brotmesser, hinterlässt wellenförmige Rillen, die sich mit einem Schuss Spiritus wegpolieren lassen oder mit einem sauberen Tuch abgewischt werden können.

SCHNITZEN VON EISDIAMANTEN MIT EINEM SCHNEIDEBRETT Positionieren Sie das Schneidebrett entlang der Tischkante. Schaben Sie frostige oder unregelmäßige Ränder des Eiswürfels ab, dann schrägen Sie die vier Kanten an der Oberseite des Würfels an. Dafür den Würfel bei jedem Schnitt auf die Seite drehen und darauf achten, dass der Winkel des Messers immer gleich bleibt, um symmetrische Schnitte zu gewährleisten. Sobald die abgeschrägte Oberseite geformt ist, den Würfel aufrecht aufs Brett stellen, sodass alle vier abgeschrägten Kanten nach oben zeigen. Beginnen Sie an einer der abgeschrägten Ecken und schneiden Sie nach unten, um eine weitere Fläche aus Eis zu erzeugen. So verwandelt sich das Prisma mit vier Seiten in ein Prisma mit acht Facetten wie ein Diamant. Zum Servieren den geschnitzten Würfel mit der abgeschrägten Oberseite nach oben in das Glas stellen und die Spirituose an einer Seite des Glases hinunterlaufen lassen – nicht über den Würfel, damit die scharfen Kanten der abgeschrägten Oberseite erhalten bleiben.

SCHNITZEN VON EISDIAMANTEN MIT DEN HÄNDEN   Sie können Diamanten mit der Hand schneiden, aber ich empfehle bei dieser Methode äußerste Vorsicht, denn das Verletzungsrisiko ist hoch, wenn das Eis schmilzt und schlüpfrig wird. Halten Sie das Eis wie einen Apfel und ziehen Sie das Messer zu sich, als ob Sie den Apfel schälen wollten, um die abgeschrägte Spitze zu erzeugen. Drehen Sie den Eiswürfel schnell um und verfahren Sie auf den anderen Seiten entsprechend, um alle Kanten des Würfels abzuschrägen. Während Sie diese Technik üben, empfehle ich, immer wieder Pausen einzulegen, bis Sie eine gewisse Übung haben.

aisu-kurasshā

EISCRUSHER

In Japan gibt es unterschiedliche Geräte, mit denen sich Eis für Cocktails zerkleinern lässt. Für die Herstellung von Crushed Ice gibt es elektrische Eiszerkleinerer, die im Fachhandel für Restaurantbedarf erhältlich sind. Allerdings sind sie oft nicht solide verarbeitet. Zuverlässiger sind traditionelle Geräte mit Handkurbel. Diese verarbeiten etwa einen Messlöffel Eiswürfel (225 bis 300 Gramm) auf einmal und sind damit perfekt für japanische Bars, in denen die Getränkeherstellung in gleichmäßigem Tempo und nicht in großen Mengen erfolgt. Für Shaved Ice verwenden einige Bars einen Kakigōri-Schaber – ein Gerät, das traditionell dazu verwendet wird, dünne Eisscheiben für die beliebten gleichnamigen Desserts zu raspeln. Viele von ihnen sind über einen Meter hoch und das Kurbeln ist mühsam, aber das Ergebnis ist die Mühe wert.

aisu-tongu

EISZANGEN- UND -SCHAUFELN

Eis wird in Japan mit äußerster Sorgfalt behandelt, daher verwenden die meisten Bartender Geräte, die in Amerika gemeinhin als Eisschaufeln bekannt sind, um die Effizienz zu erhöhen und um die Berührung mit dem Eis auf ein Minimum zu begrenzen. Da die meisten japanischen Bars klein sind, sind große Eisbehälter nicht üblich. Stattdessen wird das Eis in kleineren Eimern aufbewahrt, die nach Bedarf mit Eis aus dem Gefriergerät unter der Bar aufgefüllt werden. So kann der Bartender einzelne Stücke herausnehmen oder mehrere auf einmal herausschöpfen, während er aufrecht steht. Einige japanische Zangen sind kurz und haben gebogene Greifbacken, wie die Krallen eines Falken. Sie sind schön anzusehen und ideal für das Greifen von Eiskugeln. Längere rechteckige Zangen mit gezackten Kanten (wie Krokodilszähne) eignen sich gut für das Eis für Highballs, da sich die gezackten Kanten in den glatten Oberflächen verzahnen.

shitagoshiraé

MISE EN PLACE

Die meisten Bartender wissen, dass ein aufgeräumter Arbeitsbereich das A und O für einen reibungslosen Service ist, wenn die Bar am Abend öffnet. In großen amerikanischen Bars ist der Arbeitsplatz so organisiert, dass Zutaten und Ausrüstung immer in Reichweite bleiben. Dies minimiert die Anzahl der Bewegungen, die für die Zubereitung der Drinks notwendig sind, und der Bartender kann mehrere Drinks gleichzeitig mixen. In Japan geht es eher darum, dem Gast das bestmögliche Getränk zu servieren. Deshalb werden Cocktails fast immer einzeln, mit Sorgfalt und ohne Eile gemixt. Dem passt sich auch die Strukturierung des Arbeitsplatzes an.

In der japanischen Cocktailbar gibt es für jede Zutat und jedes Werkzeug einen Platz – nicht um der Schnelligkeit willen, sondern um die Ordnung aufrechtzuerhalten. Obwohl die Einrichtung von Ort zu Ort unterschiedlich ist, lassen sich gewisse Gemeinsamkeiten feststellen. Da traditionelle japanische Cocktailbars winzig sind, gibt es oft keinen Platz für Regale und andere Aufbewahrungsflächen, daher werden die Flaschen oft auf der Backbar gelagert. Wenn ein Getränk zubereitet wird, werden die einzelnen Flaschen nach vorne geholt und in der Reihe ihrer Verwendung aufstellt, wobei die Etiketten dem Gast zugewandt sind. So können diese einen prüfenden Blick darauf werfen, wenn sie möchten. Nach Gebrauch werden die Flaschenöffnungen abgewischt, bevor die Flaschen an ihren Platz zurückgestellt werden.

Die meisten Bartender in authentischen Cocktailbars bevorzugen eine leere Thekenoberfläche, damit die Gäste einen ungehinderten Blick auf das Mixen der Getränke haben. Oder sie entscheiden sich für eine Auslage mit Flaschen, Früchten und Nippes, die von der Backbar nach vorne reicht. Manchmal sieht man eine Reihe von Dosen und Mixgläsern sowie einen Krug mit Wasser, um die Barlöffel sauber zu halten, aber die meisten Gerätschaften werden unter der Bar aufbewahrt, außerhalb der Sichtweite des Gastes.

Auch die Gläser werden entweder in der Backbar auf Höhe der Bar oder außerhalb der Sichtweite des Gastes aufbewahrt, manchmal in einem Kühlschrank mit Glastüren. Das kühlt die Gläser vor dem Gebrauch. Sind die Gläser nicht sichtbar, dann sorgt der Moment, in dem der Bartender dem Gast das Gefäß präsentiert, für Spannung.

Im *Kumiko* habe ich Schubladen in die Backbar einbauen lassen. Ich kann nicht oft genug betonen, wie sehr sie das Durcheinander reduzieren und einzelne Gegenstände verstecken, die man während der Arbeit benötigt. In traditionellen japanischen Häusern gibt es viele Schiebetüren, Schränke, Ecken und Ritzen, um Dinge aufzubewahren. Dieses Konzept lässt sich hervorragend auf die Bar übertragen, zum Beispiel um Stifte, Besteck, Teller und vieles mehr aufzubewahren.

mejākappu

JIGGER

Interessanterweise ist das, was heute als japanischer Jigger bekannt ist, eigentlich eine amerikanische Erfindung, die uns auf den verschlungenen Wegen der Geschichte zugesprochen wurde. Wie das manchmal so ist. Ein Chicagoer namens Cornelius Dungan erhielt 1893 ein Patent für ein »Gefäß zum Abmessen von Spirituosen«, das er Jigger nannte. Das Gerät fand seinen Weg nach Japan und wurde wegen der Genauigkeit, die es beim Abmessen bot, schnell übernommen.

In Amerika verschwand die längliche Version von Dungan im Laufe der Zeit, und eine kürzere, gedrungenere Variante des Jiggers setzte sich durch. Im ersten Jahrzehnt des 21. Jahrhunderts, als die Cocktailkultur in Amerika wieder in Schwung kam, reiste Greg Boehm, der Besitzer von *Cocktail Kingdom*, nach Japan. Ihm fielen die schlanken Jigger auf, die in den Cocktailbars verwendet wurden. Inspiriert von diesem Design, begann er, Jigger im »japanischen Stil« herzustellen. Anfangs wusste er nicht, dass das Design eigentlich ein amerikanisches Patent war. Inzwischen hat er dafür gesorgt, die Verwirrung in beiden Ländern aufzulösen.

Jigger werden in westlichen Ländern mal mehr und mal weniger verwendet, das ist nicht zuletzt eine Frage der Moden. Japanische Bartender verwenden fast immer Messbecher, um Cocktails mit Präzision zuzubereiten. Eine Ausnahme ist höchstens der Highball des Hauses, denn die Mischung dafür hat der Meister in der Regel im Gefühl.

Das sanduhrförmige Werkzeug gibt es in verschiedenen Größen, einige mit gebogenen Rändern und andere mit einer schärferen, saubereren Kante. Viele fassen unterschiedliche Mengen und einige besitzen Markierungen auf der Innenseite der Becher. Bei so vielen Varianten wählt jeder Bartender das Modell, mit dem er am besten arbeiten kann. Sobald das Werkzeug ausgewählt ist, trainiert der Bartender, möglichst geschickt damit zu hantieren und seinen Stil für das Ausgießen zu entwickeln. Hat er sich einmal für ein Modell entschieden, bleibt er in der Regel dabei.

Japanische Bartender verwenden Jigger anders als ihre westlichen Kollegen. Fast alle stellen einen Jigger hinter das Glas und bewegen ihn in einem langsamen Bogen

vorwärts, um die Flüssigkeit in das Glas oder den Shaker zu gießen. Die Bewegung kommt aus dem Handgelenk und nicht aus dem ganzen Arm. Nach dem Ausgießen wird der Jigger in die ursprüngliche Position zurückgestellt, damit sich die letzten im Becher verbliebenen Tropfen sammeln können.

Dann wird ein weiteres Mal eingegossen, um sicherzustellen, dass die gesamte Flüssigkeit im Getränk landet. Dies ist eleganter, als den Jigger auf den Kopf zu stellen und die Tropfen durch Klopfen herauszubefördern. Indem wir einmal einschenken und dann noch einmal einschenken, zeigen wir, dass wir auch den letzten Tropfen wertschätzen.

mikishingu gurasu

RÜHRGLÄSER

Rührgläser dienen in Bars auf der ganzen Welt dem gleichen Zweck, aber in Japan geht die Funktionalität des Geräts Hand in Hand mit seiner Ästhetik: Die meisten japanischen Rührgläser sind nämlich mit kunstvollen Mustern verziert. Das bekannteste Muster ist Yarai, ein Kreuzschraffurmuster, das in einige der ersten Rührgläser geätzt wurde, die aus Japan in die USA kamen (in Japan ist Yarai der Name des Musters, nicht des Rührglases selbst!). Andere bilden Blumen, geschwungene Grashalme und Spiralen ab oder haben facettierte Böden, die bei schwachem Licht schimmern.

Sie werden kaum einen japanischen Bartender sehen, der mehr als einen Drink in einem Glas zubereitet, daher sind kleinere Gefäße (350 bis 500 Milliliter) üblich. Wenn Sie einen Cocktail rühren, stapeln Sie das Eis zunächst doppelt so hoch, wie die Flüssigkeit im Glas steht. Ziel ist, die Flüssigkeit um das Eis herum zu bewegen, nicht umgekehrt, um sie richtig zu kühlen und zu verdünnen. Für Getränke, die »on the rocks« serviert werden, justieren Sie das Eis-Level im Rührglas nach dem Umrühren und vor dem Abseihen, sodass beim Ausgießen nur die Flüssigkeit durch das Sieb gegossen wird. So bilden sich weniger Luftblasen im fertigen Getränk. Diese Technik ist keine zwingende Regel, aber die Beachtung kleiner Details trägt zu einem angenehmeren Trinkerlebnis bei.

bāsupūn

BARLÖFFEL

Barlöffel (in den Rezepten mit BL abgekürzt) verwendet man vor allem zum Umrühren von Mixgetränken im Rührglas. Durch den langen Stiel kann man Flüssigkeiten und Eis im Glas mit hoher Geschwindigkeit bewegen und schnell durchmischen. Die japanischen Barlöffel, die man auch häufig in Europa nutzt, sind in der Regel länger als die amerikanischen und haben oft Verzierungen an einem Ende wie eine tropfenförmige Form, einen Stampfer oder einen Dreizack, die zusätzliche Funktionalitäten bieten. Der Dreizack zum Beispiel ist ein hervorragendes Beispiel dafür, dass die Form der Funktion folgt, denn er dient dazu, die Limetten-Garnitur tief in einen Gin Tonic zu schieben oder Früchte und Garnituren damit aufzuspießen.

Beim Umrühren sollten Eis und Löffel eine Art Tanz vollführen. Damit das gelingt, den Barlöffel zwischen den Fingern halten, aus dem Handgelenk heraus drehen und zugleich den Löffelrücken im Rührglas kreisförmig am Glasrand entlangführen. Die gesamten Eiswürfel sollten sich wie ein Block im Kreis bewegen. Wenn Sie den Cocktail auf Eis servieren, sollten Sie nur 75 Prozent der optimalen Verdünnung anpeilen, damit der Genuss beim zweiten oder dritten Schluck seinen Höhepunkt erreicht. Für Getränke, die ohne Eis serviert werden, müssen Sie die perfekte Verdünnung anstreben, bevor Sie die Flüssigkeit in das Cocktailgefäß abseihen, denn es gibt kein Eis, das nach dem Servieren des Getränks schmelzen und zur Verdünnung beitragen kann.

shēkā

SHAKER

Für geschüttelte Cocktails bevorzugen Bartender in aller Welt eine von zwei Arten von Shakern. Der zweiteilige Boston Shaker ist in der amerikanischen Bartender-Szene üblich, weil er praktisch ist: leicht zu reinigen, stapelbar und praktisch unzerstörbar. Einige Bartender in Japan verwenden ebenfalls einen zweiteiligen Shaker, wenn sie mit frischen Früchten oder Cremes arbeiten, weil die Form leichter zu reinigen ist. Aber in den meisten Fällen ist der dreiteilige Shaker, auch Cobbler Shaker genannt, das Gerät der Wahl. Der New Yorker Erfinder Edward Hauck ließ sich das Modell 1884 patentieren. Das Design ist zeitlos und der Shaker dient zuverlässig seinem Zweck. Er setzt sich aus drei Teilen zusammen – becherförmiger Körper, eingebautes Sieb und Deckel – und besitzt eine schlanke, geschwungene Form. Da er zierlicher ist als der Boston Shaker, ist weniger Kraftaufwand erforderlich, um das Eis in Bewegung zu bringen und die Flüssigkeit im Shaker zu verteilen. So erhält man einen perfekt belüfteten Cocktail. Der einfache Verschluss lässt sich leicht öffnen, sodass man den Shaker nicht mit Gewalt aufstoßen muss. Das eingebaute Sieb ermöglicht, dass kleine Eissplitter auf dem Cocktail schwimmen. Viele japanische Bartender schätzen das wegen der Botschaft, die es vermittelt: Das Getränk ist so kalt wie möglich.

Der Shake, die Bewegung des Bartenders beim Schütteln, ist sehr persönlich. Er hängt zum Teil von der Art des Getränks im Shaker ab, aber auch von den körperlichen Merkmalen des Bartenders – von der Größe seiner Hände, der Breite seiner Schultern und der Art, wie er sich bewegt. Der Shake eines jeden Bartenders ist einzigartig, aber fast immer fangen japanische Bartender mit einem sanften Schütteln an und steigern zum Ende hin das Tempo, was dem Ambiente im Raum förderlich ist. Manchmal kann das Geräusch eines mit Eis gefüllten Shakers ohrenbetäubend sein und die Konversation stören. Die Raumharmonie sollte man deshalb beim Ritual berücksichtigen. Meine persönliche Shaketechnik ist das Ergebnis jahrelangen Experimentierens und gründlicher Beobachtung japanischer Techniken. Ich halte den Shaker nahe an meiner Brust, bewege ihn mit dem Handgelenk hin und her, hin und her. Wie die Flügel eines Kolibris. Bestimmte Zutaten erfordern jedoch kleine Anpassungen. Wenn ein Shake kontrolliert und geübt ist, ist seine Betrachtung faszinierend und beruhigend zugleich.

sutorēnā

SIEBE

COCKTAILSIEBE

Zwei Arten von Sieben kennt man in der westlichen Cocktailbar – das Julep-Sieb, ein flaches becherartiges Werkzeug mit kleinen runden Löchern, und das Hawthorne-Sieb. Dieses besitzt einen flachen, aber runden Kopf mit einer Spirale, und es dient üblicherweise dazu, einen geschüttelten Cocktail aus einem Boston Shaker abzuseihen. Beide Siebe wurden in Amerika erfunden, aber nur das Hawthorne-Sieb hat sich in japanischen Cocktailbars durchgesetzt. Das Aussehen des Klassikers hat sich seit dem 19. Jahrhundert nicht wesentlich geändert, obwohl jetzt Marken wie *Yukiwa* mit modernen Designs experimentieren.

Mein Favorit ist ein klassisches Design von *Yukiwa* mit einem floralen Muster auf dem Rahmen und einem kleinen herzförmigen Ausschnitt an der Spitze des Griffs. Auch nach fast zehn Jahren habe ich an seiner zeitlosen Schönheit nichts auszusetzen.

TEESIEBE

Feine Siebe werden im japanischen Bartender-Gewerbe aus demselben Grund verwendet wie in anderen Kulturen auch: Sie sollen verhindern, dass unerwünschte Frucht- und Kräuterstückchen im Cocktail landen. Japanische Teesiebe unterscheiden sich leicht von westlichen. Die Materialien reichen von Bambus über Edelstahl bis hin zu Kupferdraht und die Maschen sind in der Regel sehr fein. Das ist besonders hilfreich bei Cocktails, für die Matcha gesiebt oder loser Tee abgeseiht werden muss. Diese Siebe müssen häufiger intensiv gereinigt werden als amerikanische Siebe, daher ist eine gute Reinigungsbürste wichtig. Schließlich will niemand, dass Reste von Zutaten im nächsten Cocktail landen.

DER JAPANISCHE WEG

bitāzu botoru

BITTERFLASCHEN

Bitterflaschen sind Siphonflaschen, die einen Spritzkorkenverschluss besitzen, mit dem sich geringe Mengen von Bitterlikören genau dosieren lassen. Präzision ist bei der Herstellung japanischer Cocktails besonders wichtig, daher verwenden die meisten Bartender japanische Bitterflaschen für genaue Messergebnisse. Diese haben einen schweren Boden und einen konischen Hals und sind in allen Formen und Größen verfügbar. Das wichtigste Merkmal, das japanische Bitterflaschen von anderen unterscheidet, ist der spezielle Präzisionsausgießer. Er reguliert die Luftverdrängung, die entsteht, wenn das Gefäß auf den Kopf gestellt wird. Das Ergebnis: absolute Genauigkeit beim Abmessen winziger Mengen. Jeder sollte die Bitterflasche verwenden, die in Größe, Form und Design am besten zu seinen Bedürfnissen passt, und ihr treu bleiben.

madorā – masshā

RÜHRSTÄBCHEN UND STÖSSEL

In Japan sind Madorā nicht die dicken, baseballschlägerförmigen Stößel, die man in Amerika zum Pürieren von Zutaten verwendet. Stattdessen sind es lange, dünne Stäbchen, die zum Umrühren eines Cocktails genutzt werden – fast wie ein Strohhalm, aus dem man nicht trinken kann. Japanische Rührstäbchen gibt es in ver-

schiedenen Formen und Größen. Viele haben dekorative Elemente, die dem Gast zusätzliche Freude bereiten sollen, und sie sind fast immer leicht und einfach zu handhaben. Was man in Amerika als »muddler« bezeichnet, heißt in Japan Masshā oder Stößel. Die Technik ist die gleiche wie überall: Das dickere Ende des Stiels wird benutzt, um Früchte, Gemüse und mehr für ein Getränk zu zerkleinern.

gānisshu tsūru

GARNIERWERKZEUGE

Es gibt ein Wort für das Hinzufügen von Gewürzen oder Beilagen in der japanischen Küche, um das Aroma und den Geschmack eines Gerichts zu verbessern: »yakumi«. Das Wort setzt sich aus zwei Kanji-Zeichen zusammen: 薬 für »Medizin« und 味 für »Geschmack«. Yakumi werden mit Blick auf die Jahreszeit sowie Form und Funktion ausgewählt. Das gilt auch für japanische Cocktails: Die Garnierung wird mit einem bestimmten Ziel gewählt, es ist keine spontane Eingebung. Ob man ein angenehmes Aroma hinzufügt, ein Element besonderer Schönheit oder einen salzigen Kontrast zur Süße – die Garnitur ist die letzte Zutat eines Getränks. Für Wettbewerbe hat die NBA sogar formale Anforderungen an die eingereichten Getränke – jedes Element der Garnierung muss den Juroren im Voraus mitgeteilt werden.

Wenn die Präsentation ansprechend ist, wirkt das Getränk auf den Gast noch köstlicher, was sich dann tatsächlich auf den Geschmack auswirkt. Wenn der Bartender die Kunst der Garnierung beherrscht, sieht jedes Getränk besser aus *und* schmeckt besser!

SCHÄLWERKZEUGE

Ein Martini ohne einen Hauch von ätherischem Zitronenöl, ein Old Fashioned ohne die klassische Orangenschale oder ein Horse's Neck ohne die Zitronenspirale – viele Cocktails wären unvollständig ohne eine Garnitur aus Zitrusfrüchten. Der Y-Schäler oder T-Schäler, wie er in Japan genannt wird, wird am häufigsten in japanischen Bars verwendet.

Der zauberhafteste Teil des Garnierens ist, wenn ein geübter Bartender die ätherischen Öle einer Zitrusschale in wohlüberlegten Bewegungen über dem Cocktail auspresst, um das Getränk mit genau der richtigen Dosis zu veredeln. Dafür hält man die farbige Seite einer Zeste in Richtung Glas und presst sie ganz leicht, um die Öle auf dem Getränk zu verteilen.

SCHEREN

Ich verwende eine Stickschere, um die Blätter von Kräutern à la minute abzuschneiden – schließlich sollen die Garnierungen so frisch wie möglich aussehen.

REIBEN

Vorgemahlene Gewürze haben nicht das gleiche Aroma wie frisch gemahlene, daher verwenden die meisten Bartender eine Kupferreibe namens Oroschigané zum Reiben an Ort und Stelle. Ich verwende eine kupferne Suehiro-Reibe. Suehiro bezieht sich auf die Form, die an der Unterseite breit und oben schmal ist – wie ein Dreieck mit abgeschnittener Spitze. Die Oberfläche ist mit superfeinen scharfen Zähnen besetzt, die ein gleichmäßiges Raspeln ermöglichen. Eine gute Ergänzung ist eine Bambusbürste, mit der man die Reste herausbürsten kann.

MÖRSER UND STÖSSEL

Der Suribachi (Mörser) und der Surikogi (Stößel) eignen sich hervorragend zum Zerkleinern von Gewürzen, die anschließend geröstet und als eine Art Puder auf die Cocktails gestreut werden. Man kann die Gläser aber auch mit einem Gewürzrand versehen oder daraus frischen Sirup herstellen. Traditionell wird der Suribachi aus Steingut hergestellt, in das kleine Rillen gekratzt werden, der Surikogi ist aus Hartholz.

ZANGEN

Neben den Zangen, die für Eis verwendet werden, gibt es bestimmte Arten, die für die Platzierung von Garnierungen auf Getränken geeignet sind. Diese sind oft leichter und dünner, mit kleinen Armen und ohne Zähne, damit sie Kräuter oder Schalen nicht beschädigen.

PINZETTEN

Sie sind nützlich für die sorgfältige Platzierung von zerbrechlichen Garnierungen wie Blüten, hauchdünnen Zitrusscheiben und Mikrokräutern. Die besten Bartender handhaben dieses Werkzeug höchst geschickt.

STÄBCHEN

Japanische Essstäbchen, auch Moribashi genannt, eignen sich gut für feine Garnierarbeiten. So kann man damit einen einzelnen Sesamsamen auf die weiße Fläche eines Eiweißcocktails setzen.

MESSER

Ich verwende zwei Messer – ein kleines Messer (10–12,5-cm-Klinge) und ein Schälmesser (5- oder 7,5-cm-Klinge). Das kleine Messer ist nützlich, um größere Zutaten wie Ananas und Mangos zu zerkleinern. Ich mag Gemüsemesser für detaillierte Garnierarbeiten, wie das Einritzen von Schalen oder Schneiden von Fenstern in Blätter, um Schneeflocken zu formen.

EMPFEHLUNGEN FÜR JAPANISCHE COCKTAILWERKZEUGE

Ich könnte ein ganzes Buch mit Empfehlungen für vorbildliche, in Japan hergestellte Barutensilien und Glaswaren füllen. Der Kürze halber möchte ich hier nur ein paar Unternehmen vorstellen, deren Glaswaren, Jiggers, Shaker und mehr ich selbst verwende.

KIMURA GARASU

Kimura Glass in Tōkyō stellte Glühbirnen her, bevor 1910 mit der Herstellung von Glaswaren begonnen wurde. Derzeit produziert das Unternehmen über eintausend einzigartige Trinkgefäße. Die Gläser sind in Cocktailbars besonders beliebt wegen der Vielfalt der Modelle und der Eleganz ihrer Designs – gepaart mit der Qualität des mundgeblasenen bleifreien Kristalls. Die Ätzungen sind allesamt Handarbeit ohne Verwendung von Schablonen oder Maschinen.

TOYO SASAKI

Das Unternehmen *Toyo Glass* begann 1878 mit der Herstellung von Glaswaren, fusionierte dann 1957 mit *Sasaki Glass* und ist seitdem berühmt für eine breite Markenpalette. Die Linie Hard Strong ist stapelbar und extrem robust – gut für Restaurants und Freizeitbars. Die Serie Fine Crystal-Ion Strong umfasst Stielgläser, die ebenfalls unverwüstlich sind. Die Serie Yachiyo Kiriko von *Kiriko* (zusammen mit ihrer Linie Edo Glass) präsentiert Werke von Glaskunsthandwerkern, die von der Regierung zertifiziert sind.

SANPŌ SANGYŌ

Sanpō Industries in Tsubame (in der Präfektur Nīgata) steht hinter *Yukiwa*, der bekannten Marke für Cocktailwerkzeuge. Gegründet im Jahr 1950, begann das Unternehmen mit Cocktailshakern und erweiterte seine Kollektion um Zangen, Siebe, Jigger und Barlöffel. Seit 2015 werden dort auch doppelwandige Shaker aus Edelstahl gefertigt. Alles beste Qualität.

YOKOYAMA KŌGYŌ

Der Hersteller von Autoteilen kam 2013 zur Barware-Produktion durch eine Zusammenarbeit von Bartender Erik Lorincz und Tetsuya Yokoyama, dem New Business Developer des Unternehmens. Ihre berühmten *Birdy* Shaker besitzen eine handpolierte Innenseite, die für die Bildung kleinerer, dichterer Blasen sorgt und Getränke effektiver kühlen kann. *Birdy* ist eine Marke, die auch andere Unternehmen inspiriert, Tradition und Technologie in Harmonie zu verbinden.

RAKURAKU KŌRI CHŌKOKU BEST KATAYAMA

»Rakuraku kōri chōkoku« heißt übersetzt so viel wie »luftig-leichte Eisbildhauerei«. Gegründet wurde das Unternehmen 1955 in Miki City, einer Stadt in der Präfektur Hyogo, die bekannt für ihre Messerproduktion ist. *Best Katayama* produziert eine Vielzahl von Eismeißeln, Messern und Sägen. Ich empfehle die Eissäge Nr. 410 Pistol Grip 270 mit einer Klinge, die 270 Millimeter lang und mit ihrer stabilen Stahlklinge und den gut angeordneten Zähnen gut geeignet ist, um große Eisblöcke zu zerkleinern.

FUJITA MARUNOKO INDUSTRIE CO. LTD.

Nur 30 Gehminuten von Best Katayama entfernt liegt *Fujita Marunoko*, 1940 gegründet. Seit 1972 stehen Sägen im Mittelpunkt der Produktion. Die Zähne ihrer geschmiedeten Sägen aus rostfreiem Stahl werden sorgfältig gehärtet, poliert und geschärft. Die Yotsumé Jirushi Eissäge Pistol Grip KN-270 ist eine ergonomische Säge, die ideal ist für das Anritzen und Zerkleinern kleinerer Eisplatten. Die Yotsumé Jirushi Ice Saw KN-420 ist in verschiedenen Klingenlänge erhältlich – von 300 bis 600 Millimetern.

TAKAKYU SANGYŌ

Takakyu Industries, gegründet 1950, mit Produktionsstätten in Ōsaka und Saitama, stellt eine Reihe von Eispickeln her. Die Economy-Linie Pilot findet man in den meisten japanischen Haushalten, Izakayas und sogar in einigen Hotels zum Zerkleinern von Eisklumpen für einfache Getränke. Ihr Produkt Deluxe, ein Drei-Zacken-Pickel, ist meine Wahl zum Herstellen von Kugeln. Keine Anschaffung für die Ewigkeit, aber der Pickel ist preisgünstig und man nutzt ihn einfach, bis er abgenutzt ist. Ein echtes Arbeitstier – zuverlässig und leicht zu handhaben.

YAMACHŪ

Eine Luxusmarke aus Nīgata, die 1958 sehr bescheiden mit der Herstellung von Stricksocken begann. Längst hat sich das Angebot erheblich erweitert um Muddler, die sich als Sammlerstücke eignen, eine hochwertige Linie von langlebigen Eispickeln mit Buchenholzgriffen und Edelstahlzinken. Der Klassiker ist der schwergewichtige Daiya-Pick, der bestens zum Herstellen von Eiskugeln geeignet ist. Der Eispickel hat einen Griff aus rostfreiem Edelstahl, der den Äxten von Bergsteigern nachempfunden ist. Das Modell Marron liegt mit seinem abgerundeten Stiel mit Edelstahlspitze gut in der Hand.

ARITSUGU

Aritsugu wurde zur Zeit der Feudalkriege 1560 in Kyōto gegründet, als man Fujiwara Aritsugu zu einem der Schwertschmiede des Kaisers ernannte. Als im 18. Jahrhundert friedlichere Zeiten in Japan einkehrten, begann man, statt Schwertern Schnitzmesser für buddhistische Skulpturen zu schmieden. *Aritsugu* ist längst einer der angesehensten Messer- und Küchengeräteherstellern in Japan und nunmehr in der achtzehnten Generation in Familienbesitz.

ŌTSUKA GARASU

Gegründet 1930 in Chiba, produziert die *Ōtsuka Glass Company* eine beliebte Marke Bitterflaschen: *Maru-T*. Die Edelstahlverschlüsse sind so konzipiert, dass sie genau einen Tropfen, etwa 0,2 Milliliter, spenden, wenn die Flasche langsam umgedreht und auf den Kopf gestellt wird. Um einen Spritzer hinzuzufügen, genügt eine schnelle, gleichmäßige Bewegung aus dem Handgelenk.

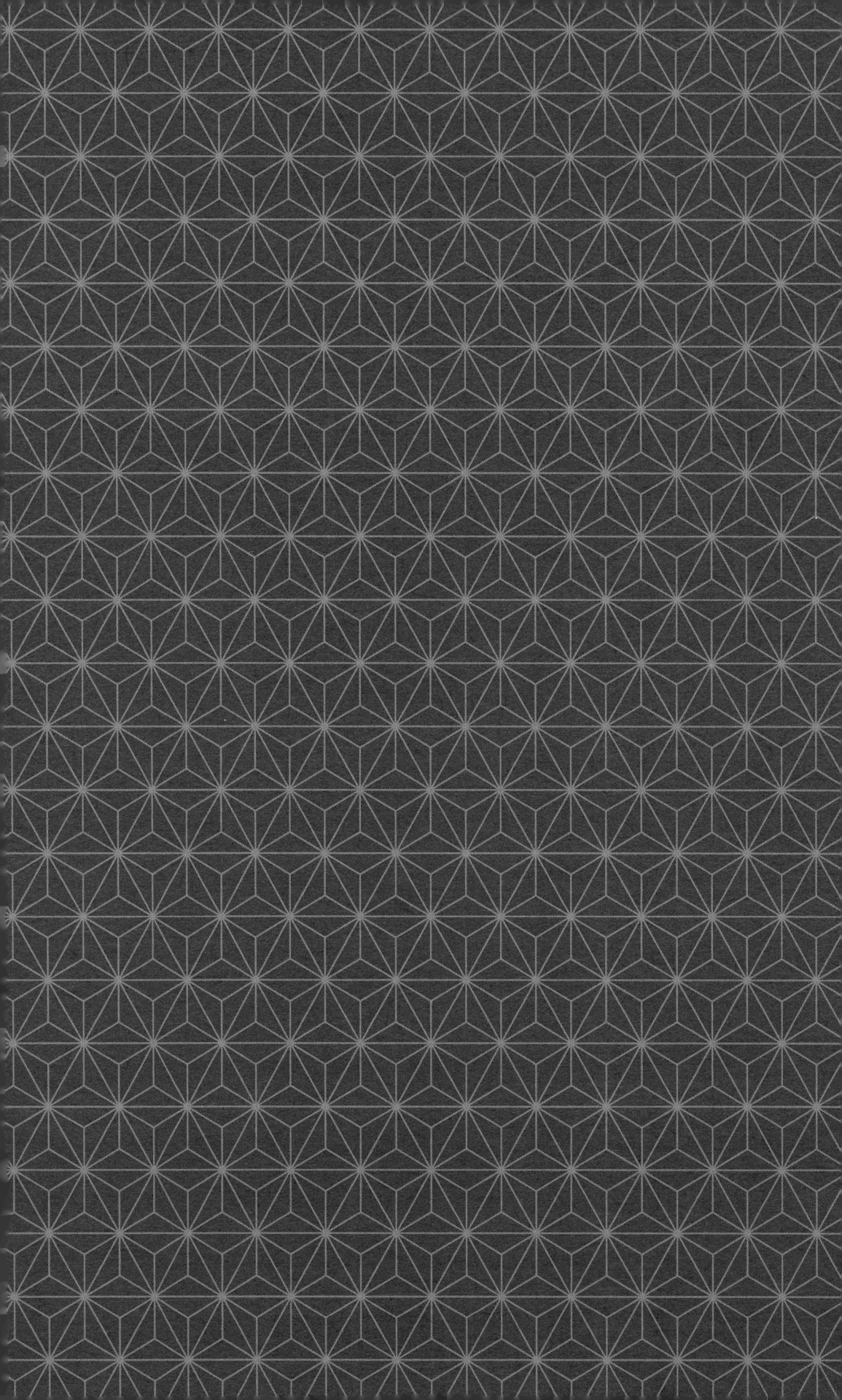

日本の飲み物

JAPANISCHE GETRÄNKE

An den Ufern des Kamo-Flusses, der durch die Stadt Kyōto fließt und sich dort mit dem Katsura-Fluss verbindet, liegt *Tsuki no Katsura*, eine traditionelle Kura (Saké-Brauerei), die auf das Jahr 1675 zurückgeht. Wegen der Fushimizu, der berühmten unterirdischen Wasserquelle der Stadt, war die Brauerei die erste, die in den 1960er-Jahren leicht sprudelnden, ungefilterten Saké herstellte, und die erste, die ihren Saké gezielt reifen ließ. Heute führt Masuda Tokubee das Familienunternehmen in der 14. Generation mit großem Sachverstand und einem sanften Wohlwollen. Die Brauerei verbindet Tradition mit Innovation und stellt einen Saké her, der weltweit für Aufsehen sorgt.

Verlässt man die Kura auf der schmalen und kurvenreichen Tobakaidō (einer im Jahr 796 erbauten Straße), erreicht man etwa zehn Minuten später die *Kyōto-Destillerie*, einen kleinen Betrieb in einem unscheinbaren Fabrikgebäude im Stadtteil Minami-Ku. Dort stellt eine internationale Vereinigung von Spirituosen-Liebhabern Gin mit japanischem Touch her. Das Portfolio ist durch und durch modern, mit einem Destillat auf Reisbasis und regionalen Botanicals, also pflanzlichen Zutaten, die der Aromatisierung des Destillats dienen – darunter Gyokuro-Tee und gelbe Yuzu aus dem nördlichen Kyōto.

Wenn die *Kyōto-Destillerie* ihren Brand auf die Probe stellen möchte, wendet sie sich wegen seiner berühmten Quelle an Masuda-san von der Saké-Brauerei *Tsuki no Katsura*. Das Wasser der Quelle Fushimizu ist extrem weich, dadurch verändert es die Charakteristik des Destillats kaum – anders als härteres, mineralhaltiges Wasser. Aber das historische Saké-Haus und das junge Spirituosenunternehmen sind durch mehr als nur eine Wasserquelle verbunden: Beide Hersteller verkörpern den Geist der japanischen Getränkekultur. Der eine bewahrt alte Traditionen und fördert gleichzeitig Innovationen, der andere führt einheimische Spirituosen in eine neue Ära. Beide machen in der japanischen Cocktail-Szene von sich reden.

Historisch gesehen wurden Getränke wie Saké und sein destillierter Cousin Shōchū pur getrunken – auf Eis oder mit Wasser, Soda oder Tee – und nicht in Cocktails gemischt, um die Handwerkskunst, die hinter der Produktion steht, zu würdigen. Jetzt schaut sich die jüngere Generation im eigenen Land um, um Cocktails mit einheimischen Aromen, Spirituosen und mehr zu kreieren, die einen eher japanischen Fußabdruck haben. Sie brachten einheimische Spezialitäten in die Welt der Cocktails ein.

Hier einige der berühmtesten Getränke Japans, die Sie kennen sollten – mit einigen Details, Infos zu Produktionsverfahren und Hinweisen, wie sie typischerweise konsumiert oder in Cocktails gemixt werden.

nihonshu

JAPANISCHER SAKÉ

Saké ist das erste dokumentierte alkoholische Getränk Japans und repräsentiert die japanische Kultur über die Art und Weise, wie er hergestellt und serviert wird. Seine Wurzeln können bis in die Yayoi-Zeit (400 v. Chr. – 200 n. Chr.) zurückverfolgt werden, als der Reisanbau in Japan seinen Anfang nahm. Jahre später kam die Fermentation auf und man erfand ein alkoholisches Getränk auf Reisbasis – Nihonsh, hergestellt aus einem einfachen Quartett an Zutaten – Reis, Wasser, Hefe und Kōji (einem Schimmelpilz). Der Produktionszyklus geht mit den Jahreszeiten einher, da der Reis im Frühjahr gepflanzt und im Herbst geerntet wird, wenn die Brausaison beginnt, die bis zum Winter andauert. (Anmerkung: In Japan wird das Wort Saké als Sammelbegriff für alle Arten von Alkohol benutzt. Das fermentierte Getränk auf Reisbasis wird Nihonshu oder Seishu genannt. In diesem Buch verwende ich Saké und Nihonshu synonym für das aus Reis hergestellte fermentierte Getränk).

In Japan existieren heute etwas mehr als 1400 Nihonshu-Hersteller, wobei 30 bis 35 Prozent aller Nihonshu zur Kategorie der Tokutei meishō-shu (Premium-Saké) gehören, die sich an bestimmte Richtlinien bezüglich Zutaten und Seimaibuai (dem Prozentsatz an Reis, der nach dem Polieren übrig bleibt) orientieren.

Diese Premium-Kategorie kann weiter unterteilt werden in Junmai (reinen Reis) sowie Arukōru-tenka oder Aruten (Zugabe von Braualkohol). Nihonshu mit einem Seimaibuai von 50 Prozent wird klassifiziert als Daiginjō oder Junmai daiginjō, während solche mit 60 Prozent als Seimaibuai, Ginjō oder Junmai ginjō klassifiziert werden. Die übrigen 65 bis 70 Prozent des Marktes entfallen auf Futsushu oder Tafel-Saké. Futsushu ist in der Regel erschwinglicher, weil er schneller zu produzieren ist. Manche sind der Ansicht, Tafel-Saké sei verglichen mit Premium-Saké von geringerer Qualität, aber ich teile diese Meinung nicht. Premium-Saké klingt schick – und ist es auch –, aber ich werde Futsushu immer lieben, trinken und mit allen teilen, die etwas Köstliches probieren möchten.

Innerhalb dieser Bezeichnungen hat jede Region ihren eigenen individuellen Saké-Stil, der von den örtlichen Bräuchen, Reissorten und Wasserquellen bestimmt wird. Wichtiger ist, dass jeder Tōji (Braumeister) seine persönliche Note in den Prozess einbringt, sodass ein jeweils einzigartiger Saké entsteht. Einige Produzenten wie *Tsuki No Katsura* wandeln auf dem schmalen Grat zwischen Tradition und Innovation und stellen seit dem 17. Jahrhundert einen sanften Saké im Kyōto-Stil her. Miho Imada, Tōji und Präsidentin von *Imada Shuzō* in Hiroshima, vereint ein Gefühl für Wa mit modernster Technologie, um Traditionen wiederzubeleben. Sie verbrachte neun Jahre mit dem Anbau einer vergessenen traditionellen Reissorte namens Hattansō für ihren Junmai Forgotten Fortune. Auf der Suche nach einem prickelnden Saké, der zu lokalen Meeresfrüchten wie Austern und Tintenfisch passt, fermentierte sie ihn mit einer Kombination aus gelbem und weißem Kōji. Das Ergebnis ist der Seaside Sparkling, den eine zweite Fermentierung direkt in der Flasche zum Prickeln bringt.

Der Poliergrad ist so wichtig für die Qualität eines Saké, dass er als Gradmesser gilt und in der Regel auf dem Etikett vermerkt wird. In jüngster Zeit setzt Imadasan raffinierte Mahltechniken ein, die zwei unterschiedliche Poliergrade – Henpei (flache Politur) und Genkei (ursprüngliche Form) – ermöglichen. Im Wesentlichen wird der Reis so geschliffen, dass er die Form des Reiskorns behält, statt zu einer Kugel poliert zu werden. Um ans Shinpaku (das stärkehaltige Zentrum oder »weiße Herz« des Reiskorns) zu gelangen, muss weniger stark poliert werden und es gibt weniger Ausschuss. Ich bin gespannt, wie sich dies künftig auf die Etikettierung und Kategorisierung auswirken wird, wenn mehr Brauereien dieses raffinierte Verfahren anwenden.

Andere wie die 1688 in der Präfektur Saga gegründete *Amabuki*-Brauerei arbeiten nur mit Hefen, die aus Blüten kultiviert werden. Der Gin no Kurenai junmai-

KŌJI

Nicht viele Länder besitzen einen nationalen Mikroorganismus, doch in Japan gibt es Kōji. Dieser faszinierende Schimmelpilz spielt eine große Rolle in Küche und Keller. Er ist ein wesentlicher Bestandteil von Nihonshu, Shōchū, Amazaké, Awamori, Miso und Sojasauce und wird verwendet, um besondere Geschmacksnoten zu erzeugen. Eine Basiszutat – ein Getreide oder eine Hülsenfrucht wie Reis, Gerste oder Sojabohnen – wird mit Kōjikin (Kōji-Schimmelpilzsporen) geimpft und vermehrt. Der Kōjikin produziert spezielle Enzyme, die die Reisstärke in Einfachzucker (Glukose) umwandeln. Gleichzeitig findet die alkoholische Gärung statt. Dieses Verfahren wird als Mehrfachfermentation bezeichnet. Ein Schlüsselelement, das Nihonshu von Wein und Bier unterscheidet. Im Gegensatz zu Weintrauben enthält Reis keinen natürlichen Zucker. Nur bei Nihonshu findet durch Kōji eine mehrfache parallele Gärung statt.

Verschiedene Arten von Kōji werden in der Lebensmittel- und Getränkeherstellung verwendet. Jede hat bestimmte Eigenschaften, die ihre Verwendung bestimmen. Aspergillus oryzae, besser bekannt als gelber Kōji oder Saké Kōji, ist die köstlichste der drei Arten und hat einen herrlichen Duft, der mich an Grapefruitblüten nach einem Regenguss erinnert. Aspergillus luchuensis oder schwarzer Kōji erzeugt die meiste Säure und wird für die Herstellung von Awamori (einem Destillat, das in Okinawa aus schwarzem Kōji und Thai-Reis hergestellt wird) verwendet.

Einige Nihonshu-Hersteller, wie *Ikékamé Shuzō* in Fukuoka, experimentieren mit schwarzem Kōji, da er für eine herzhafte und würzige Note sorgt. Die dritte Art, Aspergillus kawachii oder weißer Kōji, ist eine Mutation des schwarzen Kōji, die am häufigsten für die Shōchū-Produktion verwendet wird, weil sie sauberer zu verarbeiten ist (schwarzer Kōji ist dafür berüchtigt, eine Spur von schwarzem Staub zu hinterlassen).

Mit Kōji kann man Amazaké (ein alkoholarmes bis -freies Reisgebräu; s. S. 302) herstellen, Sojabohnen für Miso fermentieren oder etwas für umami-dominierte Kochexperimente abzweigen. Heutzutage genießen Köchinnen und Köche auf der ganzen Welt die Eigenschaft dieser Zutat in der Küche. Vielleicht geben Sie etwas davon in eine Marinade für gegrillte Pilze oder mischen sie mit Butter für einen kleinen Umami-Kick.

shu, Bestandteile des Sakurazuké Martini (s. S. 141), wird mit Blütenhefe aus der rosa Nadeshiko (Dianthus) fermentiert. Ihr Reis wird ohne Pestizide angebaut und von Enten beschützt, die die Felder durch ihr Paddeln mit Sauerstoff versorgen. Für ihren Junmai verwenden sie eine traditionelle schwarze Reissorte, die rosa im Glas schimmert.

Ein weiteres bemerkenswertes Unternehmen kommt aus Kumamoto. Die *Chiyonosono*-Brauerei wurde 1896 gegründet und war die erste Brauerei, die – nachdem die Rationierungen im Zweiten Weltkrieg aufgehoben worden waren – einen überall erhältlichen Junmai-shu braute. Heute arbeitet man dort mit alten Reissorten, um herrliche Sakés wie den Junmai Shared Promise herzustellen. Der Name bezieht sich auf den Schwur, die Tradition des Saké in ihrer Region aufrechtzuerhalten, den die Brauerei nach dem Krieg leistete. Entstanden ist ein fruchtiger, blumiger Saké mit einer interessanten Salznote.

Traditionell wird Saké im Einklang mit den Jahreszeiten getrunken. Von den ersten frischen Frühlingsboten (Shinshu) bis hin zu Saké, der im Herbst mit Chrysanthemenblüten (Kikuzaké) gebraut wird, wird er fast immer unverdünnt zum Essen getrunken. Da moderne Bartender mehr einheimische Zutaten ins Barprogramm aufnehmen möchten, trotzen sie der Tradition. In der Bar *Trench* in Tōkyō wird der Trench 75 mit Nikka Coffey Gin, Zitrone, Honig und prickelndem Saké hergestellt – eine japanische Variante des klassischen französischen 75. Der Saké verleiht dem Getränk eine leicht sprudelnde Textur und eine dezent fruchtige Note. Nihonshu macht sich gut im Saké und Sonic (s. S. 123) oder auch in komplexeren Cocktails wie dem Kaki Flip (s. S. 230). In Drinks wie dem Spindrift (s. S. 167) wird Nigorizaké mit grasigem brasilianischem Cachaça und frischem Honigmelonensaft kombiniert.

SHŌCHŪ

Viele bezeichnen Shōchū als den Wodka Japans, andere setzen ihn mit Whisky gleich, aber diese Vergleiche werden der Spirituose weder gerecht, noch sind sie zutreffend. Mit Wurzeln, die bis ins 16. Jahrhundert zurückverfolgt werden können, ist Shōchū ein traditionelles japanisches Getränk, das aus Reis, Gerste, Süßkartoffeln, Buchweizen, Zuckerrohr oder einem von 49 anderen landwirtschaftlichen Produkten hergestellt wird – immer unter Verwendung von Kōji für die Fermentation. Durch sein einzigartiges Herstellungsverfahren hat Shōchū einen intensiven und unverwechselbaren Geschmack, den kein Wodka auch nur annähernd erreicht.

In ganz Japan gibt es mehr als 350 Honkaku-Shōchū-Brennereien, aber fast 45 Prozent von ihnen befinden sich auf Kyūshū, der drittgrößten Insel Japans und der südlichsten Region des Landes. Man unterscheidet drei Produktionsstile. Ōtsurui Shōchū (auch Honkaku Shōchū genannt) stammt aus dem 14. Jahrhundert und wird in einem Topf destilliert – ein Verfahren, das den Charakter der Rohstoffe zur Geltung bringt. Kōrui Shōchū dagegen wird in der Regel in großen Mengen aus

Getreide oder Melasse in Großanlagen hergestellt und mehrfach in einer Brennblase destilliert, die den Großteil des Aromas abbaut. Heute macht Kōrui mengenmäßig den größten Teil der Produktion des Landes aus. Weil er preiswert ist, findet man ihn in Highballs aus der Dose, in Izakayas und als Basis für Fruchtliköre wie Uméshu. Konwa Shōchū schließlich wird aus einer Mischung von Ōtsurui und Kōrui Shōchū hergestellt. Dieser Stil ist für Menschen gedacht, die nur etwas von dem robusten, kräftigen Geschmack einer einzigen Destillation genießen möchten.

Während die Hersteller Honkaku Shōchū in Holzfässern reifen lassen können und dies auch tun, müssen sie die Farbe durch Mischen mit einem helleren Shōchū herausfiltern, um die Klassifizierung als Shōchū nicht zu verlieren. Vorgeschrieben ist, dass die optische Dichte der ruhenden Spirituose auf einem Spektrometer weniger als 0,08 betragen darf. Einige Destillateure füllen ihren gealterten Shōchū ab, ohne die Farbe aufzuhellen, und verkaufen ihn in Übersee als »Reiswhisky« (in Japan darf er nicht als Whisky bezeichnet werden, weil er mit Kōji fermentiert wird). Es gibt Überlegungen, eine neue Kategorie speziell für gealterte Kōji-Destillate wie dieses zu schaffen, die man als Kōji-Whiskey bezeichnen könnte. Dieser Stil wurde erstmals in den 1890er-Jahren von dem japanischen Biochemiker Jōkichi Takamine für ein Unternehmen mit dem Namen *Whiskey Trust* in Illinois entwickelt. Obwohl er sich die Technik patentieren ließ, wurde das Getränk kein Erfolg. Aber vielleicht gibt es ja ein Revival für gealterte Shōchū.

Es gibt wohl kaum eine Bar in Japan, die nicht eine Flasche Shōchū bereithält, gerade legere Lokale wie Izakayas. Meist trinkt man ihn pur – mit Eis oder gemischt mit Tee oder Wasser, damit er seine Aromen entfalten kann. In jüngster Zeit versuchen einige Bartender in Japan und manche in den USA, Shōchū einem jungen Publikum durch Cocktails näherzubringen. Die Tōkyō-Bars *Orchard Ginza* und *SG Club* haben den Shōchū neuen Trinkgewohnheiten angepasst. Letztere hat eine Linie namens The SG Shōchū, die für die Verwendung in Mixgetränken bestimmt ist, im Februar 2020 auf den Markt gebracht. Ein Schritt, der die Backbars vieler Cocktailbars in Japan verändern könnte.

Shōchū ist tatsächlich bestens geeignet für Cocktails, weil er vielseitig ist und perfekt zum Mischen mit anderen Spirituosen, mit Zitrusfrüchten oder Likören. Je nach Hersteller schmeckt die Rohzutat zudem ganz unterschiedlich. Manche Süßkartoffel-Shōchūs sind zum Beispiel kräftig im Geschmack und Umami-betont, während andere süß sind wie mit Butter bestrichene Süßkartoffeln.

Wer Shōchū auf eine zeitgemäße Art trinken möchte, probiert den Midori Shōchū Sour (s. S. 163), der das Aroma von grünem Tee mit einem Hauch von Zitrusfrüchten hervorkitzelt. Gersten-Shōchū verleiht Cold-brew-Kaffeekonzentrat und Aprikosenlikör im Apricots and Cream (s. S. 197) Charakter, während in meiner Version des japanischen Cocktails Süßkartoffel-Shōchū gern in Armagnac und Cashew-Ogeat (s. Japanese Cocktail #2 auf S. 215) ideale Partner findet. Wenn es etwas Leichtes und Liebliches sein soll, ist Sudachi-Shōchū im Sudachi Shōchū Sour (s. S. 225) mit Limette, Grapefruit und Orangenlikör perfekt. Ein einfacher Genuss.

SHŌCHŪ MIT WASSER TRINKEN

In Japan ist das Trinken von Shōchū mit Wasser in irgendeiner Form die traditionellste Art, um die Spirituose zu genießen. Hier einige Beispiele, wie Shōchū besonders gern mit Wasser serviert wird:

rokusu | SHŌCHŪ ON THE ROCKS

Es gibt keine wirklichen Regeln für das Mischverhältnis, ich empfehle jedoch dringend, Eis zu verwenden, das mit gefiltertem Wasser hergestellt wurde. Idealerweise mit der vorgestellten Gefriermethode (s. S. 64), damit das Aroma der Spirituose nicht durch das schmelzende Eis verfälscht wird.

oyuwari | SHŌCHŪ MIT HEISSEM WASSER

Es gibt drei gängige Mischverhältnisse für Shōchū und heißes Wasser. Achten Sie vor dem Mischen auf den Alkoholgehalt des Shōchū und die Temperatur des Wassers. Honkaku Shōchū hat normalerweise zwischen 24 und 25 %. Die folgenden Tipps zum Mischen basieren auf diesem Prozentsatz. Die empfohlene Wassertemperatur liegt bei 85 °C und damit unter dem Siedepunkt. Eine der Regeln beim Servieren von Oyuwari ist außerdem, zuerst das Wasser in die Tasse zu gießen, dann den Shōchū. Das Gewicht des Shōchū zieht diesen nach unten, während der Wasserdampf die Aromastoffe nach oben treibt.

▶ *Gogo 5:5 – gleiche Teile Shōchū und heißes Wasser, ideal zum langsamen Schlürfen. Hebt außerdem die Aromen des Shōchū.*
▶ *Rokuyon 6:4 – 6 Teile Shōchū und 4 Teile heißes Wasser ergeben einen Alkoholgehalt von 15 % – wie bei Nihonshu oder einigen Weinen. Durch die kühlere Temperatur ist der vergleichsweise höhere Alkoholgehalt leichter zu handhaben, bringt aber dennoch das Aroma und den Körper des Shōchū voll zur Geltung. Eine der beliebtesten Arten, Oyuwari zu servieren.*

maewari | VORGEMIXTES SHŌCHŪ

Obwohl auf den ersten Blick der Unterschied zwischen Oyuwari und Naewari gering erscheinen mag, schmecken wahre Kenner den Unterschied. Anders als Oyuwari, wo die beiden Zutaten vor dem Genuss gemischt werden, gibt man beim Maewari den Zutaten Zeit zum Vermischen, damit die Aromen sich entfalten können. Ob bei Zimmertemperatur serviert, gekühlt oder erhitzt – bei dieser Methode werden Shōchū und Wasser mehr als die Summe ihrer Teile. Die Zutaten mindestens 24 Stunden vor dem Genuss mischen.

mizuwari/chu-hi | SHŌCHŪ HIGHBALL

Ein Highball, der mit Honkaku Shōchū über klares Eis und eine weitere Zutat genossen wird. Das können Soda, Mineralwasser, Tee oder Saft sein oder auch grüner oder Oolong-Tee, die – in Japan zumindest – immer verfügbar sind. Man kann für einen Highball auf Teebasis Premiumtee aufbrühen, aber auch einfache Qualitäten aus dem Supermarkt. Probieren Sie eine Mischung aus seidigem Reis-Shōchū mit Genmaicha (mit geröstetem Reis gemischter grüner Tee) oder einen kräftigeren Gersten- oder Süßkartoffel-Shōchū mit Oolong-Tee.

VERBREITETE ARTEN VON HONKAKU SHŌCHŪ UND GEOGRAFISCHE HERKUNFTSBEZEICHNUNGEN

Die Nationale Steuerbehörde Japans (NTA), die für die rechtliche Definition von alkoholischen Getränken zuständig ist, genehmigt 54 Zutaten für die Herstellung von Honkaku Shōchū auf Kōji-Basis. Von Aloe und Möhre bis Seetang, Lotuswurzel und Kastanien zeigt die vollständige Liste die ganze Bandbreite Japans landwirtschaftlicher Schätze.

Da die Geografie des Landes so vielfältig ist, orientiert sich die Shōchū-Produktion weitgehend daran, welche Zutaten in den jeweiligen Gebieten am besten wachsen. Deshalb spezialisieren sich die meisten Brennereien auf eine bestimmte Zutat, statt viele verschiedene Sorten herzustellen. Um diese regionalen Bräuche zu schützen, verlieh die NTA vier Arten von Shōchū eine geografische Herkunftsbezeichnung (GI). Von den 54 zugelassenen Zutaten für Honkaku Shochu haben vier Zutaten (Reis, Gerste, Süßkartoffel und Thai-Reis) eine geografische Herkunftsbezeichnung, die Qualität und Tradition widerspiegeln soll.

komé | REIS

Die Produktion von Shōchū aus Reis erfolgt hauptsächlich in den nördlichen Präfekturen der Insel Kyūshū, vor allem aber in Kumamoto. Durch seine subtile Natur ist es ein guter Einstieg für alle, die Nihonshu, Wodka, Gin oder andere ungereifte Spirituosen mögen. Je nach Hersteller und Verfahren können die Geschmacksprofile variieren – von fruchtig wie Melone oder Banane über Zitrusaromen bis hin zu geschmeidig wie in Getreide.

▶ *GI: Kuma. Produziert, gelagert, und abgefüllt in Hitoyoshi City in Kumamoto*

mugi | GERSTE

Die Produktion von Shōchū aus Gerste ist über das ganze Land verteilt, aber eine Konzentration von Brennereien findet man im nördlichen Kyūshū, in den Präfekturen Saga, Fukuoka und Ōita. Whisky- und Biertrinkerinnen und -trinker können vertraute Aromen in einem gerösteten Gersten-hōchū entdecken, er ist nussig mit Röstaromen, während der (vakuumdestillierte) Gersten-Shōchū sanft und leicht blumig ist. Das könnte Liebhaberinnen und Liebhaber von ungereiften Spirituosen ansprechen. Ich mag Mugi Shōchū on the rocks oder in Highballs zu Sashimi und Salaten und verwende gerne einen Shōchū mit gerösteter Gerste in Cocktails wie dem Neither-Nor (s. S. 288).

▶ *GI: Iki. Produziert, gelagert und abgefüllt in Iki City in Nagasaki*

imo | SÜSSKARTOFFEL

In Kagoshima befindet sich das Herz der Imo-Shōchū-Produktion mit über 120 Erzeugern in der Präfektur. Mit seiner erdigen Basis ist Shōchū aus Süßkartoffeln ideal für Fans stark vom Terroir geprägter Spirituosen wie Mezcal. Über 50 Süßkartoffelsorten können verwendet werden, was eine große Geschmacksvielfalt innerhalb der Kategorie verspricht.

▶ *GI: Satsuma. Produziert, gelagert und abgefüllt in Kagoshima (ausgenommen Amami City und Bezirk Oshima)*

soba | BUCHWEIZEN

Soba Shōchū entstand Anfang der 1970er-Jahre und wird heute hauptsächlich in den Präfekturen Miyazaki und Nagano hergestellt. In Nagano mit seinen kühlen Temperaturen und steilen Bergen ist der Reisanbau schwierig. Die Region eignet sich aber hervorragend für den Anbau von Buchweizen. Whisky- oder Wodkatrinker, die etwas Neues ausprobieren möchten, werden die Getreide- und Zitrusnoten in diesem Shōchū mögen.

▸ *GI: Zurzeit keine*

kokutō | SCHWARZER ZUCKER

Kokutō Shōchū darf nur auf den Amami-Inseln der Präfektur Kagoshima hergestellt werden, auch wenn er noch keine geografische Herkunftsbezeichnung hat. Kokutō bedeutet übersetzt schwarzer (oder brauner) Zucker und ist das Ergebnis des Einkochens von Zuckerrohrsaft. Im Glas schmeckt man deutlich die Zuckernote zusammen mit grasigen und zitronigen Aromen des Kōji, ähnlich wie bei einem Rhum agricole oder jamaikanischem Pot Still Rum.

▸ *GI: Amami (offiziell noch kein GI)*

kasutori | SAKÉ-HEFE

Etwa 33 Prozent der Zutaten, die zur Herstellung von Saké benutzt werden, bleiben als Saké kasu (Saké-Hefen) zurück. Die weißen kuchenartigen Stücke enthalten Hefen und Enzyme und entstehen durch die Fermentation. Saké kasu wird in Pflegeprodukten verwendet, für Pickles, Brot, Butter, Amazaké und vieles mehr. Der Rest eignet sich zum Düngen von Reisfeldern. Ein Paradebeispiel für das japanische Konzept des Mottainai. Der Begriff bringt das Bedauern über die Verschwendung zum Ausdruck und findet Wege, nicht nur zu reduzieren, wiederzuverwenden und zu recyceln, sondern auch die Umwelt zu schützen. Der Reis wird gesät und geerntet, fermentiert, destilliert und gepresst. Die Saké-Hefe wird destilliert, bevor sie den Boden für den nächsten Reiszyklus düngt. Es gibt zwei Arten von Kasutori Shōchū: Seichō Kasutori Shōchū und Ginjō Kasutori Shōchū. Ersterer hat ein bitteres Geschmacksprofil aufgrund der Reisschalen, die den Fermentationsprozess unterstützen. Der zweite ist weicher und schmeckt leicht und fruchtig wie sein Namensvetter, Ginjō-shu, mit einem knackigen Abgang. Perfekt für Nihonshu-Liebhaber.

▸ *GI: Zurzeit keine*

awamori | THAI-REIS UND SCHWARZER KŌJI

Awamori ist eine besondere Art von Shōchū aus Okinawa mit einer Herkunftsbezeichnung der Welthandelsorganisation. Hergestellt aus Thai-Reis und schwarzem Kōji, durchläuft Awamori nur einen Fermentationsprozess vor der Destillation, was ihn von anderen Shōchū-Varianten unterscheidet und ihm ein tiefes und ausgeprägtes Geschmacksprofil verleiht, das an Äpfel, Bananen und Pilze erinnert.

▸ *GI: Awagamori. Vergoren, destilliert, gelagert und abgefüllt in Okinawa*

uisukī

WHISKY

Im Jahr 1853 brachte der US-Marine Commodore Matthew C. Perry im Rahmen seines Bestrebens, das Land für den Westen zu öffnen, den Whisky nach Japan. Das inspirierte einige Japaner, sich an der Destillation zu versuchen. Diese ersten Versuche hatten aber nichts mit dem Whisky gemein, für den Japan heute berühmt ist. Die erste Whisky-Brennlizenz in Japan erhielt 1919 die *Eigashima Distillery* in der Präfektur Hyogo, Whisky wurde hier aber erst viel später produziert. Das könnte der Grund dafür sein, dass die Whisky-Geschichte Japans offiziell mit *Suntory* und *Nikka* beginnt.

Im frühen 20. Jahrhundert arbeitete Masataka Taketsuru als Sohn von Saké-Brauern für Kiichiro Iwai von *Settsu Shuzō* – der Destillerie, die heute unter dem Namen *Mars Hombo Shuzō* bekannt ist. Der Präsident des Unternehmens, Abe Kihei, schickte Taketsuru 1918 nach Schottland, wo er an der Universität von Glasgow Englisch und Chemie studierte. Dort verliebte er sich in eine Frau namens Rita Cowen, die er heiratete. Taketsuru arbeitete auch für kurze Zeit in mehreren schottischen Destillerien, *Longmorn* in Speyside und *Hazelburn* in Campbeltown. Als er und Rita nach Japan zurückkehrten, war sein Arbeitgeber nicht mehr in der Lage, in die Whiskyproduktion zu investieren, und so unterzeichnete Taketsuru 1923 einen Zehnjahresvertrag mit den *Kotobukiya Holdings*, die zu *Shinjiro Torii* gehörten, heute *Suntory's Yamazaki Distillery* in Kyōto.

Der erste von Taketsuru dort produzierte Whisky war kräftig und torfig – die Art von Whisky, die er in Schottland schätzen gelernt hatte. Damit traf er aber nicht den japanischen Geschmack. Meinungsverschiedenheiten führten zu Taketsurus Degradierung vom Brennerei-Manager zum Brauerei-Manager für den Rest seiner Vertragslaufzeit. Torii übernahm die Produktion und lenkte die Marke in eine andere Richtung.

Während dieser Zeit arbeitete Rita als Englisch- und Musiklehrerin. Dank ihrer Anmut und ihres Fleißes gewann sie Investoren, die ihrem Mann die Eröffnung einer Destillerie am Ort seiner Wahl ermöglichten: Hokkaido. Taketsuru gründete 1934 die *Dai Nippon Kaju Kabushiki Kaisha* (die große Japanische Saftgesellschaft) in Yoichi. Er verkaufte Apfelsaftprodukte, bis er 1940 seinen ersten Whisky auf den Markt brachte. *Dai Nippon Kaju* wurde zu *Nikka* abgekürzt. Soweit die Geschichte der beiden bekanntesten japanischen Whiskyproduzenten, die jeweils eigene Akzente setzten und den Boden für andere bereiteten, die folgen sollten.

Hier einige andere Whisky-Produzenten, die Sie kennen sollten:

▶ *Hombo Shuzō* ist wieder zu einer ernst zu nehmenden Größe geworden, nachdem er einige Male aufgegeben hatte, Whisky zu destillieren. Jetzt kreiert das Unternehmen unvergleichliche Single Malts und Blends in Reifungsanlagen in

JAPANISCHE GETRÄNKE

ihrer Bergbrennerei *Mars Shinshu* in Nagano, in der neuen *Tsunuki-Destillerie* und dem *Yakushima-Keller* in Kyūshū.
- Brennmeister Ichiro Akuto von *Venture Whisky* stellt Single Malts und Blends in Chichibu, Präfektur Saitama, her. Er war maßgeblich an der Durchsetzung von Transparenz bei den Produktionsverfahren beteiligt und ist eine treibende Kraft bei der Erhaltung der Qualität japanischen Whiskys.
- Die *Eigashima Distillery* begann in den 1960er-Jahren mit der Herstellung von Whisky und bringt seitdem unglaubliche Blends und hervorragende Single Malts heraus. Zu ihrer Marke *Akashi* gehört ein fünf Jahre alter Single Malt, der in Tequila-Fässern reift. Wahrscheinlich der wildeste, den ich je probiert habe.
- Die *Akkeshi-Destillerie*, die zu *Nikkas Yoichi-Destillerie* in Hokkaidō gehört, ist bestrebt, Whiskys zu kreieren, die das Terroir der Region widerspiegeln – von lokal angebauter Gerste und vor Ort gewonnenem Torf bis hin zu Fässern aus lokaler Mizunara-Eiche für die Reifung.

Japanische Whiskyliebhaber genießen Whiskys aus aller Welt, und so finden sich Abfüllungen aus Schottland, Irland, den USA und anderen Ländern in den Backbars und Gefriergeräten für Highballs. Sowohl in- als auch ausländische Whiskys werden pur, auf Eis und in Form von Highballs serviert. Wenn es um Cocktails geht, sind es die internationalen Marken, die die Hauptrolle in Drinks wie dem Old Fashioned, dem Manhattan und dem Whiskey Sour spielen. So verlangen es die Rezepte in Cocktailbüchern und so werden sie vom Bartender an seine Lehrlinge weitergegeben.

Der klare Charakter von japanischem Blended Whisky kommt am besten in Highballs wie dem Kumiko Highball (s. S. 107) oder dem Ringo Highball (s. S. 216) zur Geltung, wo die Spirituose mit einem apfelbetonten Aperitif harmoniert. Japanischer Whisky inspiriert auch Old Fashioneds wie den Umé Old Fashioned (s. S. 112) oder den Yaki-imo Old Fashioned (s. S. 255).

uokka

WODKA

Wodka ist eine klare, nicht gereifte Spirituose, die aus praktisch jedem zuckerhaltigen Lebensmittel, ob Frucht, Getreide oder Gemüse (in der Regel Weizen oder Roggen, Kartoffeln und Zuckerrüben), hergestellt werden kann. Dieser Zucker lässt sich in Alkohol umwandeln. Bisher gab es in Japan kaum einen Markt für Wodka, doch das ändert sich mit den modernen Wodka-Varianten, die inzwischen viele Brennereien herstellen. Eine Renaissance des Wodkas scheint bevorzustehen: 2019 verzeichnete die Wodka-Produktion ein zweistelliges Wachstum.

In den meisten Fällen sind es unsere bevorzugten Whisky-Destillerien, die auch hier führend sind. Sie stellen einzigartige Wodkas mit klarer japanischer Note her. Sowohl *Suntory* als auch *Nikka* experimentierten in den 1950er- und 1960er-Jahren mit Wodka, aber viele der frühen Versuche waren erfolglos und wurden wieder eingestellt.

Erst in den letzten Jahren kamen bemerkenswerte Abfüllungen auf. So hat *Suntory* 2018 Haku als Wodka für Craft-Spirituosenliebhaber und Cocktailfans auf den Markt gebracht. Es ist ein Wodka auf Reisbasis, der vor der Destillation mit Kōji fermentiert und durch Bambuskohle gefiltert wird. Dieser Wodka ist leicht und klar – Eigenschaften, die für die Handwerkskunst von *Suntory* sprechen, die sie bei ihren Whiskys schon vielfach bewiesen haben.

Nikka Coffey Vodka kam 2017 auf den Markt. Er ist wegen der Destillation mittels Coffey Stills, was einen besonders guten Aromenerhalt ergibt, hochpreisig. Ergebnis ist ein weicher Wodka, der aus Mais- und Gerstendestillaten gebrannt wird. Ersteres verleiht dem Wodka eine leichte Süße, während das Gerstenmalz eine tiefe, runde Textur mit einem Hauch von Schokolade einbringt. Die Mischung wird durch Birkenholzkohle gefiltert. Mit 40 Vol.% ein köstlicher Wodka.

Heute gibt es noch einige andere japanische Wodkas auf dem Markt, wie Okuhida-Reiswodka, eine hochprozentige Spirituose, die in der Präfektur Gifu hergestellt, und der Wa Premium Craft Vodka, der in Mito City auf der Basis von Saké destilliert wird. Kissui Wodka, von *Takara Shuzō* in Kyōto produziert, ist ebenfalls ein Reiswodka und war der erste japanische Wodka überhaupt, der 2007 in Amerika verkauft wurde. Wodka wird meist als geruchloses, geschmackloses Destillat definiert. Ich bewundere, wie japanische Destillateure Reis einsetzen, um der Spirituose eine japanische Note zu verleihen und die Qualitäten der Basiszutat hervorzuheben.

Wodka war schon immer in japanischen Cocktails zu finden, und ich arbeite besonders gern mit japanischem Wodka, wenn ich bestimmte Drinks mixe. Probieren Sie Nikka Coffey Vodka im Silken Chocolate Martini (Seite 116), den ich aufgrund der für den Wodka charakteristischen schokoladigen Note kreiert habe. Mit Crème de Cacao, Pineau des Charentes, Cocchi Americano Rosa und einer Minz-Garnierung ist er eine einfache, aber raffinierte Variante des Klassikers aus den 1990ern. Auf der sanfteren Seite des Spektrums harmonieren die kristallklaren Aromen von Suntory Haku Vodka mit Erdbeersirup, Zitrone und trockenem Vermouth im Ichigo Sour (s. S. 127), einem schaumigen Eiweißcocktail mit frischen Erdbeeren.

jin

GIN

Gin ist eine Spirituose mit Geschichte, deren Wurzeln wir in niederländischen Texten bis ins 13. Jahrhundert zurückverfolgen können, wo er wegen seiner medizinischen Eigenschaften erwähnt ist. In Japan wird Gin seit fast einem Jahrhundert destilliert. Einige der frühesten Versuche waren nicht sonderlich beeindruckend – einfache und erschwingliche London Dry Styles mit geradlinigen Botanical-Profilen. Erst in jüngerer Zeit fasste Gin in Japan Fuß und erlebte weltweit ein Revival.

Inzwischen ist eine wachsende Zahl japanischer Gins auf dem Markt erhältlich, von denen die meisten lokale Zutaten verwenden, um sich von internationalen Gins zu unterscheiden. So ist ein unverkennbar japanisches Geschmacksprofil entstanden. Die *Kyōto Destillery* war die erste auf Gin spezialisierte Brennerei in Japan. Sie verwendet ein Reisdestillat als Basis, außerdem Wasser aus der nahe gelegenen Saké-Brauerei *Tsuki no Katsura*. Ihr Aushängeschild Ki No Bi Dry Gin enthält Yuzu, Hinoki (Zypresse), Bambusblätter, Gyokuro (im Schatten gewachsener grüner Tee), Ingwer, rotes Shiso-Blatt, Kinomé (die Blätter des Sanshō-Baumes) und Sanshō-Beeren – zusätzlich zu den traditionellen Gin-Botanicals wie Wacholder, Zitronenschale und Engelwurz. Andere Gin-Produkte der *Kyōto Distillery* umfassen einen Navy Strength, einen Old Tom Gin, der mit schwarzem Zucker aus Okinawa hergestellt wird, und einen Gin auf Basis von grünem Tee, der mit Gyokuro- und Tencha-Blättern hergestellt wird, wobei Letztere die Blätter sind, die zu Matcha vermahlen werden.

Auch andere Gin-Hersteller betonen mit ihren botanischen Profilen das japanische Lebensgefühl. Der nuancierte Suntory Roku Gin enthält 14 Botanicals, von denen sechs japanisch sind – darunter Yuzu-Schale, Sanshō und Sakura-Blätter und -blüten, sowie zwei Teesorten: Gyokuro und Sencha. Nikka Coffey Gin ist eine Geschmacksexplosion aus Sanshō-Beeren, ergänzt um japanische Zitrusfrüchte wie Yuzu, Kabosu, Amanatsu und Shīkuwāsā sowie importierte klassische Gin-Botanicals wie Wacholder, Koriander, Zitronenschale, Orangenschale und Engelwurz. Die letzte Zutat, Apfelsaft, ist ein Wink auf *Nikka*s Geschichte als *Dai Nippon Kajū Kabushiki Gaisha* oder Große Japanische Saftgesellschaft, die Apfelsaft verkaufte, bevor sie 1940 den ersten Whisky auf den Markt brachte.

Die *Sakurao Distillery* in Hiroshima stellt einen trockenen, mit Bitterorange aromatisierten *Gin Daidai* mit Navelorange, süßer Sommerorange, Yuzu, Hinoki (Zypresse), rotem Shiso, grünem Tee und Ingwer her. Der Sakurao Limited Edition Gin spielt mit japanischem Wacholder, Sakura-Blüten, Kinomé (Sanshō-Blätter), Austernschalen, Wasabi und grünem Shiso. Die Einbeziehung von Austernschalen verleiht dem Gin eine angenehme Salznote, und die erfrischende Würze des Wasabi verschmilzt bestens mit dem Kinomé.

Neben einheimischen Botanicals verwenden einige Destillerien Shōchū oder Reisdestillate als Basis, um Gins mit einer engeren Verbindung zu Japan zu erhalten.

JAPANISCHE GIN-BOTANICALS, DIE SIE KENNEN SOLLTEN

Längst verleihen Destillateure auf der ganzen Welt ihren Gins eine besondere Note durch regionale Botanicals. Hier einige der am häufigsten für die Herstellung modernen japanischen Gins verwendete.

SANSHŌ

Während Kardamom das Gewürz der Wahl in vielen Gins weltweit ist, setzen japanische Destillateure für eine pikante Komponente auf den Sanshō-Baum. Obwohl der Baum botanisch zur Familie der Zitrusfrüchte gehört, produziert er grüne »Beeren«, die oft auch als Pfefferkörner bezeichnet werden. Sie haben die Qualität von Meyer-Zitronen, die eine prickelnde Pfeffrigkeit besitzen. Im Gin tragen sie mit einer Zitrusnote zum Bouquet bei. Die Blätter, Kinomé genannt, werden manchmal wegen ihrer würzigen Aromen ebenfalls verwendet.

GRÜNER TEE

Es ist nicht verwunderlich, dass eine der wertvollsten natürlichen Ressourcen Japans auch in japanischen Gins vertreten ist. Inzwischen verwenden auch mehrere internationale Hersteller grünen Tee für ihre Gins, doch japanische Destillateure besitzen mehr Feingefühl bei der Wahl der Grüntees und entscheiden sich meist für Gyokuro oder Sencha.

SAKURA-BLÄTTER UND -BLÜTEN

Man würde erwarten, dass florale Elemente wie Sakura-Blüten dem Gin eine parfümierte Note verleihen. Tatsächlich ist der Beitrag der Blätter überraschend anders. Sie steuern dem Gin ein würzig-holziges Element bei – ähnlich wie Piment und Zimt.

HINOKI

Zypressenholz ist ein Holz, das man in Japan traditionell für Schreine, Tempel und Ryokans (traditionelle japanische Gasthöfe) in der Kyōto-Region verwendet. Das Holz wird auch für den Bau für die kleinen Kästchen zum Abmessen von Reis und als Becher zum Trinken von Saké verwendet. So ist es nur natürlich, dass die Destillateure ihren japanischen Gin mit Zypressenholzspänen aromatisieren. Die elegante Zutat liefert überraschend dichte Aromen dank eines hohen Harzanteils im Holz.

YUZU

Zitronen- und Orangenschalen sind in traditionellen Gins gang und gäbe, in Japan dagegen verwendet man die berühmteste Zitrusfrucht des Landes: Yuzu. Ihr Geschmack liegt irgendwo zwischen herber Mandarine und Zitrone mit einem Hauch von Orangenblüte. Sie verleiht dem Gin eine nuancierte und komplexe Note.

SHISO

Dieses japanische Kraut hat einen einzigartigen Geschmack. Man muss es einfach probieren. Im Gin sorgt Shiso für ein dichtes Minzaroma und eine wärmende Zimtnote (weitere Informationen über Shiso finden Sie auf Seite 193).

Komasa Gin von *Honkaku*, den es in zwei Versionen gibt (eine mit kleinen duftenden Orangen namens Sakurajima komikan und eine andere mit Hōjicha, einem gerösteten grünen Tee), nutzt Shōchū als Grundlage, ebenso wie der Wa Bi Gin, der in der Nähe der Brennerei in Kagoshima hergestellt wird. Reis-Shōchū verwendet die historische Saké-Brauerei *Miyashita Shuzō* für ihren fassgelagerten Okayama Craft Gin, während Süßkartoffel-Shōchū im Kyoya Shuzō Premium Yuzugin aus *Miyazaki* seinen Auftritt hat. Ein weiterer Shōchū-basierter Favorit, JuJu Gin, wird in der *Hamada Distillery* in Kagoshima hergestellt, die 1868 gegründet wurde. Reis-Shōchū ist eine perfekte Basis für hellen Kardamom, Yuzu und Zimt. Ich trinke ihn in einem extra-trockenen Martini oder mit Club Soda aufgefüllt.

Durch den lokalen Ansatz besitzen viele dieser Gin-Varianten einen ganz eigenen Geschmack. Vor allem solche wie Masahiro Okinawa Gin, bei dem die regionale Spirituose Awamori als Basis dient. Hergestellt mit Shīkuwāsā (Okinawa-Zitrusfrucht), Wacholder, Guavenblättern, japanischem Langpfeffer, Rosen-Eibisch und Bittermelone aus Okinawa spiegelt er die Insel geschmacklich wider.

Japanische Bartender zeigen gern ihr Können beim Mixen von Klassikern wie Martini und Gin Tonic, deshalb ist die Spirituose auf Wacholderbasis seit Langem der Star in japanischen Cocktailbars. Internationale Marken wie *Gordon's* und *Tanqueray* sind nach wie vor verlässliche Hilfen, doch in moderneren Lokalen findet auch der japanische Gin ein Zuhause. Derzeit ist eine kleine, aber wachsende Anzahl japanischer Gins auch in westlichen Ländern erhältlich. Jeder von ihnen verleiht Cocktails wie dem Vesper (s. S. 265) oder dem White Negroni (s. S. 248), dem Kinmokusei Cocktail (s. S. 242) oder der Sanshō Grasshopper (s. S. 292) Persönlichkeit.

ramu

RUM

An Rum denkt man möglicherweise als Allerletztes, wenn es um japanische Cocktails geht. Die Geschichte der Rum-Destillation in Japan reicht jedoch bis ins 17. Jahrhundert zurück. Die meisten japanischen Rumsorten werden auch heute noch in der südlichsten Präfektur Okinawa destilliert, wo Zuckerrohr in Hülle und Fülle wächst. Dort tummeln sich etwa ein halbes Dutzend Rumhersteller, die ausschließlich einheimische Zuckerrohrarten verwenden.

Die *Helios Distillery* destilliert seit 1961 Rum auf der Hauptinsel Okinawa, allerdings firmierte die Brennerei bis 1969 unter dem Namen *Taiyou Distillery*. Heute produziert man dort gereifte Rumsorten unter dem Namen *Teeda*. Ie Rum Santa Maria, der auf der Insel Ie hergestellt wird, ist sowohl in gealterten als auch in nicht gealterten Varianten erhältlich. Erstere reift in ehemaligen *Nikka*-Whiskyfässern. Auch auf der Insel Minamidaitōjima, wo Yuko Kinjo bei *Grace Rum* mehrere Produkte unter dem Label *Cor Cor* produziert, existiert eine kleinere Rumproduktion. Diese Rums werden mit entsalztem Meerwasser hergestellt und nur einmal destilliert, um möglichst viel vom Charakter des Zuckerrohrs zu erhalten. Das Ergebnis sind aufregende süße Noten, die für ein unvergessliches Trinkerlebnis sorgen.

Eine weitere interessante japanische Rum-Destillerie ist *Nine Leaves*. Yoshiharu Takeuchi, der Gründer und Brennmeister des Unternehmens, kommt ursprünglich aus der Automobilbranche. Er wollte jedoch Monozukuri, Handwerkskunst, in einem anderen Bereich beweisen. Da er sich vom wissenschaftlichen Aspekt der Destillation angezogen fühlte, stellt er jetzt Rum aus Kokutō (schwarzem Zucker) aus dem Okinawa-Archipel und weichem Wasser aus Shiga, seiner Heimat und dem Standort der Brennerei, her. Benannt ist das Unternehmen nach den neun Bambusblättern (Nine Leaves), die sein Familienwappen zieren. Takeuchi-san stellt mehrere Rumsorten her: eine nicht gealterte und eine gealterte namens Angel's Half, für die er Fässer aus amerikanischer Eiche einsetzt und andere, in denen zuvor Bourbon, Sherry oder Cabernet Sauvignon aus Kalifornien lagerten.

Wie beim Rhum Agricole aus Martinique werden auch viele der japanischen Rumsorten aus frisch gepresstem Zuckerrohr hergestellt und man schmeckt die grasige Note des Terroirs. Dazu kommt eine Vielzahl weiterer einzigartiger Geschmacksnuancen. Ich habe Rum mit Aromen, die von salzigen Kalamata-Oliven und überreifer Melone bis hin zu mit Zimt bestäubtem getrocknetem Gras reichten, probiert. Diese Vielfalt macht japanischen Rum auch zu einem guten Kandidaten für Cocktails. Die meisten Marken sind außerhalb Japans nur schwer zu finden, da sie in kleinen Mengen hergestellt werden. Wer dennoch eine Flasche ausfindig macht, sollte sie für die liebsten Rum-Cocktails vormerken (vor allem für solche, die nach Rhum Agricole verlangen). Am Anfang vielleicht den Kamakiri (s. S. 179) versuchen, wenn man einen Cor Cor Red auftreibt – seine tropischen Noten verleihen dem Ingwer-Shōchū und dem Ginger Beer eine helle, weiche Note.

rikyūru

LIKÖRE

FRUCHTLIKÖRE

In Japan legt man Wert darauf, Obst und Gemüse, das zu seiner Reifezeit nicht verzehrt wird, zu konservieren. Es soll möglichst nichts von der Ernte verloren gehen und die Früchte sollen das ganze Jahr über zu genießen sein. Eine Möglichkeit der Konservierung ist die Herstellung von »Fruchtalkohol«, genannt Kajitsu-shu. Aus fast jeder Frucht wie Kumquat, Quitte oder japanischer Birne lässt sich unter Zugabe von Kandiszucker ein Fruchtlikör herstellen. Einige Früchte werden jedoch häufiger verwendet als andere – zum Beispiel Mikan und Yuzu. Die wohl beliebteste Frucht für Liköre aber ist Umé.

Die zierliche Umé wird fälschlicherweise oft als japanische Pflaume bezeichnet. Doch Umé ist eher mit Aprikosen verwandt. Anders als Aprikosen kann man Umé nicht direkt vom Baum essen, aber mit Kandiszucker und Shōchū oder neutralem Alkohol konserviert wird daraus eine Köstlichkeit – der Likör Umé-shu. Eine weitere beliebte Verwendungsmöglichkeit ist das Einlegen in Salz mit rotem Shiso zur Herstellung von Uméboshi (in Salz eingelegte Umé). Mit Kandiszucker und Essig geschichtet wird aus den Früchten Umé-su, das man als alkoholfreie Basis für eine erfrischende Umé-Soda oder in komplexeren Cocktails ohne Alkohol wie dem Azalea (s. S. 301) verwendet.

Heutzutage stellen auch einige Spirituosen-Unternehmen Umé-shu her – *Suntory* beispielsweise brachte eine in Yamazaki-Whiskyfässern gereifte reichhaltige, aromatische Variante auf den Markt. *Meiri Shurui* produziert einen Umé-shu, der nach einem Garten mit Tausenden von Umé-Bäumen benannt ist (Mito no Kairakuen). Er wird mit Branntwein angereichert, mit Honig gesüßt und fünf Jahre gereift. *Akashi-Tai*, eine historische Saké-Brauerei in der Präfektur Hyogo, biete eine Sorte an, die Ginjō-Saké aus Yamadanishiki-Reis als Basis verwendet, der die fruchtige Note des Umé hervorhebt.

Izakaya oder kleine Familienrestaurants produzieren in der Regel ihren eigenen Umé-shu, den sie für einfache Highballs verwenden. Er schmeckt überall ein bisschen anders. Mit seinen vielfältigen Geschmacksnuancen eignet sich der Likör auch für Cocktails und ergänzt perfekt japanischen Whisky in Drinks wie dem Umé Old Fashioned (s. S. 112) oder, gepaart mit Zitronengras-Shōchū, den Umé Shōchū Sour (s. S. 185).

UMÉ-SU UND UMÉ-SHU TRINKEN

Bei der Herstellung von Umé-su war immer alle Hände voll zu tun. Meine Brüder und ich halfen unseren Eltern bei der Ernte. Manchmal mussten wir uns aus dem Fenster im zweiten Stock lehnen, um mit einer langen Gartenschere die letzten Früchte, die an den höchsten Ästen des Baumes hingen, zu erreichen. Es war ein lohnendes jährliches Familienprojekt, denn so viel Arbeit die Ernte und die Vorbereitung der Früchte auch machten – die Vorfreude auf und die Freude über das Endergebnis waren riesig.

Je nach vorherrschender Stimmung tranken wir den Umé-su mit Club Soda, stillem Wasser, Mugi-cha (Gerstentee) oder Ryoku-cha (eine Art grüner Tee). Die Süße des Umé-su gleicht die Röstnote der Gerste aus und die dezenteren Noten des Umé-su klingen im grünen Tee nach. Besonders gut aber passt er zu kalt aufgebrühtem Sencha, denn die tropischen Passionsfruchtnoten des Tees lenken den herben Unterton der Umé in eine blumige Richtung.

Hier eine flexible Vorlage für den Genuss von Umé-su oder Umé-shu. Man kann nach Lust und Laune entscheiden, ob man die Variante mit oder ohne Alkohol wählt.

Für 1 Glas

4,5 cl Umé-su (s. S. 316) oder Umé-shu (s. S. 317)
für eine alkoholische Variante

12–15 cl Club Soda, Cold-brew-Sencha (s. S. 320)
oder gekühlter Mugi-cha (s. S. 320)

Den Umé-su oder Umé-shu, die Grundlage der Wahl und Eis in einem Longdrinkglas verrühren.

ANDERE LIKÖRE

Neben den traditionellen Fruchtlikören lassen sich Destillateure und Saké-Brauer auch von zahlreichen anderen Zutaten inspirieren und verarbeiten sie zu Likören. Von saisonalen Zutaten wie Shiso, Matcha, Sakura-Blättern und -Blüten und Ingwer bis hin zu traditionellen japanischen Zutaten wie Kastanien, Adzukibohnen und Beifuß – alles ist erlaubt. Ein besonderer Favorit ist Joghurt-Likör. *Suntory* und viele andere Hersteller aus Gegenden, die für ihre Milchprodukte bekannt sind, haben einen solchen Likör im Programm. Er überzeugt durch Cremigkeit, Süße und gleichzeitig Schärfe und wird meist pur oder mit Soda getrunken.

Ein interessantes Getränk stammt aus der *Kamiya Bar*, die 1880 als eine der ersten Bars in Tōkyō, in Asakusa, öffnete. Dort brachte der Besitzer Denbei Kamiya ein Getränk namens Denki Bran auf den Markt – die einen nennen es Cocktail, die anderen Likör. Es ist schwer zu definieren, weil es mit seiner geheimen Mischung aus Brandy, Gin, Wein, Curaçao und Kräutern in keine Kategorie passen will. Die *Kamiya Bar* gibt es noch heute, und Denki Bran, der längst Kultstatus hat, findet man in den meisten Spirituosengeschäften Tōkyōs. Das Geschmacksprofil ist blumig, aber auch scharf mit holzigen Kräutern wie Rosmarin und Salbei und süß wie Karamell – und er brennt wie Feuer. Heute wie früher trinkt man das wilde Gemisch zu einem Bier.

Eine weitere kuriose Kategorie findet sich im Reich des Shōchū. Einige Hersteller nutzen die staatliche Auslegung des Begriffs »Likör« als Möglichkeit, ihren Shōchū zu verkaufen, ohne ihm die Farbe zu entziehen. Gokujō Tsutsumi zum Beispiel ist ein Reis-Shōchū aus Kumamoto, der zwölf Jahre lang in ehemaligen Sherry-Fässern gelagert wird. Das mahagonifarbene Destillat ist zu dunkel, um als Shōchū durchzugehen, also fügt der Destillateur einen neutralen Ballaststoff zu. Damit darf er das Produkt als Likör bezeichnen und verkaufen. Es hat das Aroma von Aprikosen, Rosinen und Vanille, umhüllt von einer runden Süße, die von der Reifung in Sherryfässern herrührt. Trotz seiner Bezeichnung als Likör wird dieser Spirituose kein Zucker zugesetzt, und in den Vereinigten Staaten wird er als im Sherryfass gereifter Shōchū verkauft.

Mein erstes Moleskine-Notizbuch kaufte ich in meiner Collegezeit. Ich jobbte damals als Bartenderin in Ithaca, New York, und füllte die leeren Seiten mit Rezepten für klassische Cocktails und Notizen über Stammgäste in der Bar, weil ich mir jedes noch so kleine Detail merken wollte. Als typische Japanerin wusste ich, dass ich zuerst die Klassiker der Cocktailkarte beherrschen sollte: den Old Fashioned, den Manhattan, den Martini. Als ich diese im Griff hatte, begann ich, Ideen für eigene Rezepte aufzuschreiben. Meistens waren es Varianten von Klassikern mit Zutaten aus Japan, die ich vermisste. Das gab mir Trost, wo ich doch so weit weg von zu Hause lebte. Und mir wurde klar, dass sich mein Stil von dem anderer Bartender in Amerika unterschied.

Mein Stil als Bartenderin ist durch und durch japanisch. Wie meine japanischen Kolleginnen und Kollegen liebe und praktiziere ich das Zusammenspiel von Altem und Neuem, von Innovation und Tradition. Wir bauen auf dem Fundament vorheriger Generationen auf.

Das ist auch der Geist, der die Cocktailrezepte in diesem Kapitel prägt. Hier finden sich Cocktails, die einer großen Bandbreite an Inspirationen entspringen, aber alle auf die eine oder andere Weise mit der japanischen Cocktailkultur verbunden sind. Das können Zutaten sein, die von geschmacklichen Kindheitserinnerungen geprägt sind, Interpretationen von Cocktails, die ihre Wurzeln in japanischen Bars haben, oder Neuinterpretationen beliebter Klassiker. Es ist eine Sammlung von Rezepten, die den Geist Japans widerspiegeln.

Es finden sich auch Rezepte für alkoholfreie Getränke. Viele Japanerinnen und Japaner verzichten komplett auf Alkohol, sodass man in Cafés, Bars und Restaurants stets köstliche alkoholfreie Getränke bekommt. Da es in Amerika diese Möglichkeiten kaum gibt, habe ich es zu meiner Aufgabe gemacht, immer wieder raffinierte alkoholfreie Getränke für erwachsene Gaumen zu entwickeln. Diese sind keine Varianten bestehender Cocktails, denn wenn man nur den Alkohol weglässt, bleibt meist ein unausgewogenes Getränk übrig. Stattdessen entwickle ich ganz neue Rezepte, lasse die Inspiration fließen und kombiniere auch mal Zutaten, die man sonst nicht in Cocktails findet. So entstehen Getränke für Tage, an denen man keine Lust auf Alkohol hat, oder für Freundinnen und Freunde, die ganz auf Alkohol verzichten. Ich hoffe, dass Sie an diesen Rezepten ebenso viel Freude haben wie an allen anderen.

Bei der Zusammenstellung der Rezepte habe ich mich an den Jahreszeiten orientiert. Wie ich bereits erwähnte, ist der japanische Kalender in 24 Mikrojahreszeiten unterteilt, die Sekki, die fast alle zwei Wochen wechseln. Sie drehen sich um Himmelsereignisse, die Metamorphose der Natur und das Kommen und Gehen von Flora und Fauna. Die Daten für die Mikrojahreszeiten sind ungefähre Angaben und ändern sich ständig, daher führe ich sie hier nicht auf. Auch das Klima ändert sich von Jahr zu Jahr, aber die Sekki bleiben.

Gehen Sie mit meinen Rezepten Ihren eigenen Weg. Ich hoffe, dass Sie mit jedem Schluck Japan ein wenig näher kommen.

TIPPS ZUM MIXEN

Wer den japanischen Weg des Bartendings und der Zubereitung von Getränken üben will, sollte daran denken, dass jede noch so winzige Entscheidung Geschmack und Persönlichkeit des Cocktails beeinflusst. Vom rechtzeitigen Kühlen der Gläser bis hin zu möglichst frischen Zitrusfrüchten – hier sind einige Tipps für beste Ergebnisse aus meinem Erfahrungsschatz.

▶ Arbeiten Sie nur mit frischen Zitrusfrüchten. Nicht aufgeschnittene Zitrusfrüchte bleiben bei Zimmertemperatur ein bis zwei Wochen frisch – im Kühlschrank aufbewahrt sogar drei bis vier Wochen. Wer Getränke für sich selbst oder Freunde zu Hause zubereitet, sollte die Früchte erst direkt vor der Verwendung auspressen. Und wer für eine Party oder ein Barprogramm im Voraus entsaftet, sollte den Saft vor dem Gebrauch durchrühren.

▶ Kühlen Sie die Gläser, die Sie verwenden wollen. Füllen Sie sie dafür mit Eis und stellen Sie sie während des Schüttelns oder Rührens des Cocktails beiseite. Wenn im Gefrierschrank Platz für Gläser ist – umso besser. Vergewissern Sie sich vor dem Mixen unbedingt, dass das angesammelte Schmelzwasser im Glas ausgeschüttet ist. Am besten frisches Eis ins Glas füllen, damit das wässrige Eis nicht die Ausgewogenheit des Drinks beeinträchtigt.

▶ Schenken Sie aus Flaschen immer mit dem Gast zugewandten Etikett ein und wischen Sie die Flaschenmündung direkt nach dem Einschenken ab. Das minimiert das Risiko, dass die Flasche klebrig und das Etikett mit Tropfen verschmutzt wird.

▶ Wenn Sie mit großen Eisstücken arbeiten, geben Sie ihnen etwas Zeit zum Temperieren, bevor Sie sie hacken, schnitzen oder den Cocktail oder die Spirituose über das Eis gießen. Andernfalls wird es wie ein zerbrochener Spiegel von innen her auseinanderbrechen.

▶ Bei der Verwendung von Zitrusfrüchten als Garnitur gibt es für mich zwei Möglichkeiten: Zesten und Twists bzw. Spiralen. Zesten sind Streifen oder Scheiben, die mit einer Klinge aus der Fruchtschale geschnitten werden. Sie lassen sich über dem Cocktail ausdrücken, um ihn mit dem ätherischen Öl aus der Schale zu aromatisieren. Ein Twist ist ein Stück Schale, das so bearbeitet ist, dass es das Glas dekoriert. Ich nenne es »manikürt«, um auszudrücken, dass die Ränder der Zitrusfrucht beschnitten sind. Beim Schneiden der Twists landen viele der ätherischen Öle aus der Schale auf dem Schneidebrett – eine Verschwendung. Daher schneide ich normalerweise ein zweites Stück Schale aus den unschönen Teilen der Frucht, die Beulen oder Unreinheiten aufweisen, um den Cocktail mit deren Ölen zu aromatisieren und sie dann wegzuwerfen. Wie bei allem gibt es auch hier Ausnahmen von der Regel: Bei Limetten finde ich Zesten zu dominant und verwende meist keine zweite Zeste.

▶ Verwenden Sie zum Flambieren der Schale, wie es manche Cocktails verlangen, ein Streichholz. Niemand will, dass Feuerzeugbenzin oder -gas die Aromen des Cocktails verfälscht. Das Streichholz abseits von Cocktail und Eisbehälter anzünden und einen Moment warten, bis die Schwefeldünste verdampft sind. Dann die Schale seitlich über das Getränk halten und leicht zusammendrücken, sodass die Öle durch die Flamme ins Getränk tropfen.

ANMERKUNG Die Abkürzung BL in den Rezepten steht für Barlöffel.

HARU
FRÜHLING

Die beiden Türme der *Suntory*-Brauerei in Hakushu ragen wie eine Festung aus den Wäldern des duftenden Bergs Kaikomagatake. Im Frühjahr fuhren mein Mann Sammy und ich einmal im Zug von Tōkyō aus dorthin. Es war ein kühler und regnerischer Tag, und die Luft war so frisch und sauber, dass ich glaubte, das wachsende Gras zu riechen. Als wir ankamen, war das Gelände der Destillerie eingehüllt in Sakura-Blüten, die sich zart von der dunklen Kulisse abhoben. Es war gegen Ende der Kirschblütensaison, sodass viele der Blütenblätter abgefallen waren, aber einige noch zart an den Zweigen hingen, als wollten sie sich nicht vertreiben lassen.

Als wir die Reifungsanlage mit Reihen von Holzfässern, in denen junger Whisky reifte, betraten, sank die Temperatur ein paar Grad. Das passte zu den intensiven Aromen des Angel's Share, die in der Luft hingen. Ein berauschender Duft, der sich wie eine Umarmung anfühlte. Als ich wieder nach draußen kam, umgab mich frische Bergluft. Ich fühlte mich fast so, als hätte ich den ganzen Winter über die Luft angehalten. Ich atmete tief ein.

Der Frühling steht für Neuanfang, wenn der Schnee schmilzt und warmer Regen einsetzt. Von den heiteren Umé-Blüten und den zartrosa Sakura-Blüten bis hin zu goldenen Narzissen und duftenden Glyzinien – es ist eine Saison der Blüten und der Fülle. Die Saké-Brauer bieten den jungen Nektar an, an dem sie den ganzen Winter über gearbeitet haben und den wir zusammen mit saisonalen Köstlichkeiten vom Land und aus dem Meer genießen. Wir feiern die ersten Teeernten und sammeln junges, bitteres Grün, das wir in Salaten mit leichten Vinaigrettes servieren oder für einfache sautierte Gerichte verwenden. Für mich als Bartenderin ist der Frühling eine so belebende Zeit, weil er mich jeden Tag früher aus dem Bett lockt. Wir finden nach so vielen Monaten des Wartens endlich wieder frische Kräuter und mehr auf den Märkten. Eine Inspirationsquelle für meine Cocktails.

nijūshisekki haru no ichiran

DIE MIKROJAHRESZEITEN DES FRÜHLINGS

RISSHUN | *Frühlings-anfang*

Kumiko Highball
Umé Old Fashioned
Smoked Umé Margarita
Silken Chocolate Martini

SHUNBUN | *Frühlings-Tagundnachtgleiche*

Alkoholfrei: Shiozakura Highball
Sakura Collins
Kirschblüte
Sakurazuké Martini
Delicate Refusal

USUI | *Schneefall wird zu Regen*

Hishimochi-Bitter-Soda
Saké and Sonic
Rose Manhattan

SEIMEI | *Reines Sonnenlicht*

Momosé Martini
Kinomé Martini
Kumiko Bloody Mary

KEICHITSU | *Insekten erwachen*

Ichigo Sour
Kiss of Fire
Washitsu

KOKUU | *Nährender Regen*

Gimlet
Ryūkyū Gimlet
Ryokucha-Hi
Glyzinie

risshun

FRÜHLINGS-
ANFANG

Der Ostwind bringt das Eis zum Schmelzen, Nachtigallen beginnen in den Bergen zu singen, Fische tauchen auf

Wenn der Frühling erwacht, weht ein warmer Wind aus dem Osten und das Eis beginnt zu schmelzen. Das Gras ist feucht und die Luft voller Erwartung, denn die Pflanzen beginnen zu wachsen. Die ersten Umé-Bäume blühen. Diese fröhlichen fuchsiafarbenen und weißen Blüten, die sich deutlich von der toten braunen Landschaft abheben, stehen für Widerstandsfähigkeit und Stärke und sind Vorboten der süß-säuerlichen Früchte, die im Sommer folgen werden. Bald wird es Tees der ersten Ernte geben, in der Zwischenzeit trinken wir viel heißen Hōjicha und Bancha, den Stängeltee vom Ende der letzten Ernte mit seinem süßen Aroma von getrockneter Erde.

risshun

KUMIKO HIGHBALL

In seiner elementarsten Form ist der bescheidene Highball eine Kombination aus Spirituose und Soda, aber wenn wir in Japan von einem Highball sprechen, meinen wir fast immer Whisky und Soda. Der Highball ist eine Lektion in Einfachheit und erfordert doch Hingabe – er ist vielleicht der kultigste japanische »Cocktail« aller Zeiten. Und ein Getränk mit einer interessanten Geschichte, die bis zum Siegeszug des Whiskys in Japan zurückreicht.

Viele sagen, der Highball sei in den 1920er-Jahren erfunden worden, um Whisky besser zum Essen genießen zu können. Wirklich populär wurde das Getränk aber erst nach dem Zweiten Weltkrieg, als der *Suntory*-Gründer Shinjirō Torii die Torys-Bars in Tōkyō und Ōsaka eröffnete (Torys hieß ein Whisky, der 1946 auf den Markt kam). Torii wollte damals beweisen, dass Highballs problemlos wie Bier getrunken werden können. Da sie erschwinglich waren (ein entscheidendes Argument in der Nachkriegszeit), ging der Plan auf und verhalf dem Getränk zu landesweiter Berühmtheit.

Als der Whiskymarkt in den 1980er- und 1990er-Jahren zu schrumpfen begann, verschwand auch der Highball mehrere Jahrzehnte lang im Untergrund, bis *Suntory* sich um ein Revival bemühte. Ihre geeichten Highball-Maschinen machten es für Bars auf der ganzen Welt noch einfacher, das Getränk zu servieren. Und als diese vor ein paar Jahren in den Westen kamen, stürzten sich Bartender regelrecht darauf.

Heute werden Highballs in Japan in jeder Art von Bar serviert – von der Izakaya bis hin zur ausgefallenen Cocktailbar. In kleinen Läden, Supermärkten und Automaten bekommt man sogar Highballs in Dosen. Die Whiskysorten variieren, aber in der Regel werden Highballs mit günstigeren Whiskys nicht weniger respektvoll behandelt als solche, die mit einem teuren Single Malt zubereitet sind. Der Highball ist ein Drink für jede Gelegenheit, und man kann ihn nach Lust und Laune zubereiten, finde ich.

Fast alle Bars lagern ihre Whiskyflaschen für Highballs im Gefriergerät. Das hat einen Grund: Wenn die eiskalte Spirituose auf Club Soda und Eis trifft, unterstreicht die prickelnde Kälte den erfrischenden Charakter des sprudelnden Highballs.

Da der Whisky dem persönlichen Geschmack überlassen bleibt, liegt der eigentliche Trick bei der Zubereitung eines guten Highballs darin, das perfekte Verhältnis von Whisky und dem Begleitgetränk zu finden. Dazu sollte man dem Alkoholgehalt Beachtung schenken: Wenn man sich für einen Whisky mit 40 % Alkoholgehalt entscheidet, wird das Mischverhältnis ein anderes sein als bei einem Whisky in Fassstärke (über 50 %).

Bei unserem Haus-Highball im *Kumiko* ist das Mischverhältnis von Club Soda (wir verwenden zu gleichen Teilen *Fever-Tree* und *Q Mixers*) zu Suntory Toki Whisky 5 : 1. Das Club Soda von *Q Mixers* hat eine intensive Salznote, die die Aromen des Whiskys hervorhebt, und kräftige Bläschen, die das Getränk insgesamt beleben. *Fever-Tree* Club Soda ist weicher im Geschmack und macht den Highball mit einer zweiten Kohlensäureschicht vielschichtig.

Leider ist der Yamazaki 12 Years, mein Lieblingswhisky, kaum noch zu bekommen. Früher habe ich ihn stets allen empfohlen, die zum ersten Mal einen japanischen Whisky Highball probierten. Er kitzelt Sherry-Noten hervor, wenn er mit Club Soda gemischt wird. Ich selbst trinke gerne einen Hakushu 12-Year Single Malt wegen seiner grünen, aber immer noch leicht rauchigen Torf-Aromen. Viele sind der Ansicht, ein Highball sei immer erfrischend und spritzig, aber mit einem Single Malt Whisky bekommt er eine dunkle Komponente. Ich wollte ein ähnliches Geschmackserlebnis mit dem ersten Highball der Saison im *Kumiko* erzeugen – als Hommage an die gut gereiften sherrylastigen Whiskys, die immer seltener werden. So habe ich einen Highball mit japanischem Blended Whisky und Oloroso-Sherry (VOS, very old Sherry) gemixt. Die runde Fülle eines alten Sherrys verleiht dem spritzigen Getränk Raffinesse.

Für 1 Glas

4,5 cl gekühlter japanischer Whisky
Club Soda zum Auffüllen

1 BL Oloroso-Sherry
(z. B. Valdespino Don Gonzalo VOS)

Zwei Eiswürfel in ein gekühltes Highball-Glas geben, die groß genug sind, um das Glas zu füllen. Den gekühlten Whisky aus dem Gefrierschrank nehmen und ins Glas gießen. Mit Sodawasser auffüllen und das Eis vorsichtig mit einem Barlöffel nach oben heben, damit sich alles gut vermischt. Dann den Sherry auf das Eis träufeln, der dadurch die oberste Schicht des Highballs bildet und für ein herrliches Aroma sorgt, das man als Erstes wahrnimmt. Keine Garnierung.

HIGHBALL: DIE MOMOSÉ-METHODE

Die Zubereitung eines denkwürdigen Highballs kann ein Liebesdienst sein. Weil es ein so simples Getränk ist, gibt es unzählige kleine Dinge, die man tun kann, um daraus etwas Besonderes zu machen. Hier sind meine Tipps für die Zubereitung:

1. Verwenden Sie ein elegantes Highball-Glas, zum Beispiel die Serie von *Kimura Glass* – einer Firma, die seit 1910 erstklassige Glaswaren in Tōkyō herstellt. Das hauchdünne Glas unterstreicht die Kühle des Cocktails.

2. Stellen Sie vor der Zubereitung das Club Soda in den Kühlschrank und den Whisky ins Gefrierfach, damit der Drink später gut gekühlt ist.

3. Füllen Sie, wenn es ans Mixen geht, das Glas mit Eis und rühren Sie ein paarmal um, damit auch das Glas gut gekühlt wird. Dann gießen Sie Eis und Schmelzwasser ab und geben zwei lange, rechteckige Eisstücke ins Glas. Wer keine großen Eisstücke hat, füllt das Glas zu drei Vierteln mit Eiswürfeln und rührt ein paarmal um, um die scharfen Eiskanten wegzuschmelzen. Dann gießen Sie das Schmelzwasser ab, belassen das Eis jedoch im Glas.

4. Gießen Sie den Whisky über das Eis ins Glas. Nun rühren Sie den Drink ein paarmal um, um den Whisky zu kühlen. Wenn er aus dem Gefrierschrank kommt, reicht es, ihn kurz umzurühren. Je kälter das Glas und die Spirituose, desto besser bewahrt das Soda seine Kohlensäure.

5. Gießen Sie das Club Soda zur gekühlten Mischung. Wenn möglich, gießen Sie es nicht direkt auf das Eis und sparen Sie möglichst auch den Glasrand beim Einschenken aus. So vermeiden Sie, dass die Kohlensäurebläschen frühzeitig zerplatzen – bevor sie sich mit dem Whisky verbinden können.

6. Vermischen Sie Soda und Spirituose, indem Sie mit einem Barlöffel das Eis sanft nach oben heben. Nicht zu stark rühren. Es sollte ein Strudel auf dem Boden des Glases entstehen, in dem sich Spirituose und Soda mischen können. Wie gesagt: Weniger ist mehr. Ziehen Sie den Barlöffel vorsichtig aus dem Glas.

7. Wenn Sie mit kleineren Eisstücken arbeiten, kann der Highball jetzt möglicherweise einen weiteren Spritzer Soda oder ein paar zusätzliche Eisstücke vertragen, damit das Glas vom Boden bis zum Rand gefüllt ist.

8. Wenn Sie den Highball mit Garnierung bevorzugen, fügen Sie diese vor dem Servieren hinzu. In Japan ist es üblich, das ätherische Öl einer Zitronenzeste in den Highball zu träufeln. Ein spannender Kontrast zum Whisky. Sogar einige der Whisky-Highballs aus der Dose werden mit Zitronenessenz aromatisiert, um die anregende Zusammenstellung nachklingen zu lassen. *Suntorys Hakushu-Destillery* schlägt einen Minzestängel als Garnierung für den Hakushu 12-Year Highball vor, was ich im *Kumiko* übernommen habe. Die Minze unterstreicht die grünen Noten des leicht getorften Whiskys. Wenn es um Highballs geht, bin ich Puristin. Natürlich füge ich auf Wunsch gern eine Garnierung hinzu. Ansonsten ziehe ich es vor, den Drink einfach und pur zu servieren: Whisky und Soda.

risshun

UMÉ OLD FASHIONED

Die Umé-Bäume tragen zwar erst später im Jahr Früchte, aber der Anblick der rosafarbenen und weißen Blüten unter der Schneedecke des Spätwinters macht mir immer Lust auf ein Glas Umé-shu (s. S. 317). Weil Konservierungstechniken in Japan üblich sind, haben viele Familien im Frühjahr noch einen Vorrat aus dem Vorjahr und können das ganze Jahr über den Likör genießen. Diese Variante des Old Fashioned ist eine Hommage an Umé-Früchte. Der Geschmack von Umé-shu wird durch die Zugabe von Whisky mit Umé-Aroma aus der *Eigashima Distillery* verstärkt. Kräftig wie der Baum ist der Cocktail, außerdem duftig und strahlend wie die Blüten. Er schmeckt nach vollmundigem Malz, Honig und süßem Steinobst.

Für 1 Glas

2 Spritzer Peychaud's Bitters
4,5 cl Akashi Umé Whisky
3 cl Nikka Miyagikyo Single Malt (japanischer Whisky)
0,75 cl Umé-shu (s. S. 317)
0,75 cl Honigsirup (s. S. 317)
1 BL Lionel Osmin Estela Tannat-Malbec (Likörwein)
Garnitur: Zitronenzeste

Ein großes Stück Eis in ein Cocktailglas geben. Mit Peychaud's Bitters beträufeln. Umé-Whisky, japanischen Single-Malt-Whisky, Umé-shu, Honigsirup und Likörwein in ein Rührglas geben. Eis dazugeben und umrühren, um den Drink zu kühlen. In das vorbereitete Cocktailglas abseihen. Die Zitronenzeste über dem Glas leicht ausdrücken, um mit dem austretenden ätherischen Öl den Cocktail zu aromatisieren, dann entsorgen.

risshun

SMOKED UMÉ MARGARITA

Dieser an einen Margarita erinnernde Cocktail spielt auf subtile Weise mit den Erwartungen. Das Holzraucharoma des Mezcal trifft auf die dunkle Süße von Umé-shu und Oloroso-Sherry. Diese erdigen Aromen erhalten eine frische Note durch den Limettensaft und einen Hauch von Anis durch Peychaud's Bitters. Auf dem Papier mag die Mischung etwas einschüchternd klingen, aber die frischen Zitrusfrüchte sorgen für Sonnenschein im Glas – ein wunderbarer Drink für einen kühlen Frühlingsabend.

Für 1 Glas

3 cl Fidencio Clásico Mezcal

2,25 cl Umé-shu (s. S. 317)

3 cl El Maestro Sierra Oloroso (15 Jahre alter Sherry)

2,25 cl frisch gepresster Limettensaft

0,75 cl Zuckersirup (s. S. 318)

2 Spritzer Peychaud's Bitters

Garnitur: Zitronenzeste

Eiswürfel in ein gekühltes Cocktailglas geben. In einem Shaker Mezcal, Umé-shu, Oloroso-Sherry, Limettensaft, Zuckersirup und Peychaud's Bitters mit Eis schütteln. In das Cocktailglas abseihen. Die Zitronenzeste über dem Getränk leicht ausdrücken, um mit dem austretenden ätherischen Öl den Cocktail zu aromatisieren, dann entsorgen.

risshun

SILKEN CHOCOLATE MARTINI

Der erste Schokoladen-Martini, den ich zuzubereiten lernte, enthielt den ungemein reichhaltigen Schokoladenlikör von *Godiva*. Damals fand ich ihn köstlich, aber heute verlangt mein Gaumen nach einem minimalistischeren und raffinierteren Ansatz. Diese Variante ist üppig und gleichzeitig nuanciert. Die subtilen Vanille- und Schokoladennoten der Crème de Cacao treffen auf die Mais- und Gerstenaromen von Nikka Coffey Vodka, die durch die Fruchtigkeit des Pineau des Charentes gemildert werden. Der Cocchi Americano Rosa fügt blumige Rosen- und Himbeertöne hinzu. Gersten-Shōchū ist eine weitere Option für die Basisspirituose, wenn kein Nikka Coffey Vodka verfügbar ist oder man eine andere Variante ausprobieren möchte.

Für 1 Glas

3,75 cl Nikka Coffey Vodka
oder Mizu Saga Barley Shōchū

1,5 cl Pineau des Charentes

0,75 cl Tempus Fugit Spirits
Crème de Cacao

0,75 cl Cocchi Americano Rosa

Garnitur: 1 Stängel Schokoladenminze

Wodka oder Shōchū, Pineau des Charentes, Crème de Cacao und Cocchi Rosa in ein Rührglas geben. Eis hinzufügen und umrühren, um den Drink zu kühlen. In ein gekühltes Cocktailglas abseihen. Mit einem Stängel Schokoladenminze garnieren.

VALENTINSTAG IN JAPAN

Der Valentinstag ist einer der vielen westlichen Feiertage, die in Japan übernommen wurden, aber die Bräuche rund um diesen Tag unterscheiden sich leicht. Am 14. Februar ist es üblich, dass Frauen Schokolade verschenken. Aber nicht nur an den Lieblingsmann, sondern auch an Schulkameraden und Arbeitskollegen als Ausdruck der Dankbarkeit. Einen Monat später sind am White Day diejenigen, die am Valentinstag Schokolade erhalten haben, aufgefordert, sich mit Blumen oder weißer Schokolade zu revanchieren.

usui

SCHNEEFALL WIRD ZU REGEN

Der Regen befeuchtet den Boden, der Nebel beginnt zu verweilen, das Gras sprießt und die Bäume knospen

Die Saké-Produktion findet traditionell von Spätherbst bis Winter statt, und den ersten Shinshu oder neuen Saké gibt es, wenn die Umé-Bäume im ganzen Land erblühen. Es ist der frischeste Saké, den man jemals kosten kann – so als stünde man in der Kura (Saké-Brauerei) und würde einen Schluck direkt aus dem Tank nehmen, denn der junge Saké ist auch nama (nicht pasteurisiert). Zu diesem Anlass schmücken die Izakaya und Bars ihre Türschwellen mit einer handgefertigten Kugel aus japanischen Zedernzweigen, genannt Sugidama. Im Laufe der Zeit verblassen die Zweige von einem satten Smaragdgrün zu einem gedämpften Bronzeton – eine visuelle Darstellung des Zyklus' der Saké-Produktion. In Bars trinken wir Shinshu flaschenweise oder aus der Karaffe, oft zu gegrilltem Fisch oder Hōrensō no goma miso aé, einem Gericht mit leicht blanchiertem Spinat mit Sesam-Miso-Dressing. In moderneren Bars findet man manchmal Cocktails, die auf die Farben der Saison abgestimmt sind, wie der geschichtete rosa-grüne Hishimochi-Bitter-Soda (rechte Seite).

HISHIMOCHI-BITTER-SODA

Während das Land auf die Blüte der Sakura-Bäume wartet, bietet der Feiertag Hinamatsuri (was so viel wie Puppenfest oder Mädchentag bedeutet) einen ersten Vorgeschmack auf die Farben der Saison. In einigen ländlichen Gegenden ist immer noch eine Tradition lebendig, bei der Papier- oder Strohpuppen flussabwärts schwimmen gelassen werden, um das Böse, die Krankheit und die Depressionen, die mit dem Winter kommen, zu vertreiben. Es ist auch eine Gelegenheit, um Mädchen zu feiern und ihnen Gesundheit und Glück für das Jahr zu wünschen. Und keine Sorge: Auch Jungen bekommen ihren besonderen Tag.

Hishimochi ist ein rautenförmiges Festtagsdessert, das man an diesem Tag isst. Das Wagashi hat von oben nach unten drei Schichten – rosa, weiß und grün –, die für Sicherheit, Reinheit und Gesundheit bzw. langes Leben stehen. Inspiriert von den farbenfrohen Schichten und der Absicht, die hinter Hinamatsuri steht, habe ich diese Bitter-Soda-Variante kreiert, die mit Matcha-Sirup als unterster Schicht serviert wird, gefolgt von Club Soda und einem großzügigen Spritzer Peychaud's Bitters. Der Matcha verleiht dem Getränk eine halbsüße, pflanzliche Eigenschaft, die sich in Verbindung mit dem Club Soda öffnet, während die Bitterspritzer Noten von Anis und anderen weihnachtlichen Gewürzen hinzufügen. Man kann den Cocktail in Schichten trinken oder vermischt – er ist immer farbenfroh und köstlich zugleich.

Für 1 Glas (Foto auf S. 121)

¼ TL Matcha-Pulver
3 cl heißes Wasser (ca. 55 °C)
9–12 cl Club Soda
2,25 cl Zuckersirup (s. S 318)
Garnitur: 5–7 Spritzer Peychaud's Bitters

Ein Collins-Glas mit Eis füllen, um es zu kühlen. Den Matcha durch ein Teesieb in eine Schale oder flache Schüssel sieben. Das heiße Wasser hinzufügen und mit dem Schneebesen zu einer Paste verrühren. Den Zuckersirup dazugeben und mit dem Schneebesen einrühren. Das Eis aus dem Glas nehmen. Die Matcha-Sirup-Mischung ins Collins-Glas geben und mit zerstoßenem Eis auffüllen. Vorsichtig mit dem Club Soda aufgießen, ohne die Schichten zu zerstören. Mit dem Peychaud's Bitters garnieren und mit einem japanischen Rührstab (Madorā) oder einem wiederverwendbaren Strohhalm servieren.

MATCHA

Matcha kommt ursprünglich aus China und fand durch kulturelle Verbindungen und buddhistische Mönche nach Japan. Hergestellt aus im Schatten gewachsenen Teeblättern, durchläuft er einen speziellen Prozess des Dämpfens, Kühlens und Trocknens. Bevor die Blätter mit einer Steinmühle zu einem feinen Pulver zermahlen werden, wird der Tee Tencha genannt.

In Japan wird der Preis von Matcha durch mehrere Faktoren bestimmt: Anbau, Verarbeitung und Frische. Blätter aus erster Ernte, die unter Zelten angebaut und nur wenige Wochen nach dem Abpacken verkauft werden, sind die teuersten und werden für Teezeremonien verwendet. Derselbe Tee ein Jahr später abgepackt, wird zu einem niedrigeren Preis verkauft, weil er dann nicht mehr so frisch ist. Matcha, der aus spät und maschinell geernteten Pflanzen gewonnen ist, wird in der Regel sofort für die kulinarische Verwendung gekennzeichnet. Der Geschmack ist immer noch gut, aber er ist bitterer, und der Grünton ist weniger lebendig.

Um eine Tasse Usucha (dünnen Tee) zuzubereiten, muss das Wasser auf 65 °C erwärmt werden. Für die Zubereitung von Koicha – kräftigem oder dickem Tee, typisch für die Teezeremonie – muss das Wasser heißer sein, da weniger verbraucht wird und die Temperatur sofort bei Kontakt mit dem Tee sinkt. Ich werde mich in diesem Buch auf Usucha konzentrieren. Legen Sie dafür Chashaku (Teeschaufel) und Chakoshi (Teesieb) bereit, erwärmen Sie die Chawan (Teeschale) und wischen Sie sie mit einem sauberen Geschirrtuch ab. Sieben Sie zwei bis drei Chashaku (ca. ½ TL) Matcha in die Chawan. Übergießen Sie den Tee mit ca. 7,5 cl des zubereiteten Wassers und rühren Sie zügig aus dem Handgelenk, sodass die Spitzen des Schneebesens knapp unter der Wasseroberfläche tanzen und den Boden des Chawan nicht berühren. Schlagen Sie ihn 30 bis 45 Sekunden lang auf, bis sich eine dicke Schaumschicht an der Oberfläche gebildet hat.

Wenn ich Matcha in Cocktails verwende, verarbeite ich ihn à la minute. Mischt man Matcha im Voraus, wird er in Alkohol »gegart«, er oxidiert und verändert nicht nur seine Farbe, sondern auch seinen Geschmack. Ich verwende immer Chakoshi und Chashaku, um sicherzustellen, dass der Matcha locker schwimmt und nicht klumpt. Ich gebe ihn als letzte Zutat vor dem Schütteln in den Shaker – sogar nach dem Eis –, damit er so frisch und lebendig wie möglich bleibt. Matcha verleiht einem Cocktail einen herrlichen smaragdgrünen Farbton zusammen mit Umami-Noten aus dem Meer und manchmal einem Hauch von jungen Pilzen oder sogar Erdbeeren und Sahne im Nachklang.

HISHIMOCHI-
BITTER-SODA

(Seite 119)

usui

SAKÉ AND SONIC

Inspiriert vom Americano-Cocktail (süßer Vermouth, Campari und Sodawasser) ergibt hier ein weicher Shōchū auf Reisbasis mit japanischem Saké einen leichten und einfachen Highball. Wie der italienische Cocktail trinkt sich auch dieser wie ein Aperitif, ist aber perfekt als Begleiter für ein gemütliches Beisammensein mit Otsumami, da die süße Reisnote mit dem bitteren Tonic Water kontrastiert. Probieren Sie ein paar Saké and Sonics zusammen mit Dashimaki Tamago, Spinat mit Sesam-Miso-Dressing oder knackigem, jungem grünem Gemüse, um den Frühling gebührend zu begrüßen.

Für 1 Glas

3 cl Hakutake Ginrei Shiro (Reis-Shōchū)

3 cl Chiyonosono Shared Promise Junmai Saké

6 cl Club Soda

3 cl Tonic Water

Zwei große Eiswürfel in ein Highball-Glas geben, dann Shōchū und Saké ins Glas gießen. Vorsichtig umrühren, um die Flüssigkeiten zu kühlen. Zwei Teile Club Soda auf einen Teil Tonic Water dazugeben. Den Drink leicht vermischen, indem der Barlöffel unter das unterste Stück Eis geschoben wird. Das Eis kurz anheben, dann vorsichtig wieder absenken und den Cocktail servieren.

ROSE MANHATTAN

Japanische Bartender schrecken nicht davor zurück, handelsübliche Sirupe oder Liköre zu verwenden. Diese Manhattan-Variante feiert den Frühling mit einem blumigen Likör und einem grasigen Zuckerrohrsirup aus Martinique. Die Qualitäten von Hibiki Japanese Harmony Whisky – bananenartige Leichtigkeit, Sherry- und Rauchnoten – harmonieren hervorragend mit dem Cocchi Rosa und dem Oloroso-Sherry. Eine gute Wahl für Fans des Reverse Manhattan oder des Adonis-Cocktails: Die hellen, blumigen Noten mischen sich mit Aromen von getrockneten Rosen und Steinobst.

Für 1 Glas

4,5 cl Hibiki Japanese Harmony Whisky

1,5 cl Cocchi Americano Rosa

2,25 cl Valdespino Don Gonzalo Oloroso VOS Sherry

1 BL Petite Canne Sugar Cane Syrup (oder Zuckerrohrsirup, s. S. 318)

1 BL Combier Liqueur de Rose

Garnitur: Limettenzeste

Whisky, Cocchi Americano Rosa, Sherry, Zuckerrohrsirup und Rosenlikör in ein Rührglas geben. Eis hinzufügen und umrühren, um den Drink zu kühlen. In ein gekühltes Coupe- oder Cocktailglas abseihen. Die Limettenzeste über dem Getränk leicht ausdrücken, um mit dem austretenden ätherischen Öl den Cocktail zu aromatisieren. Dann mit der Schale am Glasrand garnieren.

<u>keichitsu</u>

INSEKTEN ERWACHEN

Überwinternde Insekten erscheinen, die ersten Pfirsichblüten, Raupen werden zu Schmetterlingen

Der Boden taut auf, und damit beginnen sich Insekten, Amphibien und andere Lebewesen zu regen. Raupen schlüpfen aus ihren Kokons und verwandeln sich in wunderschöne Schmetterlinge – als Kinder jagten wir sie mit großen, wogenden Netzen auf den Feldern gegenüber von unserem Haus. Sobald die Menschen das Erwachen von Flora und Fauna vernehmen, wagen auch sie sich nach vielen Monaten der Überwinterung nach draußen, manchmal um frische Früchte wie Erdbeeren zu pflücken. Es gibt kaum etwas Besseres, als in eine reife Beere zu beißen. So strömen die Menschen in der Erdbeersaison in die Läden, um die süßesten Früchte zu kaufen. Wenn Sie den richtigen Zeitpunkt für Ihren Besuch abpassen, bekommen Sie vielleicht eine einzelne Amaou, Benihoppé oder eine andere besondere Erdbeersorte als Otōshi in einer Cocktailbar.

keichitsu

ICHIGO SOUR

Erdbeeren wandern in dieser Jahreszeit in alle Sorten köstlichen Konfekts, auf Snack-Tabletts und in Cocktails. Ichigo daifuku (mit Erdbeeren gefüllte Omochi) sind eine klassische japanische Süßigkeit. Eine Erdbeere und süße rote Bohnenpaste werden von einer Schale aus zähem Mochi auf Reisbasis umhüllt. Um die Essenz in einem Cocktail einzufangen, verwende ich Süßkartoffel-Shōchū und Reiswodka als erdige, aber angenehm süße Basis. Luftiges Eiweiß steht für die sanfte Liebkosung durch die Omochi-Schale, während krautiger trockener Vermouth eine solide Balance zum Erdbeersirup schafft. Dieser Cocktail ist perfekt für alle, die den Clover Club mögen oder Eiweiß-Cocktails allgemein.

Für 1 Glas (Foto auf S. 128)

4,5 cl Nishi Shuzō Satsuma Hozan (Süßkartoffel-Shōchū)

1,5 cl Suntory Haku Vodka

1,5 cl Erdbeersirup (s. S. 319)

1,5 cl Noilly Prat Original Dry Vermouth

1,5 cl frisch gepresster Zitronensaft

1 Eiweiß

Garnitur: 2–3 Spritzer Peychaud's Bitters

Süßkartoffel-Shōchū, Wodka, Erdbeersirup, Vermouth und Zitronensaft in einen Shaker geben. Das Eiweiß hinzugeben und ohne Eis schütteln, damit alle Zutaten emulgieren. Dann Eis dazugeben und alles kräftig schütteln, um den Cocktail mit Kohlensäure anzureichern und zu kühlen. In ein gekühltes Cocktailglas abseihen. Mit einem Spritzer Peychaud's Bitters aromatisieren.

ICHIGO SOUR

(Seite 127)

VERWENDUNG VON EIERN IN COCKTAILS

Ganze Eier, Eigelbe und Eiweiß werden seit jeher wegen ihrer einzigartigen Textur in Cocktails verwendet. Es gibt jedoch ein paar Dinge, die zu beachten sind. Erstens sollten die Eier möglichst frisch sein. Salmonellen, die sich auf der Schale befinden könnten, können mit der Zeit durch die Membran nach innen wandern. Daher sollte man nur Eier verwenden, die völlig intakt sind, denn bei Rissen ist das Risiko einer Kontamination deutlich größer. Außerdem sollten die Eier bei einer Temperatur von unter 5 °C aufbewahrt werden.

EIER AUFSCHLAGEN

Wenn Sie für einen Cocktail ein ganzes Ei benötigen, schlagen Sie das Ei auf einer ebenen Fläche an, um eine Einkerbung zu erhalten. Dann öffnen Sie den Spalt mit den Fingern, sodass Eigelb und Eiweiß sauber herausrutschen. Ich empfehle, das Ei zuerst in ein leeres Glas aufzuschlagen und nicht gleich zu den anderen Zutaten in den Shaker zu geben. So kann man verdorbenes Ei auf Anhieb erkennen und entsorgen. Außerdem verhindert man, dass das Ei in Alkohol und Zitrusfrüchten gerinnt. Wenn Sie für einen Cocktail nur Eiweiß benötigen, schlagen Sie das Ei an und trennen Sie die Schalenhälften mit Daumen, Zeige- und Mittelfinger, eine Bewegung fast wie das Drehen eines Türgriffs. Bewegen Sie über dem Shaker das Eigelb abwechselnd von einer Schalenhälfte in die andere, während das Eiweiß in den Shaker tropft. Wiederholen Sie den Vorgang so lange, bis kein Eiweiß mehr in den Schalenhälften ist. Oder verwenden Sie einen Eiertrenner.

SCHÜTTELN MIT EIERN

Verschiedene Schritte sind erforderlich, damit Cocktails mit Ei gelingen. Schütteln Sie daher zum Beispiel zunächst trocken (ohne Eis), damit das Ei mit den anderen Zutaten emulgiert. Kurzes, heftiges Schütteln reicht, um eine schaumige Textur zu erhalten. Dann fügen Sie das Eis hinzu und schütteln nochmals. Wenn der Cocktail einzudicken beginnt und die Eiswürfel sich langsamer bewegen, seihen Sie den Cocktail ab.

SAUBERKEIT UND EIER

Abschließend empfehle ich, einen Shaker und ein Sieb speziell für Cocktails auf Basis von Ei zu verwenden, damit keine Eiweißreste den Geschmack anderer Cocktails beeinträchtigen. Reinigen Sie die Werkzeuge nach dem Mixen gründlich.

keichitsu

KISS OF FIRE

Den nach einem Song von Louis Armstrong benannten Cocktail kreierte der Bartender Kenji Ishioka. Er gewann damit den ersten Platz im *All-Japan-Drink*-Wettbewerb 1953. Während der Drink nie den Weg ins Ausland fand, erlangte er in Japan schnell den Status eines modernen Klassikers – vor allem in Ōsaka, wo ihn Ishiokas Enkel Yūji Uyama auf die Karte seiner Bar *Trickies* setzte. Die Geschmackskombination ist überraschend, da die roten Früchte des Schlehen-Gins (Sloe Gin) die Schärfe des Wodkas und des trockenen Vermouth ausgleichen. Das Getränk hat einen Säuregehalt, der mir das Wasser im Mund zusammenlaufen lässt, aber der Zuckerrand sorgt für einen süßen Ausgleich.

Für 1 Glas

2,25 cl Suntory Haku Vodka

2,25 cl Sipsmith Sloe Gin

2,25 cl Noilly Prat Original Dry Vermouth

1 BL frisch gepresster Zitronensaft

Garnitur: 1 Zitronenscheibe und Zucker für den Glasrand

Wodka, Schlehen-Gin, Vermouth und Zitronensaft in einem Shaker mit Eis kräftig, aber nicht zu lange schütteln. Bei zu starker Verdünnung schmeckt der Cocktail wässrig. Ein Cocktailglas mit Zuckerrand vorbereiten. Dafür den Rand des Glases mit einer frisch aufgeschnittenen Zitronenscheibe befeuchten und den feuchten Rand in eine Schale mit Zucker tauchen. Den Cocktail in das Glas mit dem Zuckerrand abseihen. Mit jedem Schluck fällt ein wenig Zucker wie Schnee vom Rand. Der süße Geschmack an den Lippen erinnert an die Vergänglichkeit der Jahreszeiten.

keichitsu

WASHITSU

Die Inseln von Okinawa, einem Archipel ganz im Süden Japans, bilden das Herz des Awamori-Landes. Wenn ich an die lebendige, fröhliche Atmosphäre dort denke, fallen mir sofort tropische Drinks ein, in denen Awamori – würzig und leicht fruchtig – natürlich eine Hauptrolle spielt. Mit diesem Cocktail verleihe ich den tropischen Aromen japanische Wurzeln. Matcha ergänzt die Kombination von Awamori und weißem Rum um ein kräftiges grünes Tannin-Element, während Crème de Cacao dem Mix eine dunkle Süße verleiht. Besonders gut gefällt mir der Château d'Arlay Macvin du Jura blanc, ein französischer Mistelle (Likörwein), weil er mich an den Geruch von frischem Bambus und Tatamiböden erinnert.

Für 1 Glas

- 2,25 cl Masahiro Shuzō Shimauta Awamori
- 2,25 cl Banks 5 Island Blend White Rum
- 2,25 cl frisch gepresster Limettensaft
- 1,5 cl Tempus Fugit Spirits Crème de Cacao
- 1,5 cl Château d'Arlay Macvin du Jura (blanc mistelle; Likörwein)
- 1,5 cl Zuckerrohrsirup (s. S. 318)
- 1 Chashaku Matcha-Pulver
- Garnitur: geriebene dunkle Schokolade und Zimt

Awamori, Rum, Limettensaft, Crème de Cacao, Mistelle und Zuckerrohrsirup in einen Shaker geben. Das Matcha-Pulver hineinsieben. Einen großen Eiswürfel hinzugeben und kurz und schnell schütteln, damit sich der Matcha gut mit den anderen Zutaten vermischt und keine Klümpchen entstehen. Über Crushed Ice in ein großes Tulpenglas abseihen. Mit geriebener Schokolade und Zimt garnieren.

HINWEIS Ein Chashaku ist ein traditionelles Utensil zum Abmessen von Matcha-Pulver; es entspricht ca. 1/4 TL.

shunbun

FRÜHLINGS-TAGUNDNACHT-GLEICHE

Spatzen beginnen zu nisten, erste Kirschblüten, entferntes Donnergrollen

Wenn der Frühling in Japan eine Farbe hätte, dann wäre es Rosa. Nicht Kaugummirosa oder Babyrosa, sondern eine verführerische Mischung aus Flamingo- und Puderrosa schwebt in der Luft. Wie eine Welle entfalten sich die Kirschblüten von Nord nach Süd, von Kyūshū nach Hokkaidō, und ziehen Menschen aus der ganzen Welt an, die deren überwältigende Schönheit bewundern. Das Wetter kann sehr unterschiedlich sein – mit strahlend blauem Himmel in einigen Teilen des Landes und Donnergrollen, das Stürme ankündigt, in anderen. Wenn die saisonalen Regenfälle die Kirschblüten von den Bäumen waschen, ist das ein Moment bittersüßen Innehaltens. So traurig es ist zu sehen, wie die Blütenblätter auf Bürgersteige und in Flüsse flattern – wir wissen, dass dafür die Blätter der Bäume bald üppig grün sprießen werden. Und trösten uns mit von Sakura inspirierten Cocktails und Drinks mit Shiozakura (s. S. 141), einer salzig-süßen Konfitüre aus den vergänglichen Blüten.

shunbun

ALKOHOLFREI
SHIOZAKURA HIGHBALL

Jeder sollte die Sakura-Saison auch mit einem passenden Getränk genießen können. Deshalb habe ich einen alkoholfreien Cocktail kreiert, der von der anmutigen Schönheit der Sakura-Blüte durchdrungen ist. Die Shiozakura glänzt in Kombination mit Zitrone, während Süßkartoffel-Essig für eine gewisse Gewichtigkeit sorgt. Für Fans von Getränken wie Kombucha oder gesalzener Limonade ein göttliches Getränk mit ausgewogener Balance.

Für 1 Glas

0,75 cl Shiozakura-Salzlösung (s. S. 316)

2,25 cl lila Süßkartoffel-Essig-Sirup (Rezept s. unten)

1,5 cl frisch gepresster Zitronensaft

Club Soda zum Auffüllen

Garnierung: 1 Stängel frische Minze und 1 Shiozakura-Blüte, abgespült (s. S. 141)

In einem Rührglas Shiozakura-Salzlösung, Süßkartoffel-Essig-Sirup und Zitronensaft mit Eis verrühren und kühl stellen. Über frisches Eis in ein Collins-Glas abseihen. Mit Club Soda auffüllen. Mit einem Stängel frischer Minze und einer Blüte garnieren.

LILA SÜSSKARTOFFEL-ESSIG-SIRUP

In einer großen Schüssel 125 ml Beniimosu (lila Süßkartoffel-Essig), 400 g Kristallzucker und 250 ml zimmerwarmes gefiltertes Wasser verquirlen, bis sich der Zucker vollständig aufgelöst hat. Im Kühlschrank bis zu 3 Wochen haltbar. Ergibt 475 ml.

SAKURA COLLINS

SHIOZAKURA HIGHBALL

(Seite 135)

shunbun

SAKURA COLLINS

Der klassische Tom Collins ist frisch, fröhlich und heiter – eine wunderbare Wahl fürs Frühjahr. Um eine Version für die Sakura-Saison zu kreieren, habe ich der Standardkombination aus Gin, Zitronensaft und Soda ein paar besondere Akzente mit Kirschblüten gegeben. Mit Roku-Gin, Sakura-Vermouth und der Salzlösung bekommt der sprudelnde Cocktail eine blumige Qualität, die zwischen Rosen und Geißblatt schwankt, verstärkt von einem Hauch von Zimt und Salz und schließlich einer Fruchtnote, die mich an Sauerkirschen, Aloe und Pfirsiche denken lässt. Das Getränk verwandelt sich in ein Kunstwerk, wenn die Blumengarnitur im Glas schwebt.

Für 1 Glas

4,5 cl Suntory Roku Gin

0,75 cl Mancino Sakura Vermouth

0,75 cl Shiozakura-Salzlösung (s. S. 316)

1,5 cl frisch gepresster Zitronensaft

1,5 cl Zuckersirup (s. S. 318)

Club Soda zum Auffüllen

Garnitur: abgespülte Shiozakura-Blüten (s. Hinweis)

Gin, Sakura-Vermouth, Shiozakura-Lösung, Zitronensaft und Zuckersirup in einem Collins-Glas vermengen. Etwas Eis hinzufügen und kurz umrühren, damit sich die Zutaten verbinden. Das Glas mit weiterem Eis und einem Spritzer Club Soda auffüllen. Mit ein paar Shiozakura-Blüten garnieren – dafür diese mit einer Pinzette oder dem dreizackigen Ende eines Barlöffels so im Glas arrangieren, dass sie im Cocktail tanzen, während man ihn schlürft.

HINWEIS Informationen zu Shiozakura-Blüten auf Seite 141: Für diesen Cocktail verwende ich Blüten, die bei der Herstellung der Salzlösung übrig geblieben sind.

shunbun

KIRSCHBLÜTE

Viele Bartender auf der ganzen Welt kreieren Cocktails als Hommage an die Sakura-Saison. Der Allererste aber war vermutlich der von Tasaburō Tao, der 1923 das renommierte *Café de Paris* in Yokohama eröffnete. Sein Cocktail mit Cognac, Heering Cherry Liqueur (Kirschlikör), Grenadine, Zitronensaft und Curaçao hat sich einen Platz als Standardcocktail erobert und trägt den begehrten Namen Cherry Blossom (Kirschblüte). Das Getränk ist von kräftigem Rot – mehr wie Kirschen statt der blassrosa und weißen japanischen Kirschblüten. Aus diesem Grund vermutet man, dass Tao das Getränk für westliche Touristen und Geschäftsleute kreiert hat, die Yokohama besuchten, um ihnen einen Geschmack von Heimat zu vermitteln. Ob es stimmt oder nicht, ich mag die Geschichte.

Wie viele andere Getränke, die vor rund hundert Jahren erfunden wurden, ist auch Taos Originalcocktail sehr süß, für unsere Gaumen heute zu sehr. Daher habe ich für meine Version des Drinks die Grenadine weggelassen und die Zitruselemente verstärkt. Und ich habe Royal Combier Grande Liqueur gewählt mit einem Bouquet aus Orange, Vanille und anderen Gewürzen. Das Herzstück des Cocktails bleibt erhalten, wobei der Kirschlikör durch Noten von Vanille und Eiche unterstützt wird. Er behält eine kräftige Süße, die sich meiner Meinung nach am besten für einen Dessertcocktail eignet – vielleicht zusammen mit sehr dunkler Bitterschokolade oder einer Käseplatte. Ich serviere solche Cocktails in kleineren Mengen – als eine Art Schlummertrunk. Für eine große Menge verdoppeln Sie einfach das Rezept.

Für 1 Glas

1,5 cl H by Hine VSOP Cognac

1,5 cl Heering Cherry Liqueur (Kirschlikör)

1 BL frisch gepresster Zitronensaft

1 BL Royal Combier Grande (Orangenlikör)

Cognac, Kirschlikör, Zitronensaft, Orangenlikör und Eis in einen Shaker geben. Zum Abkühlen schütteln, dann in ein gut gekühltes Cocktailglas abseihen.

shunbun

SAKURAZUKÉ MARTINI

Wenn die Sakura-Saison anbricht, bereiten wir rosafarbene Snacks zu, darunter Sakuramochi – sakurafarbene Mochi, gefüllt mit Koshian (süßer roter Bohnenpaste) und eingewickelt in eingelegte Sakura-Blätter. Die Koshian schmeckt süß und erdig, fast wie schwarzer Pfeffer an salzigem Sakura-Reis, und die Umhüllung aus eingelegten Sakura-Blättern schmeckt nach süßem Zimt und frischen Tabakblättern. Dieser Cocktail ist eine Hommage an den Snack. Der Saké, der den Reis repräsentiert, verleiht dem Getränk eine sanfte Basis, während der Sakura-Vermouth ein leicht süßes und blumiges Bouquet beisteuert. Campari schleicht sich mit seinen kräftigen Grapefruit- und Nelkenaromen dazu und sorgt für ein wunderschönes Karminrot im Glas. Wie eine große Grapefruitscheibe, die in Salz getaucht wird, ist dies ein Cocktail für alle, die eine verwegene Note in ihren Drinks mögen.

Für 1 Glas

4,5 cl Amabuki Gin no Kurenai Junmai Saké

1,5 cl Mancino Sakura Vermouth

2,25 cl Campari

1 BL Shiozakura-Salzlösung (s. S. 316)

Garnitur: 1 Shiozakura-Blüte und 1 Zitronenzeste

Saké, Sakura-Vermouth, Campari und Shiozakura-Salzlösung in ein Rührglas geben. Eis hinzufügen und umrühren, um den Drink zu kühlen. Die Sakura-Blüte auf den Boden eines gekühlten Cocktailglases legen. Den Cocktail über die Sakura-Blüte abseihen, sodass die Blütenblätter einen kleinen Frühlingstanz aufführen. Die Zitronenzeste über dem Glas leicht ausdrücken, um mit dem austretenden ätherischen Öl den Cocktail zu aromatisieren, dann entsorgen.

SHIOZAKURA

Unter den Hunderten von Sakura-Sorten ist die Yaezakura die Blüte der Wahl zum Einlegen. Die doppelblättrige Sorte mit einer Vielzahl an blassrosafarbenen Blütenblättern erinnert an die Rüschen eines Ballerina-Tutus. Die Blüten werden gerne für die Herstellung von Wagashi genutzt oder in Onigiri-Snacks für Sakura-Picknicks. Ich verwende Shiozakura in Cocktails wegen der Salznote, des Hauchs weihnachtlicher Gewürze und ihres unvergleichlichen Bouquets. Wenn man das Salz von den Blüten abwäscht, erhält man zum einen eine essbare Garnierung, zum anderen eine blumige Salzlösung, die man für Cocktails mit und ohne Alkohol verwenden kann.

shunbun

DELICATE REFUSAL

Als ich die Bar des *GreenRiver* in der Chicagoer Innenstadt leitete, kreierte ich diesen Drink, um die herrschenden Meinungen über Sakura-Cocktails zu widerlegen. Dazu verwendete ich Zutaten, die den Kirschbaum als Ganzes repräsentieren. Die grünen Noten von Tequila blanco und Sotol stehen für die Erde – wie die mit Flechten überzogene Rinde an der Basis des Baumes. Verjus blanc, Aprikosen-Eau-de-Vie, Grapefruit-Likör und Fino Sherry repräsentieren die Blüten, und der Bitter schließlich steht für den Frühlingsregen, der die Blüten wegspült. Ein Frühlingscocktail für Martini-Liebhaberinnen und -Liebhaber.

Beim Einschenken des Cocktails blüht die Blume vor den Augen der Gäste in der Flüssigkeit auf – ein Symbol für die Ankunft des Frühlings. Die rosa Schicht wird schließlich von den Bitters abgewaschen – so, wie Frühlingsschauer die Kirschblüten davontragen.

Für 1 Glas

1 Shiozakura-Blüte, abgespült (s. S. 141)
3 cl Tequila Fortaleza Blanco
1 BL Sotol Por Siempre
0,75 cl Verjus blanc
0,75 cl Blume Marillen Apricot Eau de Vie
0,75 cl Combier Crème de Pamplemousse Rose (Grapefruit-Likör)
2,25 cl Valdespino Inocente Fino (Sherry)
Garnitur: 5 Spritzer Peychaud's Bitters

Die Shiozakura-Blüte in ein gekühltes Cocktailglas geben und beiseitestellen. Tequila Blanco, Sotol, Verjus blanc, Aprikosen-Eau-de-Vie, Grapefruit-Likör und Sherry in ein Rührglas geben. Eis hinzufügen und umrühren, um den Drink zu kühlen. In das vorbereitete Cocktailglas abseihen. Mit Peychaud's Bitters (ca. fünf Spritzer) abschließen, sodass eine dunkelrosa Schicht den Cocktail überzieht.

HINWEIS Manchmal ist es besser, einen Cocktail mit Bitters zu besprühen, statt diese als Spritzer oder tropfenweise dazuzugeben, denn beim Sprühen wird die Oberfläche des Getränk von einer leichten, gleichmäßigen Schicht überzogen. Ich verwende dafür gern kleine Glaserstäuber, die man online in verschiedenen Größen kaufen kann. Wenn Sie Bitters auf einen Cocktail sprühen, machen Sie zuerst einen Test abseits vom Getränk, um ein Gefühl dafür zu bekommen, wie intensiv der Sprühstrahl ist. Halten Sie den Zerstäuber weit genug vom Glas entfernt, damit die Flüssigkeit nicht überläuft, aber auch nicht so weit, dass die Sprühwolke die ganze Bar benebelt.

seimei

REINES SONNENLICHT

Schwalben kehren zurück, Wildgänse fliegen gen Norden, erste Regenbögen

Der erste Frühlingsregen kam und ging, und mit ihm die rosa Wolken der Sakura-Blüten. Wenn wir Glück haben, blühen die Bäume vielleicht noch vor dem ersten Schultag, der normalerweise am siebten oder achten April ist. Die Luft wird wärmer, und manchmal kann man eine Wolke erblicken, die vor der Sonne aufbricht und einen Regenbogen hinterlässt. Ein belebendes Gefühle weckt den Wunsch nach Neubeginn – sei es in der Schule oder bei der Arbeit. In dieser Zeit des Jahres freuen wir uns auch über frisches Grün – insbesondere über Kinomé, die winzigen Blattbüschel des Sanshō-Baums. Mit seiner Zitronennote ist Kinomé eine meiner Lieblingszutaten für Cocktails (wie im Kinomé Martini, s. S. 149). Es wird zunehmend auch als Botanical für Gins aus Japan verwendet.

seimei

MOMOSÉ MARTINI

»Seimei« bedeutet klar, hell und rein. Ähnlich wie ein guter Martini, der meiner Meinung nach rein, knackig und belebend sein sollte. Trockene Gin-Martinis gibt es reichlich in japanischen Cocktailbars, und jeder Masutā (Master Bartender) hat seine eigenen Vorlieben bei der Zubereitung. Meist sind die Martinis in Japan trocken und werden mit gekühltem Gordon's, Bombay Sapphire oder Beefeater und mit Noilly Prat Original Vermouth – normalerweise 5:1 Gin zu Vermouth – zubereitet. Auch im Kumiko bevorzuge ich das 5:1-Verhältnis und greife für unseren Haus-Martini zu *Suntory Roku Gin* aus der Tiefkühltruhe oder für einen Martini mit mehr Körper zum Ki No Bi Dry Gin von *The Kyōto Distillery*.

Für Momente, die nach etwas noch Extravaganterem verlangen, habe ich einen besonderen Martini kreiert, der meinem persönlichen Geschmack entspricht. Ich verwende dafür Noilly Prat Original Dry Vermouth, zu gleichen Teilen Ki No Tea Gin und Monkey 47 Gin sowie Yuzu-Bitter der Marke *The Japanese Bitters* (s. S. 146). Ich kühle das Cocktailglas zunächst, indem ich Crushed Ice hineingebe und mit dem Vermouth übergieße. Dann gieße ich den Vermouth und das zerstoßene Eis in ein Glas mit Absinth und serviere diesen Drink als Aperitif. Im Martini selbst vereinen sich japanische und deutsche Gin Botanicals, und der Yuzu-Bitter verleiht ihm Leuchtkraft. Was sich kompliziert anhört, ist für mich ein befriedigendes Ritual und ein tolles Cocktail-Erlebnis.

Für 1 Glas (Foto auf S. 147)

6–9 cl Noilly Prat Original Dry Vermouth

3,75 cl The Kyōto Distillery Ki No Tea Kyōto Dry Gin

3,75 cl Monkey 47 Schwarzwald Dry Gin

21 Tropfen The Japanese Bitters Yuzu Bitters (ca. 1 1/2 Spritzer)

1,5 cl Absinth

Garnitur: 1 Zitronenzeste, 1 Zitronenspirale, Oliven

Ein kleines Cocktailglas mit zerstoßenem Eis füllen und den Noilly Prat hineingeben. In einem Rührglas beide Gins und die Bitters vermischen. Eis hinzufügen und zum Kühlen umrühren. Nun den Inhalt des vorbereiteten Cocktailglases in einen Tumbler umfüllen, den Absinth daraufgießen und als Aperitif servieren. Den Martini in das Cocktailglas abseihen und dabei einen Teil davon in einen Sidecar auf ein Bett aus Crushed Ice geben. Die Zitronenzeste über dem Glas leicht ausdrücken, dann entsorgen. Die Zitronenspirale und die Oliven vorsichtig auf dem Eis im Sidecar drapieren, damit sie kalt bleiben (s. Hinweis S. 146).

JAPANISCHE BITTERS

Viele Bartender in Japan neigen dazu, ihre Getränke mit bekannten Marken von Spirituosen und Bitters zuzubereiten, aber Yuki Yamazaki kreierte seine eigene Linie von Bitters, die eindeutig japanisch sind. *The Japanese Bitters* debütierte 2018 in Japan und begann auch schon bald mit dem Export ins Ausland. Die erste Geschmacksrichtung – Shiso Bitter – ist scharf, würzig und krautig mit einer Tiefe, die an einen Amaro erinnert, und verströmt gleichzeitig Frische. Die zweite Geschmacksrichtung – ein Umami Bitter – ist der geschmacksintensivste des Trios, hergestellt mit Kombu, Bonito und Shiitake und einem Hauch von Yuzu, an Dashi erinnernd. Der Yuzu Bitter schließlich ist ein Klassiker. Mit blumigen Noten und Zitrusnoten ist er die ideale Ergänzung zu einem Sherry und Soda, einem spritzigen Gin Tonic, einem Shōchū auf Eis oder für den Momosé Martini (s. S. 145 und gegenüberliegende Seite).

HINWEIS Bei Getränken wie dem Martini, der am besten eiskalt schmeckt, servieren Bartender den Cocktail manchmal in einem kleineren Glas als üblich und den Rest in einem karaffenähnlichen Gefäß, einem sogenannten Sidecar. Ich stelle den Sidecar immer auf Crushed Ice, damit die Flüssigkeit gut gekühlt bleibt. Wenn der Gast den ersten Teil seines Cocktails geleert hat, kann das Glas mit eiskalter Flüssigkeit aus dem Sidecar aufgefüllt werden, sodass der Gast immer ein perfekt gekühltes Getränk genießen kann.

MOMOSÉ MARTINI

(Seite 145)

seimei

KINOMÉ MARTINI

Um die kurze Saison der Kinomé (Sanshō-Blätter) zu feiern, habe ich eine Martini-Variante mit Nikka Coffey Gin kreiert, der wunderbar mit Sanshō harmoniert. Dazu passt japanischer Bermutto, der mit Vermouth verwandt ist und mit Yuzu, Kabosu (einer Zitrusfrucht, die in Ōita und Kyūshū wächst) und Beifuß hergestellt wird. Er mildert die Spitzen des Gins, während er das Sanshō-Aroma verstärkt. Noilly Prat Original Dry Vermouth ist ein geeigneter Ersatz für den Bermutto, lässt aber die robuste Qualität, die die Reisspirituose bietet, vermissen. Wenn er frisch eingeschenkt wird, strotzt dieser Martini nur so vor spritzigen Zitrusnoten mit einem belebenden Sanshō-Abgang. Er erinnert mich an die Stimmung auf einem Spaziergang durch einen japanischen Wald an einem kühlen Frühlingsmorgen, wenn die Sonnenstrahlen auf den Blättern tanzen.

Für 1 Glas

4,5 cl Nikka Coffey Gin

4,5 cl japanischer Bermutto
oder trockener Vermouth

Garnitur: 1 Kinomé-Zweig

Den Gin und den Bermutto in einem Rührglas verrühren. Eis hinzufügen und zum Kühlen umrühren. In ein gekühltes Cocktailglas abseihen. Ich empfehle, einen Sidecar mit Eis vorzubereiten (s. Hinweis S. 146), damit der Martini so kalt wie möglich bleibt. Zum Dekorieren die Kinomé-Blätter mit einer Zange kurz andrücken, um die ätherischen Öle freizusetzen. Die Blätter sind kräftig – kräftiger als Minze – und vertragen etwas Druck. Dann als Garnitur auf den Drink legen. Die Blätter sind essbar, aber ich schlage vor, zunächst ein Blatt zu probieren, um den kräftigen Geschmack einzuschätzen.

JAPANISCHER BERMUTTO

Eine der aufregendsten Zutaten, die in den letzten Jahren aus Japan kamen, ist der japanische Bermutto der Marke *Oka*, ein »Vermouth« auf Nihonshu-Basis, der in Zusammenarbeit mit der *Tsutsumi Destillery* hergestellt wird, die seit über 140 Jahren traditionellen Shōchū produziert. Als Basis dienen Saké und Reis-Shōchū (weshalb er nicht als Vermouth bezeichnet werden kann), die um vier typisch japanische Zutaten ergänzt werden: Sanshō, Kabosu (eine Zitrusfrucht), Yomogi (Beifuß) und Yuzu. Mit 18 % hat er eine angenehme Stärke. Verwendet in geschüttelten Cocktails, verschmelzen die säuerlichen Elemente problemlos mit Zitrusfrüchten und behalten dabei ihre krautigen, pfeffrigen und bitteren Noten.

seimei

KUMIKO BLOODY MARY

An Bloody Mary denke ich vor allem im Frühling, wenn mich die Sonne früher aus dem Bett treibt als sonst. In Japan wird der Brunchdrink normalerweise nur mit Wodka, Tomatensaft und Zitrone zubereitet. Die Garnitur ist ähnlich minimalistisch – manchmal eine Selleriestange, eine Prise Salz oder gemahlener schwarzer Pfeffer. Ich biete eine Bloody Mary an, die fast identisch ist mit der, die in Japan serviert wird. Um allen Vorlieben gerecht zu werden, biete ich sowohl Gin als auch einen selbst aromatisierten Wodka als Basis an – insbesondere Nikka Coffey Gin wegen seiner Sanshō-Noten oder den eleganten Suntory Haku Vodka, der mit rosa Pfefferkörnern, Hibiskus, Salz und Wasabi infusioniert ist.

Für 1 Glas

3,75 cl Nikka Coffey Gin oder mit Gewürzen infusionierter Wodka (s. S. 320)

12 cl V8 Original Vegetable Juice oder anderer kräftiger Tomatensaft

1 BL frisch gepresster Zitronensaft

Garnitur: 1 Zitronenspalte

Ein Glas mit Eis füllen. Die Spirituose der Wahl, Tomaten- und Zitronensaft über das Eis gießen und vorsichtig umrühren. Auf einer Untertasse mit einem japanischen Rührstab (Madorā) und einer Zitronenspalte servieren.

WASABI

Außerhalb Japans denken die meisten Menschen bei Wasabi wahrscheinlich an diese grüne, höllisch scharfe Paste, die auf Sushi-Platten serviert wird, oder an die grüne Plastiktube, die man in Lebensmittelgeschäften findet. Dabei handelt es sich in der Regel um westliche Imitationen von echtem Wasabi. In Japan wird echter japanischer Wasabi »hon« genannt. Dasselbe Wort verwendet man für echten Shōchū (Honkaku). Wenn wir von Hon-Wasabi sprechen, meinen wir den unter der Erde wachsenden Stängel der Pflanze, unter dessen brauner, gewellter Schale sich pastellgrünes Fruchtfleisch mit grasigem, holzigem und blumigem Duft verbirgt.

Geriebener Wasabi setzt eine scharfe Verbindung frei, die auch in Senföl, Radieschen und Meerrettich vorkommt. Die Schärfe von Hon-Wasabi ist nicht so penetrant wie die von Imitaten, die tatsächlich Senf und Meerrettich enthalten. Hon-Wasabi ist ein klassisches Beispiel für Yakumi – eine Garnitur, die den Appetit anregen und die Verdauung fördern soll. Bei der Verwendung von Wasabi in japanischen Gerichten (oder Cocktails wie diesem hier) empfehle ich den echten.

kokuu

NÄHRENDER REGEN

Das erste Schilf sprießt, der letzte Frost, Reissetzlinge wachsen, Pfingstrosen blühen

Die letzten Fröste verabschieden sich und machen Platz für neues Wachstum. In Südjapan kauern Bäuerinnen und Bauern auf den Feldern und pflanzen Reissetzlinge in langsamem Takt – Pflanze um Pflanze um Pflanze – und schaffen so die Voraussetzungen für eine reiche Ernte. Wenn der Bambus beginnt, sich durch die Erde zu schieben, essen wir Takenoko Gohan – einen Reis, der mit zarten Bambussprossen gedämpft wird. Dazu trinken wir kräftigen Grüntee, wenn die erste Ernte des Jahres eintrifft. Die wertvollsten und teuersten Tees aus den allerersten Blättern der Pflanze werden Shincha (neuer Tee) genannt. Diese Blätter verströmen Aromen, die sich während der langen Wintermonate gebildet haben. Sie werden traditionell von Hand gepflückt, um die Blätter nicht zu beschädigen.

kokuu

GIMLET

Der klassische Gin Gimlet aus den 1920er-Jahren, wie er in Harry MacElhones *Harry's ABC of Mixing Cocktails* zu finden ist, besteht zu gleichen Teilen aus Gin und Limettensirup. Wegen seiner klaren Struktur ist er bei japanischen Bartendern sehr beliebt. Der Limettensirup erweckt den Gimlet zum Leben – der bittere Unterton ergänzt den Gin besser, als es frischer Limettensaft könnte. Rose's Lime Cordial und insbesondere Cocktail Lime werden in japanischen Cocktailbars immer noch oft verwendet, obwohl ich immer häufiger sehe, dass Bartender stattdessen auf frischen Limettensaft und Zuckersirup zurückgreifen. Im Ausland hat der starke Zuckergehalt viele Bartender dazu bewogen, ihre eigenen Versionen zu kreieren. Ich bin da keine Ausnahme. Der Cocktail hat nur zwei Zutaten, sodass die Qualität des Gins oder Wodkas, den Sie wählen, den Unterschied zwischen einem guten und einem fantastischen Gimlet ausmachen kann. Als Basis empfehle ich deshalb ein Produkt aus Japan.

Für 1 Glas

6 cl Suntory Haku Vodka
oder Nikka Coffey Gin

2,25 cl Limettensirup (s. S. 318)

In einem Shaker die bevorzugte Spirituose und den Limettensirup mit Eis vermengen. Schütteln und in ein Coupe-Glas abseihen. Ich serviere meinen Gimlet am liebsten mit an der Oberfläche schwimmenden Eissplittern. Der Drink schmeckt aber auch sehr gut, wenn er über ein paar Eiswürfel gegossen wird. In diesem Fall sollte man nicht so lange schütteln, damit der Cocktail nach dem Abseihen noch verdünnt werden kann.

kokuu

RYŪKYŪ GIMLET

Bei dieser Variante des klassischen Gimlet kontrastieren die komplexen Aromen von Awamori und Shōchū mit der Leichtigkeit von frischem Limettensaft. Ein Drink wie der Frühling – blassgrün und lebendig, mit Erinnerungen an regengeküssten Bambus, würzigen Shiitake und vollmundige Limette. Wer einen Daiquiri mit Rhum Agricole oder eine Margarita mit Mezcal mag, sollte diesen Drink probieren und wird angenehm überrascht sein.

Für 1 Glas

3 cl Masahiro Shuzō Shimauta Awamori

1,5 cl Mizu Saga Shōchū (Gersten-Shōchū)

2,25 cl Mizu Green Tea Shōchū (Grüntee-Shōchū)

2,25 cl frisch gepresster Limettensaft

1,5 cl Zuckersirup (s. S. 318)

Garnitur: 1 Limettenzeste

Awamori, Gersten-Shōchū, Grüntee-Shōchū, Limettensaft und Zuckersirup mit Eis in einen Shaker geben. Kräftig schütteln, um den Drink zu kühlen und zu belüften. In ein Cocktailglas abseihen, dabei einige Eissplitter mit ins Glas gleiten lassen. Mit der Limettenzeste garnieren.

kokuu

RYOKUCHA-HI

»Ryokucha« heißt übersetzt »grüner Tee« – eine große Kategorie mit vielen Unterkategorien. Tee wird in Japan nicht immer in Cocktails verwendet, aber in Izakayas findet man ihn in einem Drink namens Ryokucha-Hi, einem einfachen Highball aus Shōchū und grünem Tee. Diese Version wurde von Genmaicha inspiriert, einer traditionellen Mischung aus geröstetem Reis und grünem Tee. Der Reis wird hier durch einen milden Shōchū repräsentiert, der Tee ist ein Cold-brew-Sencha, den ich in den wärmeren Monaten wegen seiner Ausgewogenheit von tropischen Früchten und Umami-Eigenschaften bevorzuge.

Für 1 Glas

4,5 cl Reis-Shōchū

9–12 cl Cold-brew-Sencha (s. S. 320)

Garnitur: essbare Blüten oder frische Kräuter

Ein Collins-Glas mit Eis füllen. Den Reis-Shōchū und den gekühlten Sencha über das Eis ins Glas gießen und umrühren, um den Drink zu kühlen. Nach Bedarf mit frischem Eis auffüllen. Mit essbaren Blüten oder aromatischen Kräutern garnieren. Ich verwende Levkojen bei *Kumiko* wegen des Vanillearomas und des hübschen Kontrasts von lila Blüten und pastellgrünem Cocktail.

kokuu

GLYZINIE

Glyzinienblüten bekommen nicht so viel Aufmerksamkeit wie die Sakura, aber für viele Japanerinnen und Japaner ist ihre Wiedergeburt im späten Frühjahr ein besonderer Moment. Fette Hummeln tanzen um die violetten Blüten, die wie saftige Trauben schwer von den weidenartigen Zweigen baumeln. Ihr Duft, in dem sich Flieder, Veilchen und Honig mischen, durchdringt die Luft. Zu Ehren dieser berauschenden Blüten habe ich diesen Cocktail erfunden, in dem Crème de Violette wegen der blumigen Qualitäten und der Farbe eine Hauptrolle spielt. Die Botanicals im Gin passen wunderbar zum Yuzu-Shu (s. S. 273), und weißer Rum bringt dezente Gras- und Vanillenoten ins Spiel. Wenn ich an diesem Cocktail nippe, freue ich mich immer über die herrliche Crème de Violette, die im Glas leuchtet und wunderbar duftet.

Für 1 Glas

3 cl The Kyōto Distillery Ki No Bi Kyōto Dry Gin

0,75 cl Banks 5 Island (weißer Rum)

½ TL Rothman & Winter Crème de Violette

2,25 cl Tsukasa Botan Yama Yuzu-Shu (Yuzu-Likör)

1,5 cl Zuckersirup (s. S. 318)

2,25 cl frisch gepresster Zitronensaft

3 Spritzer Absinth

Garnitur: 2 Zitronenzesten

Gin, Rum, Crème de Violette, Yuzu-Likör, Zuckersirup, Zitronensaft und Absinth in einen Shaker mit Eis geben. Zum Abkühlen schütteln und in ein gekühltes Coupe-Glas abseihen. Eine Zitronenzeste über dem Glas leicht ausdrücken, um mit dem austretenden ätherischen Öl den Cocktail zu aromatisieren. Mit einem weiteren Stück Zeste garnieren.

NATSU

SOMMER

In Japan herrscht im Sommer eine fiebrige, stickige Hitze. Ich erinnere mich, wie ich einmal beim Klang der Zikaden aufwachte. Ihr Summen klang wie das Crescendo Tausender Ventilatoren beim Versuch, die Hitze zu vertreiben. Die Sonne kletterte langsam am Horizont empor und bahnte sich ihren Weg durch den schwülen Dunst. Die feuchte Luft schien schwer wie eine noch von der Wäsche feuchte Decke. Unser Haus in Tomio hatte in den meisten Räumen keine Klimaanlage. Es gab eine in der Essecke und eine im Büro meines Vaters. So hockten meine Brüder und ich uns vor einen surrenden Ventilator, wenn die Temperaturen zu steigen begannen.

Auch Oyatsu, die kleinen Snacks, die Mutter zubereitete, linderten die gnadenlose Hitze. Sie schien immer genau zu wissen, was wir brauchten. Manchmal mussten die Salzdepots wieder aufgefüllt werden, nachdem der Schweiß in Strömen geflossen war. Dann wieder verlangten wir nach etwas Süßem als Gegengewicht zu bitterem Tee. Was auch immer sie servierte, es fühlte sich immer richtig an. Ich erinnere mich an Tellerchen mit Osenbei (Reiscrackern), die sie aufgefächert neben Obstscheiben servierte. Manchmal gab es dazu ein Glas kalten Mugi-Cha oder eisgekühlten Ryokucha. Ein ganz besonderes Getränk ist ein Glas hausgemachter Umé-su mit Soda. Die süß-säuerliche Note des Umé ist eine meiner liebsten Geschmacksrichtungen zu dieser Jahreszeit.

Während des japanischen Sommers muss man sich beim Besuch einer Izakaya oft durch eine dichte Wolke aus Zigarettenrauch kämpfen. Für einen Hauch von Frischluft reißen die Besitzer die Fenster auf. Cocktailbars hingegen stellen oft die Klimaanlage auf die optimale Temperatur ein und servieren eiskalte Martinis, die zur Jahreszeit passen. Während sich die meisten Bartender das ganze Jahr über auf klassische Rezepte konzentrieren, bieten modernere Bars speziell im Sommer Drinks mit frischen Früchten an.

Die japanischen Bäuerinnen und Bauern legen großen Wert auf den Anbau von Früchten, die nicht nur schön sind, sondern auch vor Reife nur so strotzen. Im Sommer gibt es nichts Besseres als reife Kirschen oder Gurken, und auch in der Cocktailbar halten frische Aromen der Saison Einzug. Myōga, eine japanische Ingwer-Sorte, inspiriert eine Mojito-Variante (s. Kamakiri S. 179) und sprudelnde Highballs schmecken noch besser in Begleitung von reifen Tomaten mit Kewpie-Mayo.

nijūshisekki natsu no ichiran

DIE MIKROJAHRESZEITEN DES SOMMERS

RIKKA | *Sommeranfang*

Midori Shōchū Sour
Spindrift
Daiquiri

GESHI | *Sommersonnenwende*

Umé Shōchū Sour
Grey Wolf

SHŌMAN | *Die ersten Blüten*

Campari Soda
Sakuranbō Americano
Elderflower Sour

SHŌSHO | *Kleine Hitze*

Murasaki Sonic
Alkoholfrei: Magenta Cooler
Suika Spritz
Apricots and Cream

BŌSHU | *Das Getreide reift*

Mojito
Kamakiri
Mugi Gin and Tonic
Alkoholfrei: Mugi Tonic

TAISHO | *Große Hitze*

Sol Cubano
TSC (Tomato-Sherry-Cobbler)
Grüne-Paprika-Margarita
Bamboo Cocktail
Kyūri Cocktail

rikka

SOMMERANFANG

Frösche beginnen zu quaken,
Würmer kommen zum Vorschein,
Bambussprossen sprießen

Verlängerte Feiertage mit mehreren freien Tagen am Stück sind in Japan selten. Anfang Mai gibt es eine Ausnahme. Die »Goldene Woche« ist eine der lang ersehnten Urlaubsperioden im Jahr. Meine Familie unternahm Ausflüge an den Strand oder an den Biwa-See, wo wir frische Blaue Sonnenbarsche und Schwarzbarsche fingen, um sie in einer Zedernholzhütte zu kochen und zu essen. Viele Bars schließen an den Feiertagen, und in den Lebensmittelgeschäften herrscht reger Betrieb, da die Leute sich mit Zutaten für Picknick-Snacks wie Onigiri (Reisbällchen) und Tamago-Sando (Eiersalat-Sandwiches) eindecken, die so einfach wie beliebt sind. Wir trinken viel gekühlten Mugi-cha und kalt gebrühten Ryokucha zu Hause, und in den wenigen geöffneten Cocktailbars spielen Früchte wie saftige Melonen die Hauptrolle.

rikka

MIDORI SHŌCHŪ SOUR

Als ich klein war, tranken wir Kurīmu-sōda oder »Sahne-Soda« in Familienrestaurants mit Soda-Brunnen, aus denen man so viel trinken konnte, wie man wollte. Anders als westliche Cream Sodas ist Kurīmu-Sōda eine Melonenlimonade mit Vanilleeis und einer Maraschino-Kirsche als Dekoration. Jedes Mal, wenn ich am Melonenlikör Midori schnuppere, denke ich daran, wie ich mit meinen Brüdern ausgeklügelte Gebräue erfand und wir das Grundrezept für Kurīmu-Sōda variierten, um unserer Mahlzeit einen süßen Akzent zu verleihen.

In der Welt der Cocktails ist Midori vielleicht am bekanntesten für seine namensgebende Rolle im Midori Sour. Der Cocktail wird aus dem Likör, Zitrussäften (oder manchmal Limonade) gemixt und mit einer Maraschino-Kirsche garniert. Erfunden wurde er im *Studio 54* in New York und war in den 1970er- und 1980er-Jahren in Amerika sehr beliebt. In meiner modernen Version kontrastieren fruchtige Noten von Melone mit den krautigen Untertönen des Grüntee-Shōchū, der dem Getränk Struktur und Komplexität verleiht. Die Grüntee-Aromen mit ihren subtilen Noten von Passionsfrucht und unreifer Banane unterstreichen die Süße des Midori. Nach und nach machen die fruchtigen Aromen jedoch den strengeren von erdigem Tee und Gerste Platz. Verspielt und lustvoll, aber dennoch ausgesprochen erwachsen, ist er eine gehobene Version des Disco-Klassikers.

Für 1 Glas (Foto auf S. 165)

4,5 cl Mizu Green Tea Shōchū (s. Hinweis)

3 cl Midori (Melonenlikör)

1,5 cl frisch gepresster Zitronensaft

1,5 cl frisch gepresster Limettensaft

1,5 cl Zuckersirup (s. S. 318)

1 Spritzer Club Soda zum Auffüllen

Garnitur: 1 Melonenkugel

Grüntee-Shōchū, Midori, Zitronensaft, Limettensaft und Zuckersirup in einen Shaker geben. Schütteln und die Mischung über frisches Eis in ein Highball-Glas gießen. Mit Club Soda auffüllen. Einen Löffel vorsichtig an der Innenseite des Glases hinuntergleiten lassen und das Eis damit nach oben schaufeln, damit sich die Zutaten vermischen. Nach Bedarf mit Eis auffüllen. Mit einer Melonenkugel garnieren und servieren.

HINWEIS Wenn kein Grüntee-Shōchū verfügbar ist, empfehle ich einen anderen Shōchū auf Reisbasis – etwas Geschmeidiges wie den Hakutake Shiro Shōchū oder Chiyonosono 8.000 Generations.

MIDORI

Das japanische Wort »midori« bedeutet »grün« – eine so einfache wie treffende Beschreibung des neongrünen Melonenlikörs, den 1964 die Firma *Suntory* auf den Markt brachte. 1971 wurde der Melonencocktail bei der Cocktail-Meisterschaft der *International Bartender's Association* (IBA) in Tōkyō vorgestellt, wo er die Aufmerksamkeit von Bartendern aus Übersee erregte. Ihre Reaktionen bewirkten, dass *Suntory* das Produkt – ursprünglich Hermes Melon nach der Likörserie des Unternehmens aus den 1950er-Jahren – in Midori Melon Liqueur umbenannte.

Midori kam 1978 über New York in die USA, wo er im *Studio 54* sein Debut erlebte. Während seiner Blütezeit in den nächsten Jahrzehnten erfanden Bartender auf der ganzen Welt smaragdgrüne Cocktails wie den Melonball (Midori, Wodka, Orangensaft und Melonenkugeln als Garnitur), Midori Sour (Midori, Zitrussäfte und Zitronenscheiben als Garnitur) und den Japanese Slipper (Midori, Triple Sec, Zitronensaft und Maraschino-Kirsche), aber als Bartender während der Cocktail-Renaissance der frühen 1980er-Jahre eher auf natürliche als künstliche Zutaten setzten, verstaubten die Midori-Flaschen in vielen Bars.

Dies veranlasste *Suntory*, das Rezept zu überarbeiten, um mit der Zeit zu gehen. Für den Relaunch 2013 ersetzte man künstliche Aromen durch das Fruchtfleisch von zwei verschiedenen Melonen. Die Yubari-Melone, eine Cantaloupe-Sorte, die für ihr orangefarbenes Fruchtfleisch und die natürliche Honigsüße geschätzt wird, wächst auf den vulkanischen Böden Sapporos. Muskatmelonen, die aus den Präfekturen Aichi und Shizuoka südwestlich von Tōkyō stammen, werden im Juni und Juli geerntet und zu Fruchtfleisch verarbeitet. Dieses wird tiefgefroren, bis *Suntory* wieder eine Charge Likör produziert. Yubari- und Muskatsmelonen werden getrennt destilliert und die Destillate mit jungem Cognac vermischt, mit Rohrzucker gesüßt und mit Wasser auf 20% Alkoholgehalt verdünnt, bevor Lebensmittelfarbe hinzugefügt wird. Dank des wiederbelebten Rezepts und des weltweit wachsenden Interesses von Bartendern an der japanischen Cocktailkultur ist der Likör wieder in die Cocktailbars der Welt zurückgekehrt.

MIDORI SHŌCHŪ SOUR
(Seite 163)

rikka

SPINDRIFT

Wenn der gleißende Sommer seine Schwingen ausbreitet, haben Melonen Saison. Cantaloupe- und Wassermelone werden in Scheiben geschnitten und als Mittagssnack oder zum Abschluss einer Mahlzeit verzehrt. Zuckermelonen – in Japan der Inbegriff von Luxus – glänzen mit ihrer runzligen Haut und dem süßen grünen Fruchtfleisch. Für diesen Cocktail haben wir uns von den frischen Früchten der Saison inspirieren lassen. Ein leicht trüber Saké namens Sasanigori bietet eine fruchtige Grundlage für den Drink, während Cachaça, ein Rum aus brasilianischem Zuckerrohr, einen Hauch grüner Olive beisteuert. Der Melonensaft, der Star der Show, bindet all die unterschiedlichen Aromen. Der Drink bekommt mit einer salzigen Olive und einer Prise schwarzem Pfeffer noch zusätzlich Glamour.

Je nach der Süße der Melone empfehle ich, die Menge von Limettensaft oder Zuckersirup anzupassen. Sie müssen vielleicht etwas experimentieren, bevor Sie die richtige Mischung gefunden haben. Wenn der Drink zu süß schmeckt, können Sie die Menge des Limettensaftes erhöhen. Wenn er nicht süß genug ist, weil Sie eine Melone erwischt haben, die nicht viel natürlichen Zucker enthält, erhöhen Sie einfach die Menge des Zuckersirups.

Für 1 Glas

3 cl Shirakawago Sasanigori Junmai Ginjō Saké

1,5 cl Novo Fogo Cachaça

4,5 cl Honigmelonensaft (Rezept s. unten)

1,5 cl frisch gepresster Limettensaft

1,5 cl Zuckersirup (s. S. 318)

Garnitur: 1 grüne Olive und 1 Prise frisch gemahlener schwarzer Pfeffer

Sasanigori, Cachaça, Melonensaft, Limettensaft und Zuckersirup mit Eis in einen Shaker geben. Kräftig schütteln, um den Drink abzukühlen, dann in ein Glas mit ein paar großen Stücken gestoßenem Eis abseihen. Mit einer hochwertigen fruchtigen Olive garnieren und etwas schwarzen Pfeffer darübermahlen.

HONIGMELONENSAFT

Eine reife Melone halbieren und die Kerne mit einem großen Löffel herausschaben. Entsaften – am besten mit einem Entsafter. Wer keinen Entsafter hat, püriert die Melonenstücke in einem Mixer und streicht die Fruchtmasse mit einem Löffel durch ein feinmaschiges Sieb.

DAIQUIRI

Aus nur drei einfachen Zutaten – Rum, Limettensaft und Zucker – besteht der klassische Daiquiri, der seinen Ursprung im Kuba des späten 19. Jahrhunderts hat. Kurz darauf gelangte er in die USA und wurde auch bald zu einem Favoriten japanischer Bartender. In den 1970er- und 1980er-Jahren erfuhr das Originalrezept in Japan Veränderungen, weil die Ölkrise die Einfuhr vieler Waren erschwerte, darunter auch Limetten. Zitronen erwiesen sich als guter Ersatz. Sie waren leichter zu finden und sorgten für eine Bitternote, die gut ankam. So änderten einige Bartender das Rezept dauerhaft, und bis heute verwenden viele Bars Zitronensaft.

Das folgende Rezept habe ich für die Barkarte des *GreenRiver* in Chicago kreiert. Ich verwende als Basis eine Mischung aus Plantation Barbados Rum 5 Years und Rhum Clément Select Barrel Agricole und gebe Limettensaft zu. Ich mag den Kontrast zwischen den lebhaften, grasigen Noten des Agricole und der Opulenz des gealterten Rums – zusammen ergeben sie einen Daiquiri mit einem reichen Geschmacksprofil und einem spritzigen Abgang.

Für 1 Glas

4,5 cl Plantation Barbados Rum 5 Years

1,5 cl Rhum Clément Select Barrel Agricole (s. S. 318)

2,25 cl frisch gepresster Limettensaft

1,5 cl Rich Demerara Syrup

Rum, Rhum Agricole, Limettensaft und Demerara-Sirup in einen Shaker geben und mit Eis zügig schütteln. In ein gekühltes Cocktailglas abseihen. Keine Garnierung.

shōman

DIE ERSTEN BLÜTEN

Die Seidenraupe erwacht und frisst
vom Maulbeerbaum, die Färberdistel blüht,
die Zeit des Weizens

Wenn die Temperaturen im Frühsommer steigen, schwindet oft die Lust am Essen. Dann passen knusprige Snacks wie Tataki kyūri – pürierte Gurke mit Sojasauce und Sesamöl – gut zu einem Bier am späten Abend oder einem Highball in der örtlichen Izakaya. Als ich klein war, gab es nach dem Abendessen oft ein buntes Kakigōri, das japanische geschabte Eis. Es wurde in allen möglichen fruchtigen Geschmacksrichtungen angeboten, und wir kauften es von Lieferwagen, die sich durch die engen Straßen des Viertels schlängelten und eine eingängige Melodie spielten – einer von vielen Klängen des Sommers.

shōman

CAMPARI SODA

Der ursprünglich in Italien erfundene Campari Soda ist in der ganzen Welt beliebt für seine ausgewogene Mischung aus spritzig-bitterem Campari und sprudelnder Kohlensäure. Auch japanische Cocktailbars sind dem Reiz der Highballs verfallen. In der Bar *Shake* in Ginza versucht Master Bartender Masayuki Kodato alles, um seine perfekte Version des Cocktails zu kreieren – mit einem Stück Eis, einer Flasche Wilkinson Club Soda, gekühltem Campari und Zitronensaft. Es ist ein Drink, für den Gäste von weit her anreisen, um ihn zu probieren. Mein Rezept zollt sowohl der Version von Kodato-san als auch der aus der Bar *Camparino* in der Galleria in Mailand Respekt, die auf gestoßenem Eis serviert wird. Das Kühlen des Camparis im Gefrierschrank nimmt ihm etwas von seiner Bitterkeit, und wenn er schmilzt, entfalten sich die Orangennoten. Ich verwende in meiner Version keine ganze Flasche Club Soda, damit der Campari besser zur Geltung kommt, aber ich verwende wie die Bar *Shake* Zitrusfrüchte, da sie dem Drink einen ewig sommerlichen Akzent verleihen.

Für 1 Glas (Foto auf S. 173)

4,5 cl Campari, im Gefrierschrank gekühlt

1 Zitronenspalte (ca. ⅛ von 1 Zitrone)

12 cl Club Soda zum Auffüllen

Ein gekühltes Collins-Glas zu einem Drittel mit Eiskugeln füllen. Den gekühlten Campari hinzugeben, dann die Zitronenspalte über dem Drink auspressen, um ihn mit den Zitrusaromen aus Saft und Schale zu aromatisieren (die Zitronenspalte entsorgen). Mit Club Soda auffüllen und den Drink mit einem Barlöffel oder einem Rührstab leicht umrühren, damit sich die Zutaten vermischen.

shōman

SAKURANBŌ AMERICANO

Als ich Kind war, war Kakigōri, geschabtes Eis, eine meiner liebsten sommerlichen Erfrischungen. Ein Eisblock wird dafür in superfeine Scheiben gehobelt, die wie Schneeflocken auf der Zunge zergehen. In kleinen Schalen aufgetürmt, werden sie mit Fruchtsirup und Kondensmilch oder Matcha beträufelt. In Spezialitätencafés dekoriert man sie manchmal zusätzlich mit Adzukibohnen und Omochi (Reiskuchen).

In diesem amerikanisch inspirierten Cocktail erweist der Kirschlikör einer der besten Kakigōri-Geschmacksrichtungen und der besten Früchte der Saison die Ehre. Süßkirschen, Sakuranbō, sind in Japan eine Delikatesse, denn die meisten Sakura-Bäume tragen keine essbaren Früchte. Wenn sie doch Früchte tragen, sind es helle, säuerliche Kirschen – kein Vergleich mit ihren tintenfarbenen Pendants im Westen. Dieser Cocktail sorgt nicht für Kältekopfschmerz und klebrige Finger wie ein guter Kakigōri, aber die Aromen könnten nostalgische Sehnsüchte wecken.

Für 1 Glas

3 cl Campari

1,5 cl Cappellano Barolo Chinato

1,5 cl Heering Cherry Liqueur (Kirschlikör)

1 Spritzer Club Soda

Garnierung: 1 Süßkirsche

Ein Longdrinkglas mit Crushed oder Shaved Ice füllen. Campari, Barolo Chinato, Kirschlikör und einen sehr kleinen Spritzer Club Soda dazugeben. Mit mehr frischem Eis auffüllen (da sich die erste Charge durch die Zugabe der Flüssigkeiten gesetzt hat, ist oben noch Platz für mehr). Mit der Kirsche garnieren.

SAKURANBŌ
AMERICANO

CAMPARI SODA
(Seite 171)

shōman

ELDERFLOWER SOUR

Japan liebt Scotch, nicht nur wegen seiner historischen Verbindung zum japanischen Whisky, sondern auch wegen seiner starken Tradition. Inspiriert davon, wie gut die dunklen Getreide- und Schokoladennoten eines Blended Scotch zu Nihonshu passen, habe ich diesen Cocktail kreiert – eine Hommage an die edlen Zutaten, die so wunderbar harmonieren. Eine duftige Note steuert der Holunderblütenlikör bei, unterstützt von leicht getorftem Whisky, der unter eine flauschige Decke aus Eiweiß gebettet ist. Was den Nihonshu betrifft – etwas Blumiges und Fruchtiges wie Fukucho Moon on the Water Junmai Ginjō passt am besten zu den hellen Zitrusfrüchten, dem schaumigen Eiweiß und dem rauchigen Whisky.

Für 1 Glas

4,5 cl Chivas Regal 12 Years Blended Scotch Whisky

1,5 cl Fukucho Moon on the Water Junmai Ginjō Saké

2,25 cl frisch gepresster Zitronensaft

1,5 cl Zuckersirup (s. S. 318)

0,75 cl Naturlikör Holunderblüte

1 Eiweiß

Garnitur: Angostura Bitter

Scotch, Saké, Zitronensaft, Zuckersirup, Holunderblütenlikör und Eiweiß in einen Shaker geben. Schütteln, um die Zutaten zu mischen. Eis hinzufügen und erneut schütteln, um den Drink zu kühlen. In ein gekühltes Coupe-Glas abseihen. Mit einem Spritzer Angostura Bitter aromatisieren.

bōshu

DAS GETREIDE REIFT

Gottesanbeterinnen schlüpfen,
Glühwürmchen steigen aus verrottendem
Gras auf, Umé wird gelb

Im Norden Japans werden Gersten- und Reissetzlinge gepflanzt. Die Regenzeit kommt und mit ihr wogende Ajisai (Hortensien). Glühwürmchen schweben über den Feldern. Während Hitze und Luftfeuchtigkeit den Alltag erschweren, sehnen wir uns nach erfrischenden Getränken – ein Mugi Gin and Tonic (s. S. 180) ist bei diesem Wetter genau das Richtige. Hiyayakko, kalter Tofu, ist in seiner Einfachheit perfekt zum Abendbrot. Auch Bitterkräuter und sommerliche Wurzeln wie die des Ingwers haben jetzt Saison. Die zarten Triebe von Myōga, dem Cousin des Ingwers, schmecken würzig und erfrischend zugleich und tragen ihren Teil dazu bei, die sommerliche Schwüle erträglicher zu machen.

bōshu

MOJITO

Dieser Minz-Cocktail wurde in den 1990er-Jahren in Amerika populär und löste eine Welle von Mojito-inspirierten Getränken, Desserts und anderen Spielereien aus. Wenn man heute in den USA einen Mojito bestellt, erntet man vielleicht ein leichtes Stöhnen oder eine hochgezogene Augenbraue vom Bartender, aber in Japan ist er wie eh und je ein beliebter Cocktail. Traditionell wird die Minze zerdrückt, damit die ätherischen Öle des Krauts direkt in den Drink übergehen, doch ich ziehe es vor, die Minze mit dem Cocktail zu schütteln und dann fein abzuseihen, um die Essenz der Minze einzufangen, ohne dass kleine grüne Stückchen im Glas schwimmen. Serviert mit Crushed Ice oder Eiswürfeln – je nachdem, wie heiß der Tag ist und wie schnell man den Mojito schlürfen möchte – ein wahrer Genuss.

Für 1 Glas

7 Blätter frische Minze
3 cl Grace Rum Cor Cor Green
3 cl frisch gepresster Limettensaft
3 cl Zuckersirup (s. S. 318)
Club Soda zum Auffüllen
Garnitur: 2–3 Stängel Minze

Minzeblätter, Rum, Limettensaft und Zuckersirup mit Eis in einen Shaker geben. Kräftig schütteln, um den Drink zu kühlen, dann in ein gekühltes Collins-Glas mit frischem Eis abseihen. Mit Club Soda auffüllen und mit Minze garnieren.

bōshu

KAMAKIRI

Eine meiner liebsten frühsommerlichen Geschmacksrichtungen ist Myōga, eine japanische Ingwerart, die für ihre Blüten, Knospen und Triebe geschätzt wird. Jeder Teil der Pflanze hat ein schärferes, frischeres Aroma als die Ingwerwurzel. In Japan wird Myōga oft, in dünne Scheiben geschnitten, mit Sashimi oder in einer klaren Brühe schwimmend serviert. Die Suche nach Myōga außerhalb Japans kann sich schwierig gestalten, aber ich wollte seinen Aromen mit diesem Kamakiri huldigen – benannt nach der Gottesanbeterin. So habe ich einen klassischen Ingwer-Cocktail, den Moscow Mule, mit seiner Ingwernote mit der frischen Minze eines Mojitos vermählt. Die Spirituosen, aus denen dieser Cocktail besteht, zeigen Sinn fürs Terroir: Cor Cor Red stammt aus dem Inseldorf Minamidaitōjima und vereint die duellierenden Aromen von Melasse und pfeffriger Papaya. Ochiai's Rihei Ginger Shōchū bietet eine reinigende Ingwerwürze, die mit Rum, Zitrusfrüchten und Minze harmoniert.

Für 1 Glas

- 7–10 Blätter frische Minze
- 1,5 cl Grace Rum Cor Cor Red (weißer Rum)
- 3 cl Ochiai Distillery Rihei Ginger Shōchū
- 0,75 cl Kabosu-Saft (s. Hinweis)
- 1,5 cl frisch gepresster Limettensaft
- 2 cl Zuckersirup (s. S. 318)
- 1 Spritzer Fever-Tree Ginger Beer
- 1 Spritzer Q Club Soda
- Garnitur: 3 Stängel Minze

Minzeblätter, weißen Rum, Ingwer-Shōchū, Kabosu-Saft, Limettensaft und Zuckersirup mit Eis in einen Shaker geben. Kräftig schütteln, dann in ein gekühltes Collins-Glas mit frischem Eis abseihen. Je einen Spritzer Ginger Beer und Club Soda zugeben. Mit Minze garnieren.

HINWEIS Kabosu ist eine Zitrusfrucht aus Südjapan. Außerhalb Japans kann man den pasteurisierten Saft kaufen, aus dem ich einen Hauch von grüner Melone in dem bitteren und grünen Zitrussaft herausschmecke. Dieses Element ergänzt den Ingwer auf wunderbare Weise. Wer keinen Kabosu-Saft findet, verwendet Yuzu-Saft mit einem Spritzer Limette.

bōshu

MUGI GIN AND TONIC

Der Gin Tonic ist in Japan so populär, dass viele behaupten, der japanische Barlöffel habe einzig dafür einen Dreizack am Ende, um eine Limettenscheibe tief in den Gin Tonic drücken zu können. Ich habe diese Variante für Sommer erfunden, die so heiß sind, dass der Gedanke an Essen kaum aufkommt. Mein Gin der Wahl ist Ki No Tou Old Tom Gin von *The Kyōto Distillery*, der mit Kokutō (schwarzem Zucker) von der Okinawa-Insel Yonaguni gesüßt ist. Das verleiht dem Drink eine karamellige Note. Beim Trinken schmeckt man zunächst die Röstnote des Gerstentees – fast so, als wolle der Gin im Hintergrund bleiben. Sobald dieser aber ins Spiel kommt, folgen Aromen von Zitrone, Pfeffer, Wacholder, Koriander und Orange. Ein komplexer Highball, der gerade süß genug ist, aber nicht zu süßlich.

Für 1 Glas

4,5 cl The Kyōto Distillery Ki No Tou Old Tom Gin

6 cl gekühlter Mugi-cha (s. S. 320)

Indian Tonic Water zum Auffüllen

Garnitur: 1 Zitronenzeste

Ein Highball-Glas mit Eis füllen. Das Eis langsam umrühren, dann mehr Eis hinzufügen, bis das Glas fast gefüllt ist. Erneut umrühren, bis das Glas nur noch zu etwa drei Vierteln mit Eis gefüllt ist. Das Schmelzwasser mit einem Julep-Sieb abseihen. Den Gin in das Glas zum Eis geben und sanft umrühren – etwa sieben Umdrehungen. Den Mugi-cha hinzugeben, noch einmal umrühren und mit Tonic auffüllen. Vorsichtig einen Löffel an der Innenseite des Glases hinuntergleiten lassen und das Eis nach oben heben, damit sich die Zutaten vermischen. Dann das Eis wieder vorsichtig sinken lassen. Nach Bedarf mit mehr Eis auffüllen und mit einem Stück Zitronenzeste garnieren.

bōshu

ALKOHOLFREI
MUGI TONIC

Im Mugi Gin and Tonic (s. S. 180) sorgt Mugi-cha, gepaart mit Old Tom Gin, für ein Geschmacksfeuerwerk aus Karamell-, Soja- und Gewürzaromen. Auf der Suche nach einem Rezept für einen ähnlich aromatischen Drink ohne Alkohol kochte ich Kokutō (schwarzen Zucker) aus Okinawa mit Gin Botanicals wie Koriander und Anis zu einem Sirup ein, um die würzigen und krautigen Eigenschaften einzufangen. Der Highball ist genauso anregend wie die Version mit Alkohol und hat ebenso viel Tiefe und Süße. An der Bar mixe ich jede Portion separat, zu Hause mache ich gleich eine Karaffe und trinke den Mugi Tonic gemütlich über den Tag verteilt. Das Tonic Water unbedingt gekühlt aufbewahren, damit die Kohlensäure erhalten bleibt.

Für 1 Glas

6–9 cl gekühlter Mugi-cha (s. S. 320)	Indian Tonic Water zum Auffüllen
1,5 cl würziger Kuromitsu (s. S. 253)	Garnitur: 1 Zitronenzeste

Mugi-cha und Gewürz-Kuromitsu in einem gekühlten Highball-Glas vermengen und ohne Eis rühren, um die Zutaten zu vermischen. Eis hinzufügen und umrühren, um den Drink zu kühlen. Mit Tonic Water auffüllen. Vorsichtig einen Löffel an der Innenseite des Glases hinuntergleiten lassen und das Eis nach oben heben, damit sich die Zutaten vermischen. Dann das Eis wieder vorsichtig sinken lassen. Nach Bedarf mit Eis auffüllen und mit einer Zitronenzeste garnieren.

KOKUTŌ

Eine der köstlichsten Zutaten in der japanischen Speisekammer ist Kokutō, eine Art schwarzer Zucker von den Inseln Okinawa und Kagoshima, wo Zuckerrohr in Hülle und Fülle wächst. Für Kokutō wird das Zuckerrohr noch am Tag der Ernte gepresst, um den frischen Saft aus den holzigen Stängeln zu extrahieren. Nachdem sich der Saft abgesetzt hat, wird er dekantiert, wobei alle Fasern und Verunreinigungen entfernt werden. Dann wird der Saft zum Kochen gebracht. Wenn er eingekocht ist, wird der Sirup in kleine Portionen gegossen und unter Rühren abgekühlt, wobei er zu dunklen Ziegeln wird, die anschließend in kleinere Würfel geschnitten werden. Zertifizierte Kokutō-Produzenten achten nicht nur auf die beste Qualität des Produkts, sondern auch auf einen nachhaltigen Umgang mit ihrer Umwelt. Die Reste des Zuckerrohrs verwenden sie zum Anheizen des Feuers, das zum Einkochen des Safts benötigt wird. Sämtliche Reste, die herausgefiltert werden, dienen als Kompost für die Felder.

Echter Kokutō hat eine dezente Süße mit einem Hauch von Salzigkeit, Bitterkeit und leichter Säure. Er ist geschmacklich wirklich komplex und bewegt sich an der Grenze zwischen herzhaft und süß – ähnlich wie ein feiner Rum oder Süßkartoffel-Shōchū. In der japanischen Küche spielt er eine wichtige Rolle in Suppen, Marinaden und Desserts. Er wird aber auch zur Herstellung von Rum und Shōchū auf den Amami-Inseln verwendet und manchmal auch für einen Sirup namens Kuromitsu (s. S. 253). Dessen dunkle Note macht sich wunderbar in Cocktails und kann statt Demerara- oder anderen braunen Zuckersirupe verwendet werden.

Man kann Kokutō in Ziegel- oder Pulverform (gelegentlich auch Kurozatō genannt) auf vielen asiatischen Märkten und im Internet kaufen. Manchmal findet man auch fertigen Kuromitsu, der ebenfalls geeignet ist. Beim Einkauf unbedingt auf den Namen Okinawa auf dem Etikett achten, damit beste Qualität gewährleistet ist.

geshi

SOMMER-SONNENWENDE

Braunellenblätter verwelken, die Iris blüht, die Dreizählige Pinellie sprießt

Wenn die Sommersonnenwende naht, vergehen die Nächte wie im Flug und die Tage dehnen sich endlos. Wir trödeln drinnen herum, meiden die Sonne und beschäftigen uns mit anspruchsvollen Kochtechniken, die keine große Hitzezufuhr benötigen. Dazu gehört die Zubereitung von Umé-su oder Umé-shu – ein toller Zeitvertreib, wenn der Aufenthalt im Freien wenig verlockend ist. Aus diesem Grund brachte meine Mutter während dieser Jahreszeit kühle Gerichte wie Sōmen (dünne Nudeln aus Weizenmehl) und leichte Salate auf den Tisch. Sie kühlten von innen und versorgten uns mit den nötigen Nährstoffen. Umé-su, das wir in früheren Jahren einkochen, wird zu dieser Jahreszeit aus dem Vorrat geholt. Das wunderbare Ergebnis mühevoller Arbeit, die jetzt vor uns liegt: das Pflücken, Abspülen und Einweichen der grünen Früchte zum Klang der Windspiele.

geshi

UMÉ SHŌCHŪ SOUR

Diesen Drink kreierte ich beim ersten Bar-Food-Pairing im *Kumiko*. Das Gericht, das wir reichten, war ein A5 Miyazaki Wagyu mit gepressten Pflaumen, Shiso und einer Uméboshi-Vinaigrette. Als Cocktail bereitete ich einen Shōchū-Drink mit Umé-shu von Meiri Shurui zu, der mit Honig gesüßt, mit einem Weinbrand angereichert und fünf Jahre gereift wird. Schon für sich allein eine komplexe Zutat. In diesem Getränk schweben die säuerlichen Steinobstnoten des Umé-shu über einer Basis aus goldenem Honig und Zitronengras-Shōchū. Pineau des Charentes, ein französischer Aperitif, der aus dem Saft von Cognac-Trauben hergestellt und mit jungem Cognac angereichert wird, sorgt zusätzlich für Fruchtigkeit. Alle Zutaten vereinen sich aufs Feinste, wenn man sie mit frischem Zitronensaft schüttelt. Das Ergebnis ist ein zitrusbetonter Sour mit vielfältigen Geschmacksnoten.

Für 1 Glas (Foto auf S. 186)

4,5 cl Mizu Lemongras Shōchū oder hausgemachter Zitronengras-Shōchū (s. S. 221)

3 cl Pineau des Charentes

2,25 cl frisch gepresster Zitronensaft

1,5 cl Honigsirup (s. S. 317)

1,5 cl Umé-shu (s. S. 317)

Garnitur: 2 Zitronenzesten

Shōchū, Pineau des Charentes, Zitronensaft, Honigsirup und Umé-shu mit Eis in einen Shaker geben. Schütteln, bis sich der Shaker kalt anfühlt. Den Cocktail in ein gekühltes Cocktailglas oder ein Coupe-Glas abseihen. Eine Zitronenzeste über dem Glas leicht ausdrücken, um mit dem austretenden ätherischen Öl den Cocktail zu aromatisieren, dann entsorgen. Mit einem weiteren Stück Zitronenzeste garnieren.

UMÉ SHŌCHŪ SOUR

(Seite 185)

HONKAKU SHŌCHŪ, DAS VERFAHREN

Auf dem Etikett der meisten Flaschen mit Honkaku-Shōchū steht der japanische Begriff 本格焼酎. »Honkaku« bedeutet »authentisch« oder »echt« und steht für Qualität und Reinheit durch ein besonderes Destillationsverfahren. Doch wie sieht dieses Verfahren genau aus? Nach der Ernte der Rohstoffe beginnt die Produktion von Honkaku-Shōchū ähnlich wie die Produktion von Saké – mit der Kōji-Fermentation. Es gibt drei Arten von Kōjikin, die für die Herstellung von Shōchū verwendet werden: schwarze, gelbe und weiße. Weißer Kōji sorgt für eine süße und runde Textur im Shōchū; gelber Kōji, der auch bei der Saké-Herstellung verwendet wird, steht für blumige Aromen. Schwarzer Kōji ist wild, würzig und erzeugt tiefe und erdige Geschmacksnoten. Für die Saké-Produktion wird Kōji immer auf Reis gezüchtet, doch beim Shōchū können auch andere Getreide, Wurzeln und Knollen verwendet werden.

Der mit Koji geimpfte Starter wird zuerst mit Hefe und Wasser in einem Gefäß für die erste Fermentation vermischt, die »ichijishikomi« genannt wird und etwa eine Woche dauert. Dann wird die Basiszutat – Reis, Buchweizen, Süßkartoffeln etc. – zur Maische gegeben und mehr Wasser hinzugefügt. Bei der Hauptfermentation wandeln die Koji-Pilze die Hauptzutaten in Zucker um, aus der dann der Alkohol entsteht. Es dauert rund acht Tage, bis eine klare, homogene und leicht zähe Flüssigkeit entsteht. Je nach Shōchū-Typ wird anschließend ein- oder mehrfach destilliert. Für vollmundigen Shōchū kann die atmosphärische Destillation, für einen leichteren die Vakuumdestillation gewählt werden. Gelegentlich werden sogar Destillate aus zwei verschiedenen Brennblasen verwendet, um ein noch breiteres Spektrum an Geschmacksrichtungen zu erzeugen.

Genau wie unverdünnter Saké wird das Shōchū-Destillat in diesem Stadium Genshu genannt. Das Einzige, was dem Honkaku Shōchū jetzt noch hinzugefügt werden darf, ist Wasser. Die meisten Hersteller lassen das Genshu eine Zeit lang ruhen, damit es runder im Geschmack wird – in der Regel weniger als ein Jahr. Es gibt aber einige Sorten, die für mehr Aroma zehn oder mehr Jahre reifen. Einige Hersteller verwenden unglasierte Tongefäße für die Lagerung des Shōchū, andere Holzfässer. Zuletzt wird der Shōchū nochmals mit Wasser verdünnt, damit der Alkoholgehalt unter 45 Prozent liegt, und in Flaschen abgefüllt. Bei der Herstellung gibt es Ausnahmen von der Regel. Ein Beispiel ist die *Munemasa Distillery* in Arita in der Präfektur Saga. Ihre Destillationsmethoden folgen den Richtlinien der Honkaku-Shōchū-Produktion, aber sie verwenden zusätzlich lokal angebautes Zitronengras, das keine übliche Zutat für Honkaku Shōchū ist.

Japans Geografie ist vielfältig, und die lokalen Shōchū-Kulturen sind stark auf das ausgerichtet, was in der jeweiligen Region am besten wächst. Oft ist das Wasser, mit dem das Getreide oder die Produkte gewässert wurden, auch das Wasser, das für die Herstellung des Shōchū verwendet wird. Ich finde es spannend zu sehen, dass Produzenten wie *Munemasa Shuzō* hochwertige Zutaten der Region wie Zitronengras in den Fokus stellen, aber gleichzeitig den klassischen Prozess der Destillation von Honkaku Shōchū nicht infrage stellen.

geshi

GREY WOLF

In Japan war der Old Fashioned nie so allgegenwärtig wie beispielsweise in den USA. Für mich ist er dennoch ein altbewährter Klassiker. Inspiriert von seinen Zutaten – Würfelzucker, Maraschino-Kirsche und Orangenscheibe –, habe ich eine Variante entwickelt, für die ich statt pürierter Früchte Apfelessig verwende. Der Umé-su verleiht dem Cocktail eine fruchtige Note, die an die Fülle eines guten Sherrys erinnert – rund und strukturiert, aber mit einer hellen Säure, die für Ausgewogenheit sorgt. Zusammen mit den Bitters und Bénédictine ergibt sich ein Bouquet aus honigsüßen Gewürzen und Eiche.

Für 1 Glas

6 cl Mars Iwai 45 Japanese Whisky
1 BL Bénédictine (s. S. 318)
1 BL Umé-su (s. S. 316)
2 Spritzer Angostura Bitter
0,75 cl Demerara-Sirup
Garnitur: Grapefruitzeste und (optional) in Sirup eingeweichte Umé

Whisky, Bénédictine, Umé-su und Angostura Bitter in ein Rührglas geben. Eis hinzufügen und umrühren. In ein Old-Fashioned-Glas über eine einzelne Kugel aus klarem Eis abseihen. Die Grapefruitzeste über dem Glas leicht ausdrücken, um mit dem austretenden ätherischen Öl den Cocktail zu aromatisieren, dann entsorgen. Falls vorhanden, eignet sich ein in Sirup eingelegter Uméboshi als weitere Garnitur.

shōsho

KLEINE HITZE

Warme Winde wehen, erste Lotusblüten,
Falken lernen zu fliegen

Mit der Jahreszeit, die wir »Kleine Hitze« nennen, nähern wir uns dem Juli. Der Höhepunkt der sommerlichen Hitze ist noch nicht erreicht, aber es zeigt sich schon die wahre Essenz des Sommers mit Belohnungen in Form von frischem Obst und Gemüse. Saftige Wassermelonen und würzige Shiso-Blätter beleben Speisen und Getränke gleichermaßen, und Tomaten triefen vor süßer Säure. Überall greifen Durstige zu Eiskaffee als Erfrischung (s. S. 198) – zu Hause oder in ihren Lieblingscafés. Die Welt wird zu dieser Jahreszeit bunter, und ich gieße die Lebendigkeit des Sommers gern in zarte Becher und Stielgläser, um jeden Tropfen Sommer stilvoll zu genießen.

shōsho

MURASAKI SONIC

Shiso gehört zu den wunderbarsten Kräutern des Sommers und erinnert mich immer an meine Heimat, denn der Garten meiner Mutter ist voll davon. Wenn die hauchdünnen Blätter Ende Juli in voller Blüte stehen, macht meine Mutter ein besonderes Sommergetränk namens Shiso no jyūsu (Shiso-Saft) daraus. Er schmeckt köstlich pur, auf Eis oder mit einem Spritzer Club Soda oder gekühltem grünem Tee. Eine Reise nach Hause vor einigen Jahren inspirierte mich, Shiso no jyūsu in Cocktails zu verwenden. Dieser Highball entfaltet durch Zugabe von Club Soda Aromen von Minze und weihnachtlichen Gewürzen im Kraut. Der vakuumdestillierte Gersten-Shōchū verleiht dem Getränk eine geschmeidige Struktur, und die bitteren Zitrusnoten betonen das Aroma des Shiso.

Für 1 Glas (Foto auf S. 192)

4,5 cl The Yanagita Koma Honkaku Shōchū (Gersten-Shōchū)

1,5 cl Shiso no Jyūsu (s. S. 316)

1 Spritzer Fever-Tree Mediterranean Tonic Water

1 Spritzer Club Soda

Garnitur: 2 Zitronenzesten und 1 Shiso-Blatt

Einen Tumbler mit Eis füllen und eine Weile rühren, um den Tumbler zu kühlen. Das Schmelzwasser abseihen und Shōchū und Shiso no jyūsu hineingeben. Vorsichtig umrühren und abkühlen lassen. Mit Club Soda und Tonic auffüllen. Bei Bedarf mehr Eis hinzufügen. Eine Zitronenzeste über dem Glas leicht ausdrücken, um mit dem austretenden ätherischen Öl den Cocktail zu aromatisieren, dann entsorgen. Mit dem Shisoblatt und dem zweiten Stück Zitronenzeste garnieren.

MAGENTA COOLER

MURASAKI SONIC
(Seite 191)

shōsho

ALKOHOLFREI
MAGENTA COOLER

Diese Mischung aus Shiso no jyūsu (Shiso-Saft) mit Zitronensaft und Cold-brew-Sencha kühlt den Gaumen mit einem anregenden Kontrast aus minziger Würze und hellen Zitrusaromen – ein Favorit zur Abkühlung an einem schwülen Sommernachmittag.

Für 1 Glas

4,5 cl Shiso no Jyūsu (s. S. 316)

0,75 cl frisch gepresster Zitronensaft

6 cl Cold-brew-Sencha (s. S. 320)

Club Soda zum Auffüllen

Garnitur: 1 Zitronenscheibe und 1 Shiso-Blatt

Eiswürfel in einen gekühlten Tumbler geben. Shiso no jyūsu, Zitronensaft und Cold-brew-Sencha über das Eis gießen. Einen Spritzer Club Soda dazugeben. Mit einer dünn aufgeschnittenen Zitronenscheibe und einem in Form geschnittenen Shiso-Blatt garnieren.

SHISO
Shiso gehört zur Familie der Minzen und ist ein großes, dünnes, scharfes Kraut, das wild wächst und wenig Pflege benötigt. Seine Aromen erinnern mich an eine komplexe Chai-Mischung: berauschend und würzig mit Noten von Nelken, Anis, Kardamom und Zitrusfrüchten. Zwei Hauptsorten wachsen in Japan: Die bläulich-grüne Aojiso wird häufig als Garnitur verwendet – oft zusammen mit Sushi –, weil sie roh genossen werden kann. Akajiso, oder »roter Shiso«, der eigentlich eher magentafarben oder violett ist, ist intensiver im Geschmack als die blau-grüne Sorte. Er eignet sich besser, um Uméboshi (in Salz eingelegte Umé) einen farblichen und geschmacklichen Akzent zu verleihen.

Shiso-Blätter beider Sorten haben auch in zeitgenössischen Cocktails eine Heimat gefunden – als ein Gin Botanical, aber auch als Garnitur. Shiso schmückt das Glas wie ein entfalteter Fächer, der Aromen von Minze und Kardamom verströmt. Die Blätter machen sich gut am Glasrand, neben dem Eis oder in Juliennes auf einem Sour.

shōsho

SUIKA SPRITZ

Wenn wir im Sommer an den Strand gingen, spielten meine Brüder und ich ein Spiel, das »Suikawari« heißt. Dabei verbindet man einem Mitspieler die Augen und leitet ihn mit der Stimme an, eine Wassermelone mit einem Stock aufzubrechen. Wir aßen die saftige Frucht mit salzigen Fingern nach einem Bad im Meer, und obwohl die Melone zu diesem Zeitpunkt längst mit Sand paniert war, schmeckte sie unvergleichlich köstlich. Der Suika Spritz ist eine fröhliche Erinnerung an unbeschwerte Sommertage und dem Aperol Spritz frei nachempfunden. Awamori ergänzt Melone und Sekt um eine blumige und grasige Note und verleiht dem Getränk eine leicht pfeffrige Unterströmung. Ganz im Sinne des Originals macht der niedrigprozentige Awamori den Spritz gut trinkbar.

Für 1 Glas

Zitronen- oder Limettenscheibe für den Glasrand

Salz-Pfeffer-Mischung für den Glasrand (Rezept s. unten)

6 cl Wassermelonensaft

3 cl Masahiro Shuzō Shimauta Awamori

3 cl Aperol

1 Spritzer Club Soda zum Auffüllen

1 Spritzer trockener Sekt zum Auffüllen

Eine Zitronen- oder Limettenscheibe am Rand eines Glases entlangführen, um diesen zu befeuchten. Die Salz-Pfeffer-Mischung auf einen Teller geben und den Glasrand sanft in die Mischung dippen. Gegebenenfalls das Glas leicht drehen, damit sich die Gewürze gleichmäßig verteilen. Mit einem Finger leicht gegen das Glas klopfen, um überschüssige Körner zu entfernen. Das Glas dann zu drei Vierteln mit Eis füllen. Wassermelonensaft, Awamori und Aperol dazugeben und alles kurz umrühren, um die Zutaten zu vermengen und zu kühlen. Bei Bedarf mehr Eis hinzufügen, dann mit Club Soda und Sekt auffüllen.

SALZ-PFEFFER-MISCHUNG

1 EL rosa Pfefferkörner durch ein feines Sieb drücken, um die Schalen vom Kern zu trennen. Die gesiebten rosafarbenen Schalen mit 50 g Kristallzucker und 1 EL Meersalz mischen.

shōsho

APRICOTS AND CREAM

Wenn die Morgenstunden bereits ebenso schwül sind wie die Mittagsstunden, vergeht die Lust auf eine Tasse heißen Kaffees. Aus diesem Grund ist Eiskaffee in Japan besonders beliebt. In den Bars sind ein mit Kaffee aromatisierter Shōchū und ein Espresso Martini beliebte Kaffeegetränke. Als ich klein war, gehörte ein Parfait mit Kaffeegelee und einem Spritzer Sahne für mich zu den Höhepunkten des Sommers. Damals zeichnete sich wohl schon ab, was für eine große Kaffeeliebhaberin ich werden würde. Zu einem Cocktail mit Kaffee inspirierte mich unser erster eigener Kaffee im *Kumiko* mit seiner Balance aus den Aromen von Steinobst und Nüssen. Geröstet wird dieser sortenreine Kaffee von der *Sparrow Coffee Roastery* in Chicago, die Bohnen stammen von der *Guji Tero Farm* in Äthiopien. Der Aprikosenlikör unterstreicht die üppigen Kaffeenoten, und der Yanagita Koma Gersten-Shōchū bringt Blumigkeit ins Spiel. Dieser Cocktail bringt garantiert wieder Schwung in die Sache – ganz egal, ob man ihn mittags oder spätabends genießt.

Für 1 Glas

6 cl Cold-brew-Kaffeekonzentrat (s. S. 199)

1,5 cl The Yanagita Koma Honkaku Barley Shōchū (Gersten-Shōchū)

0,75 cl Aprikosenlikör

Honigcreme (Rezept s. unten) für das Topping

Das Cold-brew-Kaffeekonzentrat, den Gersten-Shōchū und den Aprikosenlikör in ein kleines Glas geben und alles verrühren. Mit der Honigcreme toppen.

HONIGCREME

1 Teil Wildblumenhonig mit 4 Teilen Sahne verrühren. Leicht aufschlagen, bis die Mischung etwas eindickt, aber noch so cremig ist, dass sie gut fließt. Sofort verwenden.

AISU KŌHĪ | KALTER KAFFEE

So wie japanische Bartender jahrzehntelang an der Perfektionierung ihres Handwerks arbeiten, tun dies auch Japans Kaffeemacher. Mit einem sorgfältigen, präzisen Ansatz haben sich Baristas einen Namen in der Kaffeewelt gemacht. Hier sind zwei meiner liebsten Zubereitungsarten für die sommerliche Kaffeezubereitung.

JAPANISCHER EISKAFFEE

Bei dieser Methode wird der heiße Kaffee direkt auf Eis gebrüht, das schon einen Teil des Wassers für den Kaffee liefert. Er wird sofort gekühlt und ist eine der spannendsten kalten Kaffeezubereitungen, die ich je probiert habe. Außerdem ist der kalte Kaffee blitzschnell zubereitet – ohne dass diese Methode auf Kosten des Geschmacks geht. Bei dieser Methode ist eine sehr präzise Vorgehensweise zu befolgen. Also unbedingt eine Waage verwenden und auf den Mahlgrad achten.

Für 2 Gläser

225 ml heißes Wasser (ca. 98 °C)   135 g Eis (aus gefiltertem Wasser)
30 g mittelfein gemahlener Kaffee

Das Wasser zum Kochen bringen und einen Papierfilter in den V60 oder einen anderen Pour-Over-Handfilter einlegen. Den Papierfilter ausspülen und den gemahlenen Kaffee hineingeben. Das Eis in eine Karaffe füllen und den Handfilter daraufsetzen. Den Kaffee mit 30 bis 45 ml heißem Wasser aufgießen, dabei das Wasser langsam von der Mitte nach außen über das Kaffeemehl gießen. Den Kaffee 30 Sekunden lang ziehen lassen. Das nennt man auch »blooming«, weil der Kaffee sozusagen zu voller Intensität »aufblüht«. Dann das Kaffeepulver erneut mit etwas Wasser – beginnend in der der Mitte des Kaffeesatzes – übergießen. Dabei ab und zu pausieren, damit das gesamte Kaffeemehl gleichmäßig benetzt wird. Bei jedem Guss kreisende Bewegungen innerhalb des äußeren Bereichs beibehalten, bis die 225 ml Wasser (über drei bis sechs Runden verteilt) verbraucht sind. Wie viele Runden es letztendlich sind, hängt vom Stil und Ihren Vorlieben ab. Wenn der Kaffee über das Eis tropft, kühlt er sofort ab. Das volle Aroma bleibt erhalten.

COLD-BREW-KAFFEEKONZENTRAT

Bei dieser beliebten Methode der Zubereitung von kaltem Kaffee wird das Kaffeemehl über einen Zeitraum von zwölf bis 24 Stunden mit kaltem Wasser stehen gelassen. Das Ergebnis ist ein Konzentrat, das mit Wasser verlängert werden, in Cocktails genossen oder auf Eis serviert werden kann. Ich mache gerne einen Hot-Bloom-Cold-Brew, bei dem der Kaffeesatz für ein Kaltgetränk zunächst mit heißem Wasser aufgegossen und dann mit kaltem Wasser aufgefüllt wird. Dieses enthält nur einen Hauch der Säure eines heiß gebrühten Kaffees, dafür tiefere Geschmacksnoten durch das lange und langsame Aufbrühen.

Für 6 bis 8 Gläser

112,5 g mittelgrob gemahlener Kaffee

750 ml Wasser (250 ml auf 98 °C erhitzt und 500 ml raumtemperiert)

Das gemahlene Kaffeepulver abmessen und in ein Glasgefäß geben. Langsam 250 ml gerade noch kochendes Wasser in kreisenden Bewegungen über den Kaffee gießen, um das Kaffeemehl aufzubrühen. Den Kaffee 30 Sekunden lang ziehen lassen, damit er »blühen« kann. Dann das zimmerwarme Wasser sanft über das Kaffeemehl gießen. Locker abdecken und für mindestens zwölf Stunden (und bis zu 24 Stunden) in den Kühlschrank stellen – je nachdem, wie stark man den Kaffee wünscht. Durch einen befeuchteten Kaffeefilter abseihen und im Kühlschrank aufbewahren. Zum Servieren mit Wasser mischen oder direkt über Eiswürfel gießen.

taisho

GROSSE HITZE

Blauglockenbäume erzeugen Samen, die Erde ist feucht, die Luft schwül, manchmal fällt starker Regen

In jedem Sommer gab es einen Punkt, an dem es sich anfühlte, als würde der Himmel bei weiterem Anschwellen der Hitze zerplatzen. Das ist Taisho, die große Schwüle, die meist Ende Juli einsetzt. Unvermittelt prasseln heftige Regengüsse nieder, die die Erde unter Wasser setzen. Paprika, Tomaten und Gurken sind zu dieser Jahreszeit hervorragend und schmecken am besten roh mit Salz oder einem Spritzer Kewpie-Mayonnaise. Aber sie sorgen auch für unglaubliche Geschmäcker in Drinks wie dem Grüne-Paprika-Margarita (s. S. 205). Bei Tisch lieben wir zu dieser Jahreszeit scharfe Speisen wie Karēraisu, japanischen Curryreis. Schweißperlen glitzern auf unseren Stirnen, während wir uns freudig über Schalen und Schüsseln mit Reis und einer Sauce aus Sanshō, Fenchel, Kurkuma, Ingwer und Nelken hermachen. Mit jedem Bissen begrüßen und bekämpfen wir die Hitze gleichzeitig.

taisho

SOL CUBANO

Nicht alle Cocktails, die Wettbewerbe gewinnen, werden zu Standardcocktails, also zu einem Klassiker oder modernen Klassiker. Ich habe viele dieser Gewinner-Cocktails getestet – begeistert war ich auf Anhieb vom Sol Cubano mit seiner Balance zwischen der moderaten Süße des Rums, der erfrischenden Säure der Grapefruit und der bitteren Note des Tonic Waters. Es ist der perfekte Sommercocktail (oder Wintercocktail, wenn Sie eine kleine Flucht in die Sonne brauchen). Yoshihisa Kimura kreierte ihn 1980 für *Suntorys* erste *Tropical Cocktail Competition*, einen Wettbewerb für Tropencocktails, und benannte ihn nach der Sonne Kubas. Den Meister kann man in seiner Bar, dem *Savoy Kitanozaka* in Kobé, besuchen.

Für 1 Glas

4,5 cl weißer Rum (Kimura-san verwendet Bacardi Superior)

4,5 cl frisch gepresster Grapefruitsaft

Indian Tonic Water zum Auffüllen

Garnitur: 1 Grapefruitscheibe, 1 Stängel frische Minze, 1 wiederverwendbarer Strohhalm

Ein Tulpenglas mit Fuß mit Eis füllen. Umrühren, um es zu kühlen. Dann das Schmelzwasser abgießen. Rum und Grapefruitsaft in das Glas geben. Leicht umrühren, um die Mischung zu kühlen. Dann mit Tonic Water auffüllen. Unbedingt das Tonic direkt in die gekühlte Flüssigkeit gießen, damit die Kohlensäure erhalten bleibt. Einen Barlöffel in das Glas gleiten lassen und das Eis vorsichtig anheben, um die Zutaten zu vermischen. Für die Garnitur eine Grapefruitscheibe wie einen Deckel auf das Glas legen und Strohhalm und Minzestängel in die Mitte stecken.

HINWEIS Die Garnitur ist ein Schlüsselelement bei japanischen Cocktailwettbewerben. Kimura war sehr fantasievoll in seiner Gestaltung und legte eine Grapefruitscheibe aufs Glas, das er mit einem Minzestängel und einem Strohhalm dekorierte. Inspiriert hatten ihn dazu die Hüte, die man in Kuba wohl damals trug. Normalerweise serviere ich meine Cocktails nicht mit Strohhalmen, wenn das Getränk nicht auf zerstoßenem Eis serviert wird. Aber ich habe wiederverwendbare Glashalme im *Kumiko* und empfehle diese dringend.

taisho

TSC (TOMATO-SHERRY-COBBLER)

Frische Fruchtcocktails sind in den meisten authentischen japanischen Cocktailbars Klassiker, daher ist es kein Wunder, dass der Sherry-Cobbler ein Rezept ist, das viele Bartender für sich entdeckt haben. Die klassische Version besteht aus Sherry als Basis und einer Krone aus Beeren, Minze und anderen frischen Früchten. Der TSC enthält Tomatenwasser, das den Drink in eine unerwartete, aber dennoch sehr sommerliche Richtung lenkt. Der rosige Farbton und die leichte Säure des Tomatenwassers verschmelzen mit dem trockenen, salzigen und nach Marcona-Mandeln schmeckenden Fino-Sherry. Ich empfehle den TSC zu einer Käse- und Wurstplatte oder zu einem meiner Lieblingsgerichte in Izakayas: Tomatenscheiben mit Kewpie-Mayo und Salz.

Für 1 Glas

6 cl Valdespino Inocente Fino Sherry

3 cl Tomatenwassersirup
(Rezept s. unten)

0,75 cl frisch gepresster Zitronensaft

Garnitur: 1 Shiso-Blatt, 1 Kirschtomate und Puderzucker

Sherry, Tomatenwassersirup und Zitronensaft mit Eis in einen Shaker geben. Nur so lange schütteln, bis der Drink gekühlt ist. Dann in ein Cocktailglas mit Crushed Ice füllen. Mit einem grünen Shiso-Blatt und einer Kirschtomate garnieren. Mit Puderzucker bestäuben.

TOMATENWASSERSIRUP

500 g Strauchtomaten von Blütenansätzen und Kernen befreien und grob würfeln. In einen Mixer geben und auf höchster Stufe pürieren, bis die Masse eine glatte Konsistenz hat. Ein Sieb mit einem angefeuchteten sauberen Geschirr- oder Seihtuch auslegen und über eine Schüssel stellen. Das Tomatenpüree in das Sieb gießen und abtropfen lassen. Nach ca. 1 Stunde 300 ml Tomatenwasser abwiegen, mit 150 g Zucker und einer Prise Salz mischen und rühren, bis sich der Zucker aufgelöst hat. Den Sirup im Kühlschrank bis zu 1 Woche aufbewahren. Oder in Eiswürfelbehältern portionieren und im Gefrierschrank lagern, bis eine Portion benötigt wird. Ergibt ca. 350 ml.

taisho

GRÜNE-PAPRIKA-MARGARITA

Die Margarita ist ein sensationeller Sommerdrink. In Japan mixt man sie normalerweise mit nur drei Zutaten (Tequila, Limettensaft und Triple Sec). In Amerika wird das Grundgerüst oft durch Zuckersirup oder Agavennektar ergänzt. Ich gebe gern eine saisonale Zutat dazu – besonders im Sommer, wenn der Margarita Hochsaison hat. In meiner Variante versuche ich, die Essenz frischer Paprikaschoten mit Tequila und Awamori einzufangen. In japanischen Bars serviert man Margaritas selten auf Eis oder gefroren, sondern mit einem Salzrand. Ich denke aber, dass die Zugabe von Eis diese sonnige Version des Klassikers zusätzlich belebt.

Für 1 Glas

Maldon-Meersalz für den Glasrand

3 cl Masahiro Shuzō Shimauta Awamori

2,25 cl Tequila Fortaleza Blanco

2,25 cl frisch gepresster Limettensaft

0,75 cl Royal Combier Grande Liqueur (Orangenlikör)

1,5 cl Paprikasirup (Rezept s. unten)

Eine Hälfte des Glasrands mit einem Salzrand versehen. Awamori, Tequila, Limettensaft, Orangenlikör und Paprikasirup mit Eis in einen Shaker geben. Schütteln, um den Drink abzukühlen. Über frisches Eis in das Glas mit Salzrand abseihen. Keine Garnitur.

PAPRIKASIRUP

Eine grüne Paprika vierteln, von Stiel, Scheidewänden und Samen befreien. Das Fruchtfleisch in kleinere Stücke schneiden. In einen Entsafter geben oder mit einem Hochleistungsmixer pürieren. Das Fruchtfleischpüree abtropfen lassen und den Saft in eine Schüssel abseihen. Den Saft abwiegen und die gleiche Menge an Zucker hinzufügen. In einer Schüssel verquirlen oder in einen Shaker geben und schütteln, bis sich der Zucker vollständig aufgelöst hat. Im Kühlschrank bis zu 2 Wochen haltbar.

taisho

BAMBOO COCKTAIL

Der vielleicht berühmteste Cocktail, der in Japan serviert wird, ist der Bamboo von Louis Eppinger – einfach, aber vielseitig. Perfekt, wenn einem nach einem trockenen Drink mit einem Hauch von Umami ist. Viele Bartender tüftelten bereits am Mischungsverhältnis und diskutierten über das Originalrezept des Drinks. Manche behaupten, das perfekte Mischverhältnis sei trockener Sherry und französischer Vermouth mit Orangen- und Kräuter-Bitters zu gleichen Teilen. Andere bestehen darauf, das Verhältnis zwischen Sherry und Vermouth müsse 3:1 sein – mit einem einzigen Spritzer Orangenbitter. Das Ergebnis der letzten Variante hat eine leichte Textur mit zurückhaltenden Kräuternoten. Ich mag meinen Bamboo irgendwo dazwischen, mit Fino als Basis, einem Spritzer Orangenbitter und einem Barlöffel Oloroso-Sherry für etwas mehr Schwere.

Für 1 Glas

4,5 cl Valdespino Inocente Fino Sherry

1,5 cl Dolin Dry Vermouth de Chambéry

1 Spritzer Orangenbitter

1 BL El Maestro Sierra 15 años Oloroso Sherry

Garnitur: 2 Zitronenzesten

Zum Servieren: Oliven oder salzige Otsumami (optional)

Fino, trockenen Vermouth, Orangenbitter und Oloroso in ein Rührglas geben. Eis hinzufügen und umrühren. In ein gekühltes Coupe-Glas abseihen. Die Zitronenzeste über dem Glas leicht ausdrücken, um mit dem austretenden ätherischen Öl den Cocktail zu aromatisieren, dann entsorgen. Mit dem zweiten Stück Zeste garnieren. Dazu schmecken Oliven oder knusprige, salzige Otsumami.

taisho

KYŪRI COCKTAIL

Während der Bamboo Cocktail (s. S. 206) das ganze Jahr über getrunken wird, erlaubt sein einfaches Grundgerüst auch saisonale Varianten. Für mein sommerliches Rezept verwende ich Manzanilla-Sherry aus der Küstenregion von Sanlúcar de Barrameda in Spanien, der das spritzige Aroma grüner Äpfel beisteuert, das wunderbar mit Kyūri (Gurke) harmoniert. Die japanische Gurke ist so bezaubernd wie ihr Name – mit einem wunderbaren »grünen« Geschmack und einer leichten Bitternote aus der Schale. Um ihre pflanzliche Schärfe einzufangen, mische ich Fruchtfleisch und Schale, statt Letztere abzuschälen. Génépi, ein alpiner französischer Likör aus Beifuß, der mit Absinth und Chartreuse verwandt ist, fügt einen Hauch von bitterer Kamille hinzu und schlägt einen Bogen zwischen dem fruchtigen Sherry, dem trockenen Vermouth und der saftigen Gurke. Ein Muntermacher an schwülen Nachmittagen.

Für 1 Glas

5 Gurkenscheiben (ca. ⅓ cm dick)
4,5 cl La Guita Manzanilla Sherry
4,5 cl Noilly Prat Original Dry Vermouth
1 BL Guillaumette L'Authentique Génépi

Garnitur: Gurkenscheiben

Die Gurkenscheiben in ein Rührglas legen und mit einem Stößel (Muddler) gerade so stark andrücken, dass die Schale aufbricht und etwas Flüssigkeit austritt. Keinesfalls zermatschen. Sherry, Vermouth und Génépi in das Glas geben, mit Eis auffüllen und umrühren. Durch ein Feinsieb in ein gekühltes Cocktailglas abseihen, damit keine Gurkenkerne im Drink zurückbleiben. Mit weiteren Gurkenscheiben garnieren.

AKI

HERBST

Egal, wo ich bin – wenn der Herbst kommt, sehne ich mich nach dem Geruch brennender Reisfelder, dem Duft meiner Kindheit. Während der Wachstumsperiode, wenn die Halme aus der sumpfigen Erde schießen, sind die Reisfelder leuchtend grün. Dann kommt die Erntezeit im September und Oktober, in der die Bäuerinnen und Bauern die Felder trockenlegen und den Reis ernten. Der Geruch der trocknenden Stängel erinnert an Lehm, der in der Sonne gebrannt wird. Der letzte Schritt ist das Abbrennen der Felder, das wir »yakihata« nennen – eine traditionelle Methode, um den Boden für den nächsten Zyklus vorzubereiten.

Es ist ein schwelender Brand, bei dem kleine orangefarbene Flammen das trockene goldene Stroh fressen. Dunkle Rauchschwaden steigen in den Himmel und der Geruch durchdringt die Kleidung wie bei einem Lagerfeuer. Man kann fast spüren, wie sich die Temperatur ringsherum ändert, und der Kontrast zwischen der kühlen Luft und dem Rauch erinnert mich an meine japanischen Lieblingswhiskys. Oder vielleicht sind es die Whiskys, die mich an Yakihata erinnern. So oder so, wenn ich an diesen Whiskys nippe, habe ich heimatliche Gefühle.

Der Herbst in Japan ist eine Zeit der Kontraste. In den ersten Monaten klammern wir uns noch an die Wärme des Sommers, während wir gleichzeitig kühlere Temperaturen herbeisehnen. Die honigfarbenen Blüten der Stachelblättrigen Duftblüte blühen etwa zu der Zeit, wenn die Reisfelder brennen, sodass sich Rauch mit Blütenduft mischt. Wir feiern den Erntemond mit runden, goldenen Speisen als Anspielung auf den Cousin der Sonne und die Blätter des Momiji (japanischen Ahorns), die ihre Farbe von Grün zu Bernsteingelb und Rubinrot wechseln. Wir genießen die letzten Tage des Sommers mit Getränken wie dem apfelbetonten Ringo Highball (s. S. 216). Wenn der Herbst voranschreitet, begrüßen wir die Kühle mit gerührten Cocktails wie Manhattan, Vieux Carré und Negroni – Klassiker, die sich international durchgesetzt haben und in japanischen Cocktailbars perfektioniert wurden.

Es gibt den Ausdruck »shokuyoku no aki«, der sich nicht leicht übersetzen lässt, aber so viel bedeutet wie »der Herbst ist gut zum Essen«. Mit Lebensmitteln wie Kabocha-Kürbis, Kaki und Ginkgo-Nüssen gibt es bei jeder Mahlzeit eine herrliche Geschmacksvielfalt und reichlich Inspiration für Cocktails.

nijūshisekki aki no ichiran

DIE MIKROJAHRESZEITEN DES HERBSTES

RISSHŪ | *Herbstanfang*

Japanese Cocktail
Japanese Cocktail #2
Ringo Highball
Kyohō Sour

SHŪBUN | *Herbst-Tagundnachtgleiche*

Momosé Manhattan
Kinmokusei Cocktail
Alkoholfrei: Golden One

SHOSHO | *Ende der Hitze*

Opal Martini
Sudachi Shōchū Sour
Chawari Toddy

KANRO | *Knackige Morgenkühle*

Negroni
White Negroni
Kiku Cocktail
Alkoholfrei: Würziger Chrysanthemen-Latte

HAKURO | *Gleißend weißer Tau*

Line Cocktail
Kaki Flip
Vector
Pashmina

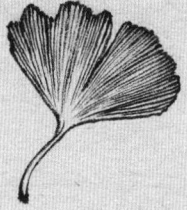

SŌKŌ | *Erster Frost*

Yaki-imo Old Fashioned
Carré Nouveau
Geklärter Mezcal-Milchpunsch

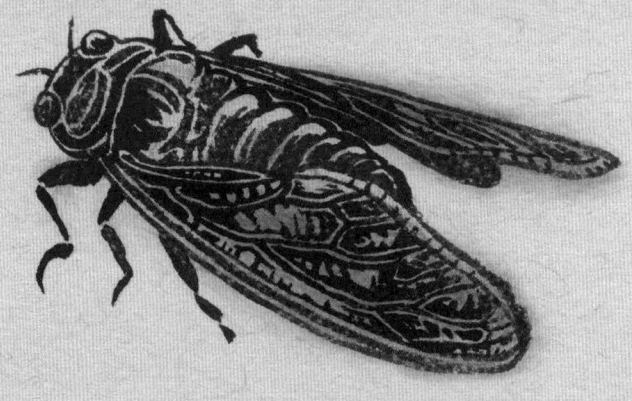

risshū

HERBSTANFANG

Kühle Winde wehen, Zikaden singen am Abend, dichter Nebel senkt sich

Jetzt leben wir zwischen den Jahreszeiten. Mit der Ankunft des Frühherbstes, der sommerliche und herbstliche Momente bereithält, regt sich in mir ein Gefühl der Freiheit. Das Wetter diktiert keine bestimmte Stimmung, also kann man den Herbst mit einem nussigen Orgeat-Drink wie dem Japanese Cocktail feiern oder die letzten Momente der Sommersonne mit einem zitrusbetonten Drink wie dem Kyohō Sour (s. S. 219). Äpfel und Concord-Trauben tauchen auf den Märkten auf und wir freuen uns auf die ersten Süßkartoffeln der Saison. Die köstlichen Knollen bleiben noch eine Weile in der Erde, deshalb greifen wir zu Süßkartoffel-Shōchū und schlürfen ihn an warmen Tagen mit Eis und als Oyuwari, wenn die Nächte kühl werden, und wir den letzten Zikadengesängen des Jahres lauschen.

risshū

JAPANESE COCKTAIL

Als ich zum ersten Mal vom Japanese Cocktail hörte, wollte ich sofort allein schon wegen des Namens seine Ursprünge erforschen und hoffte, dass ich ihn mögen würde. Das Rezept, das Brandy, Orgeat (einen Mandelsirup), Bitter und Zitrone verwendet, erschien erstmals in Jerry Thomas' Buch *How to Mix Drinks*. In seinem Buch *Imbibe!* verrät der Cocktail-Historiker David Wondrich, es sei eines der wenigen Rezepte, die Thomas selbst kreiert habe. Der Name soll an das New York um 1860 erinnern, als die erste japanische Gesandtschaft dorthin kam. Wird er mit erstklassigen Zutaten zubereitet, bietet der Cocktail einen spannenden Aromenmix aus Früchten, Nüssen und Gewürzen, die sich auf unerwartete Art und Weise ergänzen. Für meine moderne Interpretation stellte ich Cashew-Orgeat (Sirup) her – gewürzt mit geröstetem grünem Kardamom und duftendem Orangenblütenwasser. Die Verwendung von Cashewkernen anstelle von Mandeln hebt die dunkleren Aromen des Cognacs hervor. Wenn man ihn dann noch schüttelt, statt ihn zu rühren, darf man sich auf ein belebendes Erlebnis freuen.

Für 1 Glas

6 cl H by Hine VSOP Cognac

1,5 cl Cashew-Orgeat (s. S. 316)

2 Spritzer Angostura Bitter

Garnitur: 1 Zitronenzeste

Cognac, Cashew-Orgeat und Bitter in einem Shaker mit Eis vermengen. Schütteln, um den Drink abzukühlen, dann in ein Cocktailglas abseihen. Ich filtere den Cocktail nicht fein, sondern lasse ein paar Eisstücke an der Oberfläche schwimmen, um seine erfrischende Wirkung zu verstärken. Wem das nicht gefällt, der seiht ihn vor dem Garnieren ins Glas ab. Die Zitronenzeste über dem Glas leicht ausdrücken, um mit dem austretenden Öl den Cocktail zu aromatisieren, dann entsorgen.

risshū

JAPANESE COCKTAIL #2

In dieser Version des Japanischen Cocktails erhöhe ich die Potenz des Getränks und verstärke die Verbindung zu Japan durch Süßkartoffel-Shōchū. Ich stelle mir vor, dass das Originalrezept ungefähr so ausgesehen hätte, hätte ein japanischer Bartender mit Jerry Thomas zusammengearbeitet. In dem Drink sorgt der duftende Armagnac für ein Bouquet von Feigen, Aprikosen und dunkler Schokolade – Geschmacksnoten, die perfekt mit den Vanille-, Tabak- und Ledernoten des Süßkartoffel-Shōchū harmonieren. Die französischen und japanischen Spirituosen verstärken noch das kräftige Aroma des Cashew-Orgeat in diesem raffinierten und modernen Cocktail.

Für 1 Glas

3 cl Marie Duffau Bas Armagnac Napoléon

3 cl Nishi Shuzō Tenshi no Yūwaku Imo Shōchū (Süßkartoffel-Shōchū)

1,5 cl Cashew-Orgeat (s. S. 316)

2 Spritzer Angostura Bitter

Garnitur: 2 Zitronenzesten

Armagnac, Süßkartoffel-Shōchū, Cashew-Orgeat und Angostura Bitter mit Eis in einen Shaker geben. Zum Abkühlen schütteln, dann in ein Cocktailglas abseihen. Die Zitronenzeste über dem Glas leicht ausdrücken, um mit dem austretenden ätherischen Öl den Cocktail zu aromatisieren, dann entsorgen. Mit dem zweiten Stück Zitronenzeste garnieren.

risshū

RINGO HIGHBALL

Gute Highballs sind mehr als die Summe ihrer Teile. In der Version, die wir im *Kumiko* servieren, mischen wir einen Likörwein oder Aperitif mit japanischem Whisky. Als wir im Januar 2019 unsere ersten Gäste bedienten, bestand der Highball No. 1 aus einem 20-jährigen Oloroso-Sherry und Mars Iwai Whisky. Er wird hauptsächlich aus Mais mit einem Hauch von Gerste und Roggen destilliert und in ehemaligen Bourbonfässern gereift. So vereint der Whisky süße Maisnoten mit dunklen Oloroso-Noten.

Bei der zweiten Version, dem Ringo Highball, dreht sich alles um den Apfel. Ich wollte eine der beliebtesten Früchte Japans feiern und gleichzeitig sicherstellen, dass der Whisky der Star des Drinks bleibt. Deshalb wählte ich meinen Lieblingsapéritif Pommeau wegen der Apfelnote und Mars Iwai 45, eine höherprozentige Version des Standard-Iwai, als Whisky. Als zusätzliches aromatisches Element träufle ich vor dem Servieren Eau de Vie aus Äpfeln der Normandie darüber. Schon der erste Schluck hat Charakter, wenn die salzigen Bläschen die Sinne kitzeln. Sobald man sich auf den Drink eingelassen hat, taucht im Hintergrund ein wunderbares Bratapfelaroma auf. Die Kombination schmeckt wie ein Whisky Highball, aber mit tanzenden Apfelaromen – perfekt für den Herbst.

Für 1 Glas

3,75 cl Mars Iwai 45 Japanese Whisky, im Gefrierschrank gekühlt (s. Hinweis)

2,25 cl Rhine Hall La Normande Pommeau

Club Soda zum Auffüllen

Garnitur: 1 BL La Blanche de Christian Drouin (Apfel-Brandy)

Eine Highball-Eisstange in ein Highball-Glas geben. Den Whisky und den Pommeau hinzufügen und umrühren, damit sich die Zutaten mischen. Dann mit Club Soda durch vorsichtiges Gießen zwischen Eis und Glasrand auffüllen. Das Eis mit einem Barlöffel sanft nach oben heben, damit sich die Zutaten verbinden können. Den Apfel-Brandy auf der Oberfläche des Drinks verteilen.

HINWEIS Durch das Lagern im Gefrierfach erhält der Whisky eine üppige Textur und angenehme Kühle. So schmilzt das Eis nämlich nicht sofort, wenn man die Zutaten kombiniert.

risshū

KYOHŌ SOUR

Japans riesige Bergtraube, die Kyohō, ist eine tintenfarbene Hybride, die gezüchtet wurde, um das Aroma der beliebten amerikanischen Concord-Traube zu imitieren. Die Schale der Früchte löst sich beim Zusammendrücken sofort ab, was sie zu einem beliebten Snack macht, zumal die Früchte meist auch kernlos sind. Im Herbst backt meine Mutter immer einen Traubenkuchen, an den ich bis heute denke. Als Hommage an mein herbstliches Lieblingsdessert habe ich diesen jungen Cocktail mit alter Seele kreiert. Darin ergänzt japanischer Wodka den Concord-Traubenessig um einen Hauch von Pfeffer. Der Vermouth sorgt für eine Kräuternote und Champagner für einen trockenen Abgang und verspieltes Sprudeln.

Für 1 Glas

4,5 cl Suntory Haku Vodka

2,25 cl Dolin Dry Vermouth de Chambéry

1,5 cl Zuckersirup (s. S. 318)

1,5 cl frisch gepresster Zitronensaft

0,75 cl Concord 8 (Weinessig; s. Hinweis)

1 Spritzer trockener Champagner zum Auffüllen

Garnitur: 1 Blatt frische Minze

Wodka, Vermouth, Zuckersirup, Zitronensaft und Essig mit Eis in einen Shaker geben. Schütteln, um den Drink abzukühlen, dann in ein Coupe-Glas abseihen. Mit einem Spritzer Champagner auffüllen und mit einem Blatt Minze garnieren.

HINWEIS Wer den speziellen Essig nicht findet, kann mit Traubensaft eine Alternative herstellen. Das ergibt eine spielerischere Mischung, aber der Drink hat ein ähnliches Temperament wie das Original. Dafür 4,5 cl Wodka, 2,25 cl Vermouth, 1,5 cl Concord-Traubensaft, 1,5 cl Zuckersirup und 2,25 cl Zitronensaft in einen Shaker geben. Mit Eis schütteln und kühlen, dann in ein Coupe-Glas abseihen. Mit einem Blatt Minze garnieren.

shosho

ENDE DER HITZE

Baumwollblüten blühen, die Erde beginnt sich abzukühlen, der Reis reift

Nach der letzten Ernte des Sommers kühlt sich die Luft merklich ab. Sonnenblumen lächeln und der Appetit kehrt mit einem leisen Seufzer des Glücks zurück. Wir strömen in die Geschäfte und Izakayas, um den jungen Nihonshu zu genießen, der jetzt Saison hat. Wir haben die Wahl zwischen Akiagari und Hiyaoroshi – beides Weiterentwicklungen der ersten Nihonshu-Chargen des Frühjahrs. Akiagari wird vor dem Ruhen und erneut bei der Abfüllung pasteurisiert, Hiyaoroshi nur einmal. Eine Köstlichkeit, mit der wir den Herbst auf dem Tisch willkommen heißen. Was Cocktails betrifft – es ist die passende Zeit für einen Chawari Toddy oder eine wohlige, heiße Tasse Bancha – schlicht und unprätentiös.

shosho

OPAL MARTINI

Ich rate, diesen Drink nicht nur nach seiner charmanten rosa Färbung zu beurteilen. Hinter seiner koketten Schönheit verbergen sich üppige Frische und eine robuste Geschmacksbalance – dank der Verschmelzung von Junmai-Shu und duftendem Zitronengras-Shōchū. Die Peychaud's Bitters sorgen mit ihrem Fenchelaroma außerdem für erstaunlich viele grüne Noten. Insgesamt ein perfekter Drink, um den Sommer ausklingen zu lassen. Dann ist da noch ein Kitzeln von Nelken und Muskatnuss aus Rum und Falernum, und der Saké hüllt alles in eine weiche Decke aus süßem Reis. Man kann jeden Junmai verwenden – der Cocktail wird immer großartig schmecken. Aber der Shared Promise von *Chiyonosono* ist einer, den ich wegen seiner fesselnden Persönlichkeit besonders liebe.

Für 1 Glas (Foto S. 223)

4,5 cl Chiyonosono Shared Promise Junmai

2,25 cl Mizu Lemongrass Shōchū oder selbst mit Zitronengras infusionierter Shōchū (Rezept s. unten)

2,25 cl El Dorado Rum 3 Jahre

1 BL John D. Taylor's Velvet Falernum

1 Spritzer Orangenbitter

3 Spritzer Peychaud's Bitters

Garnitur: 1 Limettenspirale

Saké, Shōchū, Rum, Falernum und beide Bitters in einem Rührglas vermischen. Eis hinzufügen und umrühren, um den Drink zu kühlen. In ein gekühltes Stielglas abseihen. Mit einer Limettenspirale garnieren.

MIT ZITRONENGRAS INFUSIONIERTER SHŌCHŪ

Die äußeren Blätter von 2 Stängeln frischem Zitronengras abschälen und die Spitzen abschneiden. Gründlich abspülen und trocken tupfen. Mit der Spitze eines Messers den unteren Teil des Stängels einritzen, der Stängel selbst sollte aber intakt bleiben. So lässt sich das Zitronengras besser aufgießen und leichter entfernen, wenn der Aufguss fertig ist. Dann das vorbereitete Zitronengras in eine 750-Milliliter-Flasche mit Reis- oder Gersten-Shōchū geben und bei Zimmertemperatur 3 Tage lang ziehen lassen. Ich empfehle Chiyonosono 8.000 Generations Rice Shōchū, Takahashi Shuzōs Hakutake Shiro Rice Shōchū oder Ginrei Shiro Rice Shōchū für diesen Aufguss, der unbegrenzt haltbar ist.

SHŌCHŪ-ZUTATEN

Um Honkaku Shōchū herzustellen, muss man nach ganz bestimmten Verfahren vorgehen (s. S. 187). Hier eine aktuelle Liste mit den 54 zugelassenen Zutaten. Nicht alle sind außerhalb Japans erhältlich, und viele sind selbst dort selten. Ich habe mir persönlich das Ziel gesetzt, so viele wie möglich zu probieren. Dieser Leitfaden ist als kleine Hilfe bei der Recherche nach Honkaku Shōchū gedacht.

米 | kome (Reis)

麦 | mugi (Gerste)

芋 | imo (Süßkartoffel)

黒糖 | kokutō (Schwarzer Zucker)

そば | soba (Buchweizen)

あしたば | ashitaba (eine Art Engelwurz)

あずき | adzuki (Rote Mungbohne)

あまちゃづる | amachazuru (ein Kraut, bekannt als südlicher Ginseng)

アロエ | aloé (Aloe)

ウーロン茶 | oolongcha (Oolong-Tee)

梅の種 | umé pits (Kerne einer aprikosenähnlichen Frucht)

えのきたけ | enokitaké (Enoki-Pilz)

おたねにんじん | otane ninjin (Ginseng)

かぼちゃ | kabocha (Kürbis)

牛乳 | gyūnyū (Kuhmilch)

ぎんなん | ginnan (Gingko-Samen)

くず粉 | kudzuko (Stärke aus den Wurzeln der Kudzu)

くまざさ | kumazasa (Bambusart)

くり | kuri (Kastanie)

グリーンピース | gurīnpīsu (Erbse)

こならの実 | konara no mi (Samen der Konara-Eiche)

ごま | goma (Sesamsamen)

こんぶ | kombu (eine Art Seetang)

サフラン | safuran (Safran)

サボテン | sabotén (Kaktus)

しいたけ | shiitake (Shiitake)

しそ | shiso (Kraut aus der Minze-Familie)

大根 | daikon (Rettich)

脱脂粉乳 | dasshifun'nyū (Magermilchpulver)

たまねぎ | tamanégi (Zwiebel)

つのまた | tsunomata (Rotalge)

つるつる | tsurutsuru (seltenere Rotalge)

とちのきの実 | tochinoki no mi (Rosskastanie)

トマト | (Tomate)

なつめやしの実 | natsuméyashi no mi (Dattel)

にんじん | ninjin (Möhre)

ネギ | négi (Frühlingszwiebel)

のり | nori (Seetang)

ピーマン | pīman (Paprika)

ひしの実 | hishi no mi (Frucht einer Wasserpflanze)

ひまわりの種 | himawari no tané (Sonnenblumenkerne)

ふきのとう | fukinotō (Pestwurzsprossen)

べにばな | benibana (Färberdistel)

ホエイパウダー | hoeipaudā (Molkepulver)

ほていあおい | hoteiaoi (Wasserhyazinthe)

またたび | matatabi (Pflanze aus der Familie der Kiwi-Früchte)

抹茶 | matcha (Matcha)

まてばしいの実 | matebashi no mi (Buchecker)

ゆりね | yuriné (Lilienwurzel)

よもぎ | yomogi (Beifuß)

落花生 | rakkasei (Erdnuss)

緑茶 | ryokucha (grüner Tee)

れんこん | renkon (Lotuswurzel)

わかめ | wakamé (eine Art Seegras)

OPAL MARTINI
(Seite 221)

shosho

SUDACHI SHŌCHŪ SOUR

Hat die Sudachi, eine Zitrusfrucht, die in Japans südlicher Präfektur Tokushima angebaut wird, Saison, ist sie der Star sowohl in Speisen und Getränken in japanischen Haushalten als auch in Restaurants. In der Soja-Zitrus-Dipsauce Ponzu ist sie unverzichtbar. Aber auch in Cocktails, die Zitrussaft verlangen, bildet die Frucht eine denkwürdige Ergänzung. Um Sudachi zu würdigen, habe ich diesen Cosmopolitan-ähnlichen Refresher mit Sudachi-Likör, Grapefruit und Limette kreiert. Die Zugabe von Royal Combier, einem Orangenlikör, der mit Muskatnuss, Kardamom, Safran und Aloe angereichert ist, sorgt zusätzlich für reiche Zitrusnoten, die sich mit der Strahlkraft des Shōchū bestens vertragen.

Für 1 Glas

6 cl Awa No Kaori Sudachi Chū
1,5 cl frisch gepresster Limettensaft
1,5 cl frisch gepresster Grapefruitsaft
0,75 cl Zuckersirup (s. S. 318)
0,75 cl Royal Combier Grande (Orangenlikör)
Garnitur: Sudachi- oder Limettenscheibe

Sudachi Chū, Limettensaft, Grapefruitsaft, Zuckersirup und Orangenlikör mit Eis in einen Shaker geben. Dieser Cocktail muss leicht geschüttelt werden, um ihn zu kühlen und zu belüften, da er einen niedrigeren Alkoholgehalt hat. In ein gekühltes Cocktailglas abseihen. Mit einer Scheibe Sudachi – oder alternativ einer Limettenscheibe – garnieren.

shosho

CHAWARI TODDY

Kalt in einem Highball oder heiß als Toddy serviert, ist die Kombination aus Tee und Shōchū immer schnell zur Hand, wenn Herbstwinde die kalte Zeit des Jahres ankündigen. Der Toddy ist die Art von Drink, den ich auch zu Hause zubereiten würde – geradlinig und leicht, mit einer schönen Balance zwischen den milden Gerbstoffen des Tees und dem Aroma der Spirituose. Außerdem ist er nicht zu stark, sodass man sich mit einer Kanne Tee und einer Flasche Shōchū einen gemütlichen Abend machen kann. Ich empfehle einen Shōchū mit einem Alkoholgehalt von etwa 25 % für dieses Rezept, aber auch ein Shōchū mit mehr Alkohol ist fein, wenn man das Mischverhältnis etwas anpasst.

Für 1 Glas

- 15 cl heißer Bancha (Rezept s. unten)
- 4,5 cl Shōchū
- 0,75 cl Honigsirup (s. S. 317)
- Garnitur: Zitronen- oder Orangenscheibe (optional)

Den frisch aufgebrühten Bancha in einen Becher gießen. Shōchū und Honigsirup dazugeben. Kurz umrühren, um alles zu vermischen. Eine Garnitur ist nicht notwendig, aber wer mag, garniert das Getränk mit einer Zitronen- oder Orangenscheibe, die eine fruchtige Note einbringt.

HEISSER BANCHA

In einem Glas- oder Keramikbrühgefäß 2 TL Bancha und 20 cl heißes Wasser (ca. 95 °C) vermischen und 2–3 Minuten ziehen lassen. Bancha kann bis zu dreimal aufgegossen werden. Beim zweiten und dritten Mal müssen Sie möglicherweise die Temperatur des Wassers schrittweise erhöhen. Ergibt 18 cl.

hakuro

GLEISSEND WEISSER TAU

Weißer Tau glitzert auf dem Gras, Bachstelzen singen, die Schwalben ziehen weg

Es ist Zeit, Jacken und Schals hervorzuholen. Auf dem Gras sammelt sich morgens und abends Tau, da die Temperaturen während der kürzeren Tage deutlich schwanken. Kakis färben sich von Grün und Gelb zu Orange, und sobald sie reif sind, verwende ich sie in Cocktails wie dem Kaki Flip (s. S. 230). Wenn der Erntemond kommt – der dem Herbstbeginn nächste Vollmond –, versammeln sich die Menschen zum Otsukimi-Fest und feiern mit Speisen, die an den Mond erinnern – Kastanien, Spiegeleiern und Klößchen. In Japan gibt es keinen »Mann im Mond« wie im Westen, stattdessen glaubt man an »tsuki no usagi« (den Hasen im Mond), der Mochi (Klebreiskuchen) zubereitet. Während des Erntemondfestes essen wir auch spezielle Omochi.

hakuro

LINE COCKTAIL

Der japanische Bartender Yonekichi Maeda, der 1924 mit *Kokutēru* eines der ersten japanischen Cocktailbücher schrieb, erfand diesen Cocktail. Eine kleine Kostbarkeit, die im Laufe der Zeit an Popularität verloren hat. Das könnte daran liegen, dass das Originalrezept zu gleichen Teilen Gin, süßen Vermouth und Bénédictine sowie zwei Spritzer Angostura Bitter verlangt. Das Ergebnis ist süß wie Sirup und verschreckt selbst Süßschnäbel. Allerdings servierte Maeda den Drink in Schnapsgläsern statt in den größeren Coupes und Cocktailgläsern – das relativiert die Süße ein bisschen. Außerdem muss man den Line Cocktail schnell und sehr kalt trinken. Maeda schüttelte das Getränk außerdem, statt es zu rühren (wie es die moderne Bartendertechnik vorschreibt), um den Cocktail zu belüften und die Textur zu beleben. Das macht das Gesamterlebnis weniger süßlich. Der Drink ist ideal für Fans von Bijou, Hanky Panky oder Martinez-Cocktails.

Für 1 Glas (Foto auf S. 235)

1 cl The Kyōto Distillery Ki No Bi Kyōto Dry Gin

1 cl Cocchi Vermouth di Torino

1 cl Bénédictine

2 Spritzer Angostura Bitter

Garnitur: eingelegter Rakkyō (s. Hinweis S. 234)

Gin, Vermouth, Bénédictine und Angostura Bitter mit Eis in einen Shaker geben. Schütteln, um den Drink zu kühlen, dann in ein kleines Glas abseihen. Mit einem leicht zerdrückten, eingelegten Rakkyō garnieren.

GEFRIERSCHRANKVERSION

Ich fülle eine Flasche dieses Cocktails ab und bewahre sie im Gefrierschrank auf, um sie jederzeit zur Hand zu haben. Für die Gefrierschrankversion jeweils 24 cl Gin, Vermouth und Bénédictine mit 8 Spritzern Angostura Bitter in einer 750-Milliliter-Flasche vermischen. Zu diesem Zeitpunkt keinen weiteren Bitter hinzufügen, denn das könnte den Geschmack des Drinks verderben. Lieber vor dem Servieren nach Bedarf mehr hinzufügen. Im Gefrierschrank aufbewahren. Zum Servieren einen Schluck über Eis gießen oder eine Portion abmessen, schütteln und mit Garnitur servieren. Nach Belieben nochmals mit Angostura abschmecken.

KAKI FLIP

Die wunderbaren Orange- und Rottöne der Kakifrüchte, die sich kontrastreich vom blauen Himmel abheben, heben meine Laune in dieser Zeit des Jahres. Das Wichtigste bei der Kaki ist, wie bei vielen anderen Dingen im Leben, Geduld. Mag auch die Farbe bereits auf Reife hindeuten – warten Sie lieber, bis sich die Frucht weich und matschig anfühlt, bevor Sie die Kappe abschneiden und das Innere mit einem Löffel essen. Oder löffeln Sie das Fruchtfleisch – wie in diesem Cocktail – in den Shaker und zaubern Sie daraus einen köstlichen Drink. Ich verwende für den Kaki Flip außerdem einen Soba-Shōchū auf Buchweizen-Basis namens Touge von der *Kitsukura*-Brauerei in Nagano. Touge hat einige Honignoten mit der Kaki gemeinsam und zudem ein vanillig-buttriges Aroma, das wunderbar zum nach Safran duftenden gelben Chartreuse passt. Um das Getränk abzurunden, einen erdigen Junmai-shu wählen, denn Reis und Buchweizen ergänzen sich bestens. Das Ei verleiht dem Cocktail eine samtige Dickflüssigkeit, die das Schlürfen zum Vergnügen macht.

Für 1 Glas

- 1½ EL reifes Kaki-Fruchtfleisch
- 4,5 cl Akashi-Tai Tokubetsu Honjōzo Saké
- 3 cl Kitsukura Touge Soba Shōchū (Buchweizen-Shōchū)
- 0,75 cl gelber Chartreuse
- 1,5 cl Zuckersirup (s. S. 318)
- 1 Ei

Garnitur: frisch geriebene Muskatnuss

Kaki, Saké, Shōchū, Chartreuse, Zuckersirup und Ei in einen Shaker geben. Schütteln, damit sich die Zutaten vermischen. Eis hinzufügen und erneut schütteln, um den Drink zu kühlen. In ein gekühltes Coupe-Glas abseihen. Mit frisch geriebener Muskatnuss bestreuen.

KAKIS

Die Kaki oder Kakipflaume soll bereits im siebten Jahrhundert aus China nach Japan gekommen sein. Die Frucht wurde bald kultiviert, was zu den Tausenden verschiedenen Sorten führte, die man heute in Japan findet. Kakis werden nicht nur frisch genossen, sondern auch wegen ihrer insektenabweisenden Wirkung zum Färben von Stoffen und als Klärmittel in der Nihonshu-Produktion verwendet.

Es gibt drei Hauptkategorien japanischer Kakis: Amagaki (süße Kakis), Shibugaki (herbe oder gerbstoffreiche Kakis) und Fukanzen Amagaki (unreife süße Kakis, die erst süß werden, wenn sich die Samen ausbilden). Innerhalb dieser Kategorien ist Fuyū eine Amagaki-Art, die im Westen weitverbreitet ist. Sie ist leicht an ihrer charakteristischen Form zu erkennen: gedrungen und rund, ähnlich wie ein Mini-Kürbis. Die Schale hat ein sattes Orange und das Fruchtfleisch eine hellere Farbe, die an orangefarbenes Sorbet erinnert. Fuyūgaki sind sehr beliebt, weil sie schon vor der Vollreife genießbar sind – fest und süß, mit nur einem Hauch von Bitterkeit. Die andere Art, die im Westen zu finden ist, fällt unter die Kategorie Shibugaki: Hachiya-Kakis sind länglich und konisch geformt, fast wie ein Wassertropfen. Sie wurden in der Stadt Hachiya in der Präfektur Gifu, nördlich von Nagoya, gezüchtet. Shibugaki sind extrem gerbstoffreich und sollten nur in vollreifem Zustand gegessen werden.

Ein übliches Ritual in Japan während der Herbst- und Wintermonate ist Hoshigaki, das Trocknen von Kakis. Es kann Wochen oder Monate dauern – je nach Temperatur und Feuchtigkeit der Umgebung. Aber das Warten lohnt sich, und die sorgfältig aufgehängten orangefarbenen Kugeln, die wie die Pendel alter Uhren schwingen, sind eine Augenweide. Shibugaki-Kakis eignen sich am besten für Hoshigaki, da die Gerbstoffe beim Trocknen Insekten abwehren. Der Trocknungsprozess neutralisiert die Tannine und macht das Endprodukt noch süßer als voll ausgereifte Amagaki. Waschen Sie für das Trocknen zu Hause die Kakis zunächst und schälen Sie sie dann. Dann tauchen Sie die Früchte in Shōchū oder neutralen Alkohol, um sie zu desinfizieren, und hängen sie anschließend am Stiel in einem hellen, luftigen Teil des Hauses auf. Wenn die äußere Schicht hart wird, massieren Sie die Kakis zunächst jeden Tag und im Laufe der Wochen jeden zweiten Tag, um den Zucker zu binden. Mit der Zeit bildet sich ein weißer Flaum an der Außenseite. Das ist der austretende Zucker und ein Zeichen dafür, dass die getrockneten Früchte fast verzehrfertig sind. Ich esse Hoshigaki gern in Scheiben geschnitten zu einer Tasse aufgebrühtem Matcha oder mit einer Prise Salz zu Süßkartoffel-Shōchū, den ich mit heißem Wasser verdünne.

hakuro

VECTOR

Für den Vector, meine Version des Line Cocktails (s. S. 229), habe ich einen französischen Dry Vermouth mit italienischem Bianco vermischt, um ein Bouquet von Botanicals zu entwickeln, das sich gut mit den schüchternen Tanninen des Ki No Bi Dry Gin verträgt. Dazu kommt Bénédictine wie ein Honigkuss. Das Geschmacksprofil ist zunächst vertraut, da Wacholder und Vermouth ineinandergreifen. Den Unterschied macht der süße Bénédictine in Verbindung mit dem herzhaften Rakkyō aus.

Für 1 Glas

1 cl The Kyōto Distillery Ki No Bi Kyōto Dry Gin

1 cl Bénédictine

1 cl Bèrto Aperitiv dla Tradission Bianco Vermouth

1 cl Noilly Prat Original Dry Vermouth

2 Spritzer Angostura Bitter

Garnitur: je 1 Zitronen- und Grapefruitzeste, eingelegter Rakkyō (s. Hinweis)

Gin, Bénédictine, beide Vermouth-Sorten und den Angostura Bitter mit Eis in einen Shaker geben. Zum Abkühlen schütteln, dann in ein kleines Glas abseihen. Die Zitronen- und Grapefruitzesten über dem Glas leicht ausdrücken, um mit dem austretenden ätherischen Öl den Cocktail zu aromatisieren, dann entsorgen. Mit Rakkyō garnieren.

HINWEIS Rakkyō ähneln Schalotten, aber die Knollen sind etwas größer. Wenn sie eingelegt sind, besitzen sie eine prickelnde Textur mit einem süßen, zwiebelartigen Geschmack und säuerlichen Noten, die das Einlegen hervorkitzelt. Eine Cocktailzwiebel ist ein möglicher Ersatz, man sollte aber bedenken, dass diese bitterer sind als Rakkyō.

hakuro

PASHMINA

In den Herbst- und Wintermonaten ist es in Chicago grimmig kalt. Wenn ein Gast im *Kumiko* friert, bieten wir ihm einen seidigen Pashmina an, in den er sich während seines Besuchs einkuscheln kann. In diesem Drink fangen wir ein paar Kuschelmomente im Glas ein. Ein Gersten-Shōchū mit seinen Röstaromen ist die Basis, auf die wir andere Herbstaromen schichten. Cynar, ein italienischer Amaro auf Artischockenbasis, hat trockene und holzige Noten – ein Bouquet, das wunderbar die Gewürz- und Honigaromen von Bénédictine ergänzt. Die luxuriöse Crème de Cassis trägt das Aroma von schwarzen Johannisbeeren und eine weinähnliche Qualität bei. Alles zusammen ergibt ein großes Bouquet aus Kaschmir und Gewürzen.

Für 1 Glas

4,5 cl Kintaro Honkaku Barley Shōchū (Gersten-Shōchū)

1,5 cl Crème de Cassis

1,5 cl Cynar

0,75 cl Bénédictine

0,75 cl Zuckersirup (s. S. 318)

0,75 cl frisch gepresster Zitronensaft

Garnitur: 1 Rosmarinzweig

Shōchū, Crème de Cassis, Cynar, Bénédictine, Zuckersirup und Zitronensaft mit Eis in einen Shaker geben. Schütteln, um den Drink zu kühlen, dann in ein Glas über Eis abseihen. Ein brennendes Streichholz unter den Rosmarinzweig halten, sodass die Nadeln erwärmt und der Duft freigesetzt werden, aber nicht verbrennen. Dies sorgt für holzige Aromen. Mit dem Rosmarinzweig garnieren.

shūbun

HERBST-TAGUNDNACHT-GLEICHE

Der Donner wird leiser, überwinternde Tiere schließen ihre Türen, Bauern legen Felder trocken

So wie die Shincha-Ernte den Frühling ankündigt, macht uns erntereifer Reis auf den Feldern klar, dass der Herbst eingetroffen ist. »Shinmai« – so das offizielle Wort für frisch geernteten Reis – wird während der Ernte im September und Oktober genossen und gefeiert. Besonders in Präfekturen wie Hokkaidō, Nīgata und Akita, die bekannt sind für ihre Reisproduktion. Junge Reiskörner sind schwerer und haben mehr Feuchtigkeit als gereifte Reiskörner. Wenn sie gedämpft werden, werden die Körner wieder prall und leicht süß. Shinmai wird oft einfach mit einer Prise Salz genossen oder mit Kastanien oder Matsutaké gekocht. Später werden die Reisfelder entwässert und abgebrannt, damit sich der Boden erholen kann. Dann erinnert der Rauch an den Duft von japanischem Whisky. Jetzt ist die richtige Zeit für Drinks wie den Manhattan – einen Klassiker, der Alkohol enthält, aber so sanft wie das Streicheln von Ginkgoblättern auf der Haut schmeckt.

shūbun

MOMOSÉ MANHATTAN

Ich liebe einen guten Manhattan. Wenn man die richtige Mischung aus Whiskey, Vermouth und Bitters findet, ist er einer der besten Cocktails der Welt. In Japan wird er üblicherweise mit amerikanischem Whiskey wie einem Old Overholt Rye oder Wild Turkey Bourbon gemixt – das habe ich in meinem Rezept übernommen. Für meine persönliche Variante habe ich mich aber vom Perfect Manhattan inspirieren lassen, bei dem sowohl trockener als auch süßer Vermouth verwendet werden. Ich lernte diesen Cocktail schon zu Beginn meiner Bartender-Karriere kennen, als ich für *Cornell Catering* arbeitete. Mich erstaunte und faszinierte die Hartnäckigkeit, mit der ein Gast diktierte, wie er den Cocktail zubereitet haben wollte. Das brachte mich dazu, mich eingehender mit klassischen Cocktails und ihren Abwandlungen zu beschäftigen. Bis zum heutigen Tag sind einige meiner Lieblingsdrinks diejenigen, die mit einer Mischung aus süß und trocken zubereitet werden oder mit zwei Basis-Spirituosen. Anstelle von französischem trockenem Vermouth verwende ich gern Pineau des Charentes, der Fruchtigkeit und spürbare Säure besitzt. Die minzigen alpinen Botanicals, die den Amaro Bràulio ausmachen, ersetzen den sonst üblichen Angostura Bitter. Der Amaro bringt eine Bitternote ein, die an Aromen des italienischen Herbstes erinnert. Letztendlich schmeckt mein Cocktail immer noch wie ein Manhattan, aber mit ein paar geschmacklichen Drehungen und Wendungen.

Für 1 Glas (Foto auf S. 240)

4,5 cl High West Rendezvous Rye Whiskey

1,5 cl Amaro Bràulio

1,5 cl Pineau des Charentes

1,5 cl Cocchi Vermouth di Torino

Garnitur: 1 Zitronenzeste

Rye Whiskey, Amaro, Pineau des Charentes und süßen Vermouth in ein Rührglas geben. Eis hinzufügen und umrühren, um den Drink zu kühlen. In ein gekühltes Coupe-Glas abseihen. Die Zitronenzeste über dem Glas leicht ausdrücken, um mit dem austretenden Öl den Cocktail zu aromatisieren, dann entsorgen.

MOMOSÉ MANHATTAN
(Seite 239)

JAPANISCHE WHISKY-STANDARDS

Ich werde oft gefragt: »Was macht japanischen Whisky so besonders?« Ich könnte das reine Wasser der *Yamazaki*-Destillerie, die frische Bergluft von Hakushu, die Traditionen von Yoichi oder die Modernität von Miyagikyo ins Spiel bringen. Oder die Innovationskraft und Leidenschaft von Chichibu, die Geschichte von Hombo, den Stammbaum von Eigashima und das Terroir von Akkeshi. Hinter dem Erfolg des japanischen Whiskys stehen aber nicht nur Zutaten, Technik und Richtlinien der Produktion. Es sind vor allem die Leidenschaft und Akribie der Menschen, die die Produkte so unverwechselbar und weltberühmt machen. Allerdings haben einige Produzenten das Prestige des japanischen Whiskys beschädigt und den Ruf verwässert. Sie folgen zwar den Produktionsgesetzen, werden aber nicht dem Geist des Monozukuri gerecht. Bis vor Kurzem war die Bezeichnung »japanischer Whisky« auf einem Etikett eine Garantie für Qualität. Es ist jedoch nicht genau festgelegt, was als »japanischer Whisky« bezeichnet werden darf und was nicht. Momentan besagen die Regeln nur, dass die Spirituose aus Getreidekörnern hergestellt werden (Reis-Koji darf nicht verwendet werden) und in Fässern reifen muss. Es gibt keine Vorgaben, wie lange der Whisky reifen muss, welche Fässer verwendet werden dürfen und keine Bestimmungen zur Herkunft des Destillats. So können japanische Unternehmen importierte Spirituosen kaufen, abfüllen und als japanischen Whisky etikettieren und verkaufen. Sie dürfen außerdem gealterten Whisky mit jungem Whisky mischen.

Um die Marke zu schützen, veröffentlichten Mitglieder der *Japan Spirits and Liqueurs Makers Association* (JSLMA) am 12. Januar 2021 eine Reihe freiwilliger Standards. Die JSLMA ist keine staatliche Organisation, daher basieren die Kriterien auf Ehre und Vertrauen. Zu den Mitgliedern gehören *Venture Whisky*, *Nikka*, *Suntory*, *Komasa*, *Hombo*, *Hikari*, *Gaiaflow*, *Akkeshi*, *Eigashima* und 25 weitere Unternehmen, die eine Whisky-Lizenz besitzen, aber derzeit nicht alle Whisky produzieren. Zusätzlich zu den von der Regierung festgelegten Standards sind die Anforderungen der JSLMA, die ein Whisky erfüllen muss, um die Bezeichnung »japanischer Whisky« tragen zu dürfen, Folgende:

ZUTATEN: Malz oder Getreide und Wasser aus Japan. Es muss gemälzte Gerste verwendet werden.

HERSTELLUNG: Verzuckerung, Gärung und Destillation müssen in Japan erfolgen. Der Alkoholgehalt zum Zeitpunkt der Destillation muss unter 95% liegen.

REIFUNG: In Holzfässern mit einer Füllmenge von 700 Litern oder weniger; mindestens drei Jahre in Japan.

ABFÜLLUNG: Sie muss – mit einem Alkoholgehalt von mindestens 40% – in Japan erfolgen.

SONSTIGES: Einfacher Karamell-Farbstoff darf verwendet werden.

Ich bin zuversichtlich, dass die japanische Regierung bald ihre Verordnungen um diese Standards ergänzen wird. Bis dahin können wir Herstellern vertrauen, die offen über ihre Destillations- und Mischungspraktiken informieren.

shūbun

KINMOKUSEI COCKTAIL

Im Spätherbst verliert die Welt ihre Farbe und zeigt sich in gedämpften Tönen. Die Blätter fallen zu Boden und rascheln unter den Füßen, und alles scheint sich in Zeitlupe zu bewegen, wenn die Kinmokusei (Duftblüten) erwachen. Ihre Knospen bieten einen letzten bezaubernden Moment von intensiver Dramatik, bevor der Winter kommt. Um den Geist dieses Moments einzufangen, habe ich einen vom Gimlet inspirierten Cocktail mit Reis-Shōchū, japanischem Gin, Limette, Galliano und einem Sirup aus Duftblüten kreiert. Es ist ein Cocktail für Gin-Liebhaber, der durch den Galliano mit Botanicals angereichert wird und durch den Shōchū mit weichen Reisnoten.

Für 1 Glas

4,5 cl Takahashi Shuzō Hakutake Shiro Rice Shōchū

1,5 cl Nikka Coffey Gin

1,5 cl Kinmokusei-Sirup (s. S. 318)

2,25 cl frisch gepresster Limettensaft

0,75 cl Galliano L'Autentico Liqueur

Garnitur: 1 Limettenzeste und 1 Rosmarinzweig

Shōchū, Gin, Kinmokusei-Sirup, Limettensaft und Galliano mit Eis in einen Shaker geben. Zum Abkühlen schütteln, dann in ein Cocktailglas abseihen. Mit einem Stück Limettenzeste und einem kleinen Rosmarinzweig garnieren.

shūbun

ALKOHOLFREI
GOLDEN ONE

Im Haus meiner Kindheit säumten Felsbrocken in verschiedenen Größen und Formen – einige davon mit Moos bewachsen – eine Treppe, die zum Haus hinaufführte. Wie auf einem Kissen, das nur für mich bestimmt war, saß ich manchmal dort, lauschte dem Gesang der Vögel und schnupperte an den engelhaften Kinmokusei-Blüten. Um die Essenz der Blume in einem alkoholfreien Drink einzufangen, habe ich diesen Cooler kreiert, der an ein Glas Limonade erinnert. Yuzu-Saft sorgt für einen Schuss von Zitrusaroma, was zu den Honignoten des Sirups passt und mich an die Momente erinnert, wenn ich die kalte Luft mit dem Aroma der Blüten einatmete. Grüner Tee gibt der ansonsten luftigen Mischung, die ein sonniger Kontrast zu deftigen Herbstgerichten ist, Tiefe.

Für 1 Glas

6 cl Cold-brew-Sencha (s. S. 320)	0,75 cl frisch gepresster Zitronensaft
3 cl Kinmokusei-Sirup (s. S. 318)	3 cl Yuzu-Saft
	1 Spritzer Tonic Water zum Auffüllen
	Garnitur: 1 Thymianstängel

Sencha, Kinmokusei-Sirup, Zitronensaft und Yuzu-Saft mit Eis in einen Shaker geben. Schütteln, um die Zutaten zu vermengen. In ein gekühltes Longdrinkglas mit frischem Eis abseihen. Mit einem Spritzer Tonic Water auffüllen und mit dem Thymianstängel garnieren.

HINWEIS Greifen Sie zu, wenn frischer Yuzu-Saft verfügbar ist! Ersatzweise können Sie pasteurisierten Saft verwenden.

kanro

KNACKIGE MORGENKÜHLE

Wildgänse kehren zurück, Chrysanthemen blühen, Grillen zirpen

Es wird herbstlicher. Der Himmel ist von intensivem Blau, und die Art, wie sich die Sonne ihren Weg durch die bunten Blätter bahnt, hat etwas Besonderes. Ähnlich, wie die Sakura-Blüten im Frühling beeindrucken, faszinieren die Blätter des Momiji (japanischen Ahorns) nun mit ihrer Farbpalette und locken Schaulustige aus Tausenden von Kilometern Entfernung an. Einige Bäume wechseln ihre Farbe schneller als andere, sodass sich die Farbschattierungen wie eine Raupe durch die Landschaft winden. Eine Pflanze, die zu dieser Jahreszeit eine besondere Bedeutung hat, ist die Kiku oder Chrysantheme – eine Blüte, die in Weiß-, Gelb- und Rotbrauntönen blüht. Sie ist das kaiserliche Emblem Japans und steht für Langlebigkeit, Wohlwollen und den Herbst, in dem die Chrysantheme mit Festen gefeiert wird. Wenn die Saison der Blüten anbricht, essen wir die Blätter und Zwiebeln der Chrysantheme, halten nach Lebensmitteln Ausschau, die ihre Form nachahmen, und lassen ihre Blütenblätter in Gläsern mit Saké schwimmen.

kanro

NEGRONI

Ein weiterer Klassiker, der einen Platz in japanischen Bars gefunden hat, ist der Negroni. Ein italienischer Cocktail mit drei Zutaten, den viele Bartender perfektionieren möchten. Innerhalb seines strukturierten Rahmens kann selbst die kleinste Variante zu etwas Neuem und Interessantem führen, und genau das war mein Ziel hinter der Bar im *GreenRiver*. Ich verwende die gleichen Zutaten, aber eine geteilte Basis von Bitters: Die Zugabe von Gran Classico mit getrockneten Orangenschalen und holzigen Gewürzaromen hilft, die aggressiven Spitzen des Campari zu mildern. Außerdem bevorzuge ich meine Negronis auf Eis, denn der Drink ist so reichhaltig, dass er eine Verdünnung vertragen kann, ohne seine Tiefe zu verlieren. Er begrüßt das Wasser, wie wir die im Spätherbst einsetzende Kälte.

Für 1 Glas

3 cl The Kyōto Distillery Ki No Bi Kyōto Dry Gin

3 cl Cocchi Vermouth di Torino

1,5 cl Campari

1,5 cl Tempus Fugit Gran Classico Bitter

Garnitur: je 1 Zitronen- und Orangenzeste

Gin, süßen Vermouth, Campari und Gran Classico in ein Rührglas geben. Eis hinzufügen und umrühren, um den Drink zu kühlen. In ein Glas mit Eiswürfeln abseihen. Die Zitronenzeste über dem Glas leicht ausdrücken, um mit dem austretenden ätherischen Öl den Cocktail zu aromatisieren, dann entsorgen. Mit einem Streichholz die Orangenzeste zum Aromatisieren über dem Drink anzünden, dann die Zeste wegwerfen.

kanro

WHITE NEGRONI

Während der Chrysanthemen-Saison findet man im Gion-Bezirk von Kyōto überall akribisch gepflegte Auslagen mit den weißen, gelben und kastanienbraunen Blumen vor den Geschäften. Eine einzige Huldigung der japanischen Nationalblume. In der Negroni-Improvisation, die ich für diese besondere Jahreszeit erfunden habe, erinnert der Geschmack eines süßen Likörs an die Blume. Der Drink glänzt mit Zitrusfrüchten und einer Mischung von Botanicals aus Suze, Gin und Cocchi Americano und hat eine erstaunliche Komplexität, wenn die holzigen Noten des Enzians mit den Tanninen des grünen Tees im Suntorys Roku Gin spielen. Ein Tropfen Sonnenschein, um die kurzen Herbsttage zu verlängern.

Für 1 Glas

- 3 cl Suntory Roku Gin
- 0,75 cl Suze Aperitif
- 0,75 cl Koval Chrysanthemum & Honey Liqueur
- 2,25 cl Cocchi Americano Dry White Vermouth
- 5 Tropfen Scrappy's Cardamom Bitters
- Garnitur: je 1 Zitronen- und Orangenzeste

Gin, Suze, Chrysanthemenlikör, Cocchi Americano und Bitter in ein Rührglas geben. Eis hinzufügen und umrühren, um ihn zu kühlen. In ein Glas mit Eiswürfeln abseihen. Zitronen- und Orangenzeste über dem Glas leicht ausdrücken, um mit dem austretenden ätherischen Öl den Cocktail zu aromatisieren, dann entsorgen.

WÜRZIGER
CHRYSANTHEMEN-
LATTE
(Seite 252)

KIKU
COCKTAIL

kanro

KIKU COCKTAIL

Eine entspannte Balance prägt diesen Cocktail, der die Morgenkälte verkörpert, die in dieser Jahreszeit Einzug hält. Wie bei vielen japanischen Cocktails ist der Aufwand groß, um den komplizierten Drink einfach erscheinen zu lassen. Wenn man sich konzentriert, merkt man, dass jeder Schluck anders schmeckt – je nachdem, woran man in dem Moment gerade denkt. Man kann die Blüten und den Honig schmecken oder den klaren Wodka, der sich im Abgang nach vorne drängt. Mit seinem Zusammenspiel aus süßem Honig und kräftigem Saké würde dieser Drink die Fans eines klassischen Bee's-Knees-Cocktails ansprechen. Diejenigen, die den Chrysanthemen-Cocktail kennen – einen Klassiker aus dem Savoy Cocktail Book mit trockenem Vermouth, Bénédictine und Absinth –, könnten den Kiku Cocktail für seinen sonnigen Cousin halten.

Für 1 Glas

3 cl Suntory Haku Vodka
3 cl Dolin Dry Vermouth de Chambéry
3 cl Chiyonosono Shared Promise Junmai Saké
1,5 cl Koval Chrysanthemum & Honey Liqueur
1,5 cl Zuckersirup (s. S. 318)
1,5 cl frisch gepresster Zitronensaft
Garnitur: 3 Spritzer Absinth und 1 Zitronenzeste

Wodka, Vermouth, Saké, Likör, Zuckersirup und Zitronensaft mit Eis in einen Shaker geben. Zum Abkühlen schütteln, dann in ein Cocktailglas abseihen. Mit 3 Spritzern Absinth aromatisieren und mit der Zitronenzeste garnieren.

kanro

ALKOHOLFREI
WÜRZIGER CHRYSANTHEMEN-LATTE

Der Chrysanthemen-Aufguss bringt die Komplexität der Blüte wunderbar zur Geltung. Mit ihrem goldenen Sonnenblumenton hat sie ein grasiges Aroma mit tiefen, waldigen Noten, die sich unter einer Schicht blumiger Aromen verstecken. Um die Saison zu feiern, kombiniere ich den blumigen Aufguss mit einem Cashewdrink, der mit schwarzem Zucker aus Okinawa gesüßt und mit Sternanis, Sanshō und Koriander gewürzt ist. So gewinnt das alkoholfreie Getränk an Komplexität und ist viel mehr als nur ein Nachmittagstee. Mit einer Melange von nussigen Gewürzen und blumigen Nuancen schmeckt die Latte zu jeder Tages- und Nachtzeit. Ich schlage vor, sich unter eine Decke oder einen warmen Kotatsu einzukuscheln, um sie zusammen mit etwas Wagashi und einem guten Buch zu genießen.

Für 1 Glas (Foto auf S. 250)

18 cl Chrysanthementee
(s. gegenüberliegende Seite)

1,5 cl würziger Kuromitsu (Zuckersirup; s. gegenüberliegende Seite)

3 cl Cashewdrink

In einer Teetasse den heißen Chrysanthementee, Kuromitsu und Cashewdrink kurz verrühren, damit sich die Zutaten vermischen. Keine Garnitur.

CHRYSANTHEMENTEE

In einem Glas- oder Keramikbrühgefäß 1–1½ TL Chrysanthemenblüten abmessen. 24 cl gerade noch kochendes Wasser über die Blüten gießen und diese 5–10 Minuten ziehen lassen. Mehrere Aufgüsse sind möglich. Für das Latte-Rezept (s. gegenüberliegende Seite) empfehle ich, den Tee des ersten Aufgusses zu verwenden, da der Geschmack intensiver ist. Ergibt ca. 21 cl.

WÜRZIGER KUROMITSU

In einem Mörser mit dem Stößel so viele Sternanisschoten zerstoßen, dass Sie 2 EL erhalten. Mit 1 TL getrockneten Sanshō-Beeren und 2 TL Koriandersamen vermengen. Die Gewürze in einem Topf bei mittlerer Hitze trocken rösten, bis sie aromatisch duften. 1 Tasse zimmerwarmes Wasser hinzugeben, bei mittlerer bis starker Hitze zum Kochen bringen und 3 Minuten köcheln lassen. Das Gewürzwasser über ¾ Tasse geschabten Kokutō in eine feuerfeste Schüssel gießen. Umrühren, bis sich der Kokutō auflöst hat und eine homogene Masse entstanden ist. Eventuell über dem Wasserbad erhitzen, da sich der Kokutō oft nur schwer auflöst. 5 EL Honig abmessen und in die Schüssel geben. Umrühren, bis der Honig vollständig eingearbeitet ist, und abkühlen lassen. Kühl aufbewahrt ist der Kuromitsu bis zu 3 Wochen haltbar. Ergibt 30 cl.

sōkō

ERSTER FROST

Der erste Frost kommt, leichter Regen fällt, Ahornblätter und Efeu werden gelb

Da ist immer ein Hauch von Traurigkeit, wenn der erste Frost kommt. Er kommt ohne Vorwarnung und macht uns bewusst, dass der Winter nicht länger auf der Lauer liegt – er steht vor der Tür. Während die goldenen Fächer des Ginkgos noch an ihren Zweigen hängen, stehen Süßkartoffeln in voller Blüte. Andere herbstliche Aromen wie die von Walnüssen und Granatäpfeln schlagen nun überall in Bars und Restaurants Wurzeln. In dieser Zeit des Jahres trotzen wir der Kälte und suchen Zuflucht in heimeligen Lokalen. Wenn der kurze Moment der Überhitzung durch den Temperaturwechsel kommt, möchte ich am liebsten einen einfachen Klassiker trinken wie einen Vieux Carré (s. meine Version, der Carré Nouveau, S. 258). Es ist an der Zeit, sich noch weiter in die Standardcocktails zu vertiefen, die japanische Bartender am besten beherrschen.

sōkō

YAKI-IMO OLD FASHIONED

Herbstzeit ist Satsumaimo-Zeit! Wenn es draußen kühl wird, tauschen die Street Food Trucks Kühlboxen und Kakigōri gegen einen holzbefeuerten Grill und Scheffel mit Satsumaimo, den japanischen Süßkartoffelnn, die zu Yaki-imo (gerösteten Süßkartoffeln) verarbeitet werden. Eine Yaki-imo in der Hand halten und die magentafarbene Schale abschälen, um an das süße, goldgelbe Fruchtfleisch zu kommen – diesen Moment des japanischen Herbstes wollte ich ins Glas bringen. Der Old Fashioned ist die perfekte Grundlage – der gewürzte Kuromitsu bringt typische weihnachtliche Gewürz- und Karamellnoten in die Kombination von Whisky und Süßkartoffeln. Jede Zutat glänzt auf ihre Weise, aber zusammen schaffen sie eine atemberaubende Synergie.

Für 1 Glas (Foto auf S. 256)

6 cl japanischer Whisky, infusioniert mit Süßkartoffeln (Rezept s. S. 257)

1,5 cl würziger Kuromitsu (s. S. 253)

2 Spritzer Angostura Bitter

Garnitur: 2 Orangenzesten und Scrappy's Cardamom Bitters

Whisky, würzigen Kuromitsu und Angostura Bitter in ein Rührglas geben. Eis hinzufügen und umrühren, um den Drink zu kühlen. In ein Cocktailglas über ein großes Stück Eis abseihen. Eine Orangenzeste über dem Glas leicht ausdrücken, um mit dem austretenden ätherischen Öl den Cocktail zu aromatisieren, dann entsorgen. Mit der zweiten Zeste garnieren und mit dem Kardamom-Bitter aromatisieren.

YAKI-IMO
OLD FASHIONED

(Seite 255)

SATSUMAIMO (JAPANISCHE SÜSSKARTOFFELN)

Nach Angaben des japanischen Ministeriums für Landwirtschaft, Forstwirtschaft und Fischerei gibt es etwa 60 registrierte Sorten dieses schmackhaften Wurzelgemüses in Japan. Die fünf am häufigsten angebauten Sorten, die 72 Prozent der Produktion ausmachen, sind Koganesengan, Beni Azuma, Kō-kei 14, Shiroyutaka und Beni Hakura. Koganesengan wird in der Regel für die imo-Shōchū-Produktion verwendet, Shiroyutaka als Stärkerohstoff verwendet und die übrigen drei sind beliebt in der Küche. Beni Azuma besonders wegen ihrer Süße, die an Kastanien erinnert.

    Japanische Süßkartoffelsorten haben im Allgemeinen einen höheren Stärkegehalt als Süßkartoffeln im Westen. Sie zeichnen sich durch ihre magentafarbene Schale aus, die ein hellgelbes Inneres umhüllt, das beim Kochen gänseblümchengelb wird. Süßkartoffeln im Westen hingegen sind innen und außen orangefarben. Da die japanische Süßkartoffel ein ausgeprägt nussiges Geschmacksprofil und eine konzentrierte Süße hat, die den westlichen Süßkartoffeln fehlt, empfehle ich nicht, sie gegeneinander auszutauschen. Weiter unten finden Sie ein Rezept, um japanischen Whisky mit dem reichen Geschmack dieser beliebten Zutat zu aromatisieren.

MIT GERÖSTETEN SÜSSKARTOFFELN INFUSIONIERTER JAPANISCHER WHISKY

Den Backofen auf 220 °C vorheizen. 2–3 mittelgroße Süßkartoffeln waschen und mit einer Gabel ein paar Löcher in die Schale stechen. Ein Backblech mit Alufolie auslegen und mit einer dicken Schicht grobem koscherem Salz bestreuen. Dann die vorbereiteten Süßkartoffeln auf das Salzbett legen und mit einer weiteren Schicht Salz bedecken. Die Ränder der Folie über die Süßkartoffeln falten, mit einem weiteren Stück Alufolie bedecken und 1 Stunde backen. Dann das oberste Stück Folie entfernen und die Süßkartoffeln weitere 15 Minuten backen. Sobald sie abgekühlt sind, das Salz von der Schale abbürsten. Die Süßkartoffeln schälen und in kleinere Stücke teilen. 1½ Tassen der gerösteten Süßkartoffeln in ein großes Gefäß mit Deckel geben und eine 750-Milliliter-Flasche japanischen Whisky (mit einem Alkoholgehalt von 45% oder mehr, zum Beispiel Ichiro's Malt and Grain, Nikka From The Barrel oder Hibiki Japanese Harmony) dazugeben. 2 Tage lang durchziehen lassen, dabei zwei- bis dreimal täglich gut schütteln, um die Süßkartoffeln aufzubrechen. Durch einen Kaffeefilter oder ein Käsetuch abseihen und in einem luftdichten Behälter oder einer sterilisierten Flasche im Kühlschrank bis zu 1 Monat aufbewahren. Ergibt ca. 60 cl.

sōkō

CARRÉ NOUVEAU

Der Vieux Carré ist ein weiterer Cocktailklassiker, der mir sehr am Herzen liegt. Erfunden in den 1930er-Jahren in New Orleans, ähnelt er dem Manhattan, bietet aber mit Cognac, Bitters und Bénédictine zusammen mit dem Roggenwhiskey intensivere Aromen. Um dem Cocktail eine japanische Note zu verleihen, ersetze ich den Roggenwhisky durch Iichiko Saiten Gersten-Shōchū, der Noten von Jasmintee und einen Hauch Muffigkeit durch den Gersten-Kōji enthält, der bei der Herstellung verwendet wird. Armagnac erscheint als Nebenfigur anstelle des Cognacs mit üppigen Schokoladennoten und einer wuchtigen Textur. Das Traubendestillat verschmilzt mit der würzigen und krautigen Qualität des Bénédictine und der Bitters. Ich betrachte diese Version als eine robustere, aber immer noch raffinierte Variante des Vieux Carré.

Für 1 Glas

2,25 cl Marie Duffau Bas Armagnac Napoléon

2,25 cl Iichiko Saiten Gersten-Shōchū

1,5 cl Bénédictine

2 Spritzer Peychaud's Bitters

2 Spritzer Angostura Bitter

Garnitur: 1 Zitronenzeste

Armagnac, Shōchū, Bénédictine und beide Bitters in ein Rührglas geben. Eis hinzufügen und umrühren, um den Drink zu kühlen. In einen Cognacschwenker abseihen. Die Zitronenzeste über dem Glas leicht ausdrücken, um mit dem austretenden ätherischen Öl den Cocktail zu aromatisieren, dann entsorgen.

sōkō

GEKLÄRTER MEZCAL-MILCHPUNSCH

Die Bar *Trench* ist eine meiner Lieblingsbars für moderne Cocktails in Tōkyō – ein perfektes Beispiel dafür, wie japanische Bartender Elemente des westlichen Barkeepings mit einem Jahrhundert heimischer Tradition verbinden. Die Atmosphäre mag ausgelassen sein, mit Musik und Geplapper, die Bartender arbeiten wie eh und je mit Anmut und Eleganz und bereiten Drinks wie den Artichoke Julep neben Klassikern wie dem Corpse Reviver #2 zu. Als ich das letzte Mal dort war, stand ein Mezcal-Milchpunsch auf der Karte – mit Mezcal, grünem Tee und Kamille, der mich zu diesem Cocktail inspirierte.

Diesem Milchpunsch fehlt die Cremigkeit, die man erwarten könnte. Stattdessen ist er eine sanfte, weinähnliche Mischung, die die Leichtigkeit von Zitrone und Saké mit der geschmacklichen Tiefe von erdigem Tee und rauchigem Mezcal verbindet. Ich bin fasziniert von der Art und Weise, wie Mezcal und Hōjicha zusammenspielen: Der Tee hat eine rauchige Note, die dem Mezcal ein schokoladiges Aroma entlockt. Bei der Herstellung des Drinks ist Geduld gefragt, denn er muss über Nacht ruhen, bevor er langsam durch einen Papier-Kaffeefilter abgeseiht wird. Der Cocktail ist die Mühe wert.

Für 10 Gläser

30 cl Vollmilch

60 cl gekühlter Hōjicha (s. S. 320)

30 cl Fidencio Clásico Mezcal

24 cl Fukucho Forgotten Fortune Junmai

70 g Zucker

10,5 cl frisch gepresster Zitronensaft

Die Milch in einen großen Krug oder eine Schüssel geben und beiseitestellen. In einem anderen großen Gefäß Hōjicha, Mezcal, Saké, Zucker und Zitronensaft vermischen. Gründlich umrühren, bis sich der Zucker aufgelöst hat. Die Cocktailmischung langsam und vorsichtig zur Milch geben, damit sie nicht gerinnt. Die Mischung leicht umrühren, dann abdecken und über Nacht im Kühlschrank durchziehen lassen.

Die Milch am nächsten Tag durch einen angefeuchteten Kaffeefilter abseihen. Den fertigen Milchpunsch in einer Glasflasche im Kühlschrank aufbewahren. Zum Genießen direkt aus der Flasche in ein Weinglas gießen.

FUYU

WINTER

Viele japanische Häuser wurden gebaut, um der gnadenlosen Hitze des Sommers zu trotzen. Sie schützen aber nicht vor der grimmigen Kälte des Winters. Man muss also kreativ werden, um sich warm zu halten, wenn die Temperaturen sinken. Heutzutage gibt es Annehmlichkeiten wie Fußbodenheizungen oder Heizlüfter. Als ich klein war, sah das anders aus. Wir wärmten uns mit einem traditionellen japanischen Möbelstück, das schon seit Generationen verwendet wird und immer noch populär ist – dem Kotatsu. Es ist eine Art beheizter Tisch, der aufs 14. Jahrhundert zurückgeht, als sich die Menschen an Holzkohlefeuern versammelten.

Der Horikotatsu (»Gruben-Kotatsu«), meine Lieblingsvariante des Kotatsu, besteht aus einem Tisch mit einer Vertiefung darunter, in der sich ein Heizgerät befindet. Das Tischgestell wird mit einer Decke bedeckt, um die Wärme darunter zu bewahren. Dann wird ein zweites Brett als Essfläche daraufgelegt. Ich erinnere mich, wie ich während des Abendessens meine Beine unter der Decke wärmte. Es war normalerweise ein einfaches Essen, Nabémono genannt, das man in Keramiktöpfen kocht.

Die Welt scheint sich im Winter langsamer zu bewegen, sodass Zeit für Rituale wie die Zubereitung von Matcha bleibt. Vom ersten Blick auf das leuchtend grüne Pulver bis hin zu den geübten Bewegungen des Siebens, Quirlens und Schlürfens immer ein besonderes Ritual. Den gleichen Ritualcharakter haben Cocktails, die ich zubereite, wenn es schneit – der Vesper (s. S. 265) oder der Boulevardier beispielsweise schenkt Ruhe und Frieden. In Cocktailbars mixen die Bartender in dieser Jahreszeit bunte Liköre und frische Zitrusfrüchte als Kontrastprogramm zum eintönigen Grau draußen. Blue Curaçao ist in japanischen Bars wegen seiner Karibikfarbe beliebt, und die Ananasfrische des Million Dollar (s. S. 313) dient ebenso als Stimmungsaufheller.

Und schließlich gehören rund um die Feiertage Schaumweine und Liköre zum Repertoire. Ich mag dann besonders solche Drinks, die üppig und cremig sind – wie der Grasshopper (s. meine beiden Lieblingsversionen des Drinks auf den Seiten 291 und 292). Zu Silvester wähle ich dann einen prickelnden French 75 (s. S. 296). Es ist einfach die Zeit für traditionelle Drinks, die uns Wärme und nostalgische Gefühle schenken und manchmal auch ein bisschen Spaß.

nijūshisekki no ichiran | fuyu

DIE MIKROJAHRESZEITEN DES WINTERS

RITTŌ | *Winteranfang*

Vesper
Evening Star
Kami Hikōki
Hot Campari

TŌJI | *Wintersonnenwende*

White Grasshopper
Sanshō Grasshopper
Strawberry White Cake
French 75
Holiday Highball

SHŌSETSU | *Leichter Schneefall*

Yuzu Salty Dog
Hōjicha Coconut Daiquiri
Cassis Oolong

SHŌKAN | *Kleine Kälte*

Alkoholfrei: Azalea
Warm Note
Sky Diving

TAISETSU | *Heftiger Schneefall*

Matcha Miruku
Alkoholfrei: Matcha Miruku
Frosty Mikan
Saké Chai Flip
Neither-Nor

DAIKAN | *Große Kälte*

After Angels
Old Fashioned
Million Dollar

rittō

WINTERANFANG

Kamelien blühen, das Land gefriert,
Narzissen erwachen

Ahornblätter halten sich wacker an den Zweigen, während die Temperaturen weiter sinken. Kakifrüchte hängen schwer an den Bäumen und warten darauf, gepflückt und getrocknet zu werden, bevor die Feiertage kommen. Die Straßen großer Städte wie Tōkyō, Kyōto und Ōsaka erstrahlen im Lichterglanz der Weihnachtsbeleuchtung und überall sieht man geschmückte Weihnachtsbäume. Einige Bars stellen Weihnachtssterne auf. Fruchtcocktails werden aus den letzten Früchten des Herbstes zubereitet, und frischer Yuzu findet sich überall auf den Speisekarten. Wohltuend ist ein heißes Oshibori, wenn man eine Cocktailbar betritt – vor allem wenn dann ein Otōshi wie Abokado no chīzuyaki (Mit Käse überbackene Avocado, s. S. 46) folgt.

rittō

VESPER

Der britische Autor Ian Fleming machte den Vesper berühmt, als er ihn 1953 in seinem James-Bond-Titel *Casino Royale* erwähnte. Der Drink besitzt eine Doppel-Basis aus Wodka und Gin, die durch Kina Lillet ausbalanciert wird. Im Laufe der Zeit entwickelten Bartender auf der ganzen Welt unzählige Varianten. Japanische Bartender halten sich meist ans Original und stellen die perfekte Balance der Zutaten in den Fokus. Daher sieht man häufiger, dass eine Flasche Gordon's Dry Gin zusammen mit einem Smirnoff Vodka und Lillet Blanc aus dem Kühlschrank geholt, zügig geschüttelt und mit einem kräftigen Spritzer Zitrone verfeinert wird. Ich mixe eine luxuriösere Variante, für die ich zu japanischem Gin und Wodka greife, die weich und subtil sind. Ich folge auch gerne Bonds Wunsch nach einem geschüttelten und nicht gerührten Drink, sodass dünne Eissplitter auf der Oberfläche schwimmen. Den Vesper unbedingt schnell trinken, solange er noch Feuer hat!

Für 1 Glas

4,5 cl Suntory Roku Gin

1,5 cl Suntory Haku Vodka

1,5 cl Lillet Blanc Apéritif

Garnitur: 1 Zitronenzeste, 1 Zitronenspirale

Gin, Wodka und Lillet mit Eis in einen Shaker geben. Zum Kühlen schütteln, dann in ein Coupe-Glas abseihen. Die Zitronenzeste über dem Glas leicht ausdrücken, um mit dem austretenden ätherischen Öl den Cocktail zu aromatisieren, dann entsorgen. Mit der Zitronenspirale garnieren.

rittō

EVENING STAR

Ein schillernder Champagner-Goldton ist nicht das Einzige, was diese Vesper-Variante vom Original abhebt. Ich habe sie für die Gelegenheiten kreiert, in denen ich einen niedrigeren Alkoholgehalt bevorzuge. Ein Drink, der sich öffnet und entfaltet, während man sitzt und nippt. Dank der Apfel- und Honignoten des Pommeau schmeckt er ausgereifter als das Original und muss gerührt statt geschüttelt werden, damit er eine perfekte seidige Textur erhält. Zitronenöl verleiht dem Evening Star einen Hauch von Frische.

Für 1 Glas

1,5 cl Nikka Coffey Gin
1,5 cl Nikka Coffey Vodka
3 cl Rhine Hall La Normande Pommeau
3 cl Koshi no Kanbai Sai Junmai Ginjō Saké

Garnitur: 1 Zitronenzeste, 1 Zitronenspirale

Gin, Wodka, Pommeau und Saké in einem Rührglas vermengen. Eis hinzufügen und umrühren, um den Drink zu kühlen. In ein gekühltes Cocktailglas abseihen. Die Zitronenzeste über dem Glas leicht ausdrücken, um mit dem austretenden ätherischen Öl den Cocktail zu aromatisieren, dann entsorgen. Mit der Zitronenspirale garnieren.

rittō

KAMI HIKŌKI

Als Kinder haben meine Brüder und ich Papierflugzeuge gebastelt und sie durch den Garten fliegen lassen. Manchmal verfingen sie sich in den Momiji-Bäumen, an denen im frühen Winter noch ein paar Blätter ausharrten. Inspiriert von diesen heiteren Momenten, habe ich diese Variante des Paper Plane kreiert, eines modernen amerikanischen Klassikers, der von Bartender Sam Ross erfunden wurde und aus Bourbon, Aperol, Amaro Nonino und frischem Zitronensaft besteht. Ich schätze den Cocktail für seine Ausgeglichenheit zwischen warmen, bitteren und hellen Aromen. Um ihm eine japanischere Note zu geben, habe ich japanischen Whisky verwendet. Akashi Whisky wird fast ausschließlich aus Mais hergestellt, daher wird er Bourbon-Liebhabern gefallen, außerdem passen seine süßen Getreidenoten und ein Hauch von Torf gut zu Cappelletti, dem leuchtend roten Bitter, den ich anstelle von Aperol verwende. Auf der Basis von Weißwein statt neutralem Getreidebrand hergestellt, zeigt dieser eine Weichheit, die perfekt zum Whisky passt. Der nicht gealterte Brandy macht die Komposition wunderbar rund. Ein Cocktail mit Zitrusnote, ideal für die Übergangszeit zwischen Herbst und Winter.

Für 1 Glas

2,25 cl Copper & Kings Immature Brandy

2,25 cl Aperitivo Cappelletti

2,25 cl Akashi Japanese Whisky

0,75 cl Zuckersirup (s. S. 318)

Garnitur: 2 Zitronenzesten

Brandy, Cappelletti, Whisky und Zuckersirup mit Eis in einen Shaker geben. Zum Abkühlen schütteln, dann in ein gekühltes Coupe-Glas abseihen. Eine Zitronenzeste über dem Glas leicht ausdrücken, um mit dem austretenden ätherischen Öl den Cocktail zu aromatisieren, dann entsorgen. Mit der zweiten Zeste garnieren.

rittō

HOT CAMPARI

Ein Heißgetränk, das man in Japan vielleicht nicht erwarten würde, ist heißer Campari: eine Mischung aus Zitrone, Honig, heißem Wasser, Campari und verschiedenen Likören, die immer mal wieder variiert werden. Es ist ein fantastischer Cocktail mit verlockenden Orangennoten, die beim Erwärmen des Campari aufblühen. Mit seiner lebhaften Farbe eine heitere Version des Winter Toddys – ein aufreizender Drink, der sich zwischen einer leicht medizinischen Bitterkeit und üppigen Aromen von Zitrusfrüchten und Gewürzen bewegt. Der bittere Likör ergibt mit dem kräftigen Honig einen Drink, der noch lange nach dem letzten Schluck wie eine tröstende Umarmung nachwirkt.

Für 1 Person

3 cl Campari
2,25 cl Awa No Kaori Sudachi Chū
1 BL Combier Kümmel Extra

0,75 cl frisch gepresster Zitronensaft
0,75 cl Honigsirup (s. S. 317)
9–12 cl heißes Wasser
Garnitur: 2 Zitronenzesten

In einer Teetasse Campari, Sudachi Chū, Kümmel-Likör, Zitronensaft und Honigsirup mischen. Heißes Wasser zugeben – 9 cl, wenn Sie einen stärkeren Cocktail bevorzugen, oder 12 cl, wenn es etwas leichter sein darf. Kurz umrühren, um die Zutaten zu vermischen. Eine Zitronenzeste über dem Glas leicht ausdrücken, um mit dem austretenden ätherischen Öl den Cocktail zu aromatisieren, dann entsorgen. Mit der zweiten Zeste garnieren.

shōsetsu

LEICHTER SCHNEEFALL

Regenbögen sind verborgen, der Nordwind weht Blätter von den Bäumen, die Blätter der Tachibana-Zitrone färben sich gelb

Die Vorbereitungen für den Winter beginnen, wenn die letzten Blätter von den Bäumen fallen. In einigen Teilen Japans fällt der erste Schnee. Wir hofften als Kinder immer auf Schnee, aber als wir in Nara und Kyōto lebten, konnten wir uns nicht auf ihn verlassen. Es wurde kalt, und die Temperaturen bewegten sich auf den Gefrierpunkt zu, aber die Wolken öffneten sich nicht und schwebten wie ein Flüstern am Himmel. Die Köstlichkeiten dieser Jahreszeit inspirieren mich, und ich bin der Kälte dankbar dafür, dass sie einige Lieblingsgerichte hervorbringt wie Oden, Rāmen und Gyūdon. Süßkartoffel-Shōchū findet weiterhin einen Platz in meinem Glas in Drinks wie dem Cassis Oolong (s. S. 278) mit süß-herbem Crème de Cassis und gekühltem Oolong-Tee.

YUZU

Yuzu ist eine äußerst aromatische Zitrusfrucht und wichtiger Bestandteil beispielsweise von Ponzu, Salatdressings, Marmeladen und Essiggurken. Die grünen Yuzu, die im August geerntet werden, verwenden wir für Yuzu-koshō, eine würzige Chilipaste, die in Zitrussaft und -schale eingeweicht wird. Manchmal wird auch nur die Schale über Sashimi gerieben oder in gekühlte Suppen gegeben. Wenn die Frucht vollständig reif und gelb ist und die Wintersonnenwende naht, nehmen Japanerinnen und Japaner Yuzu-Bäder, weil die Frucht als gesundheitsfördernd gilt, die Haut reinigt und Beschwerden wie Arthritis lindert. Die Düfte, die dem heißen Wasser entströmen, sind betörend. Und wie Umé-shu, so ist auch Yuzu-shu ein beliebter Fruchtlikör in Japan, der zu jeder Jahreszeit die Annehmlichkeiten eines Yuzu-Bades heraufbeschwört.

Frische Yuzu-Früchte sind nicht überall außerhalb Japans verfügbar, aber es gibt Online-Shops, die pasteurisierten Yuzu-Saft anbieten.

YUZU-KOSHŌ

Yuzu-koshō ist eine japanische Gewürzmischung aus fermentierter Yuzu-Schale, Salz und zerstoßenen Chilischoten. Manche behaupten, Einsiedler auf dem Hidehiko-Berg hätten das scharfe Pulver erstmals als Medizin genutzt, andere sehen den Ursprung von Yuzu-koshō in der Stadt Hita in der Präfektur Oita oder in Soeda, einer Stadt in der Präfektur Fukuoka. Ich halte es für wahrscheinlich, dass Familien aus beiden Regionen im Bergland zwischen den Präfekturen Yuzu ernteten und das Gewürzpulver mit der Zeit immer beliebter wurde.

Was Yuzu-koshō unverzichtbar in der Küche (und in meiner Bar) macht, ist seine Mischung aus salzigen, säuerlichen, aromatischen, pikanten und Umami-Eigenschaften, die Gerichten wie Nabemono (japanischen Hot Pots) eine besondere Würze verleihen. Es wird manchmal anstelle von Wasabi zu Sashimi gereicht, ergänzt aber auch Dressings oder gegrilltes Fleisch. Ich streiche gern die Mischung aus 1 EL Kewpie-Mayonnaise und ¼ TL (oder mehr nach Geschmack) Yuzu-koshō auf meine gegrillten Käse-Sandwiches. Im Kumiko verwende ich ihn auch in einem Sirup für Hauscocktails und alkoholfreie Drinks.

Beim Kauf von Yuzu-koshō unbedingt nach Marken Ausschau halten, die aus Kyūshū kommen, und solche mit möglichst wenigen Zutaten, damit der Geschmack möglichst unverfälscht ist.

shōsetsu

YUZU SALTY DOG

Der Salty Dog ist in Japan – anders als in westlichen Cocktailbars – nie aus der Mode gekommen. Um der klassischen Kombination aus Wodka und Grapefruit neue Dimensionen zu verleihen, tausche ich Wodka gegen Gin aus und füge einen Kuss aus frischem Yuzu-Saft hinzu, der für ein Gleichgewicht zwischen blumigen und bitteren Aromen sorgt. Er harmoniert perfekt mit der herben Note der rubinroten Grapefruit. Außerdem verpasse ich dem Drink mit einem Topping aus Matcha einen Farbklecks und ein grünes Aroma, das wunderbar zu den Gin Botanicals passt. Ein großartiger Drink für jede Gelegenheit, der besonders belebend im frühen Winter ist, wenn Grapefruits Saison haben.

Für 1 Glas

1 Grapefruitscheibe und Salz für den Glasrand

4,5 cl frisch gepresster rubinroter Grapefruitsaft

1,5 cl Yuzu-Saft

1,5 cl Zuckersirup (s. S. 318)

3,75 cl The Kyōto Distillery Ki No Bi Kyōto Dry Gin

1 Chashaku Matcha-Pulver (s. Hinweis auf S. 133)

Vor dem Entsaften eine Scheibe von der Grapefruit abschneiden und damit den Glasrand befeuchten. Das Glas sofort im Salz drehen, damit ein Rand entsteht, der an Schnee erinnert (s. S. 40). Grapefruit auspressen und den Saft mit Yuzu-Saft und Zuckersirup in das vorbereitete Glas geben. Eis hinzufügen. Matcha und Gin mit Eis in einen Shaker geben. Schütteln, um den Drink zu kühlen, dann in das Glas abseihen, sodass er sich über die Schicht aus Fruchtsäften legt.

shōsetsu

HŌJICHA COCONUT DAIQUIRI

Die geradlinige Vorlage des klassischen Daiquiri eignet sich gut für saisonale Interpretationen. Im Sommer genieße ich ihn mit einer Doppelbasis aus Rhum Agricole und gereiftem Rum, die für ein leichtes, aber komplexes Geschmacksprofil (s. S. 168) sorgen. Im Winter experimentiere ich mit schwereren gealterten Rumsorten und kräftigem Demerara-Sirup für dunklere, winterlichere Süße. In dieser Variante kombiniere ich diese Elemente mit Hōjicha, der den Drink mit seinen Aromen von Karamell, Melasse und frisch geröstetem Kaffee durchweht. Ich betrachte die Geschichte dieses Cocktails wie die Geschichte der Jahreszeiten: Pflanzen wie Zuckerrohr und Tee sind anfangs frisch und grün, dann werden sie braun und trocken. Ein Prozess, der faszinierend ist, weil er unerwartete Seiten der vertrauten Zutaten offenbart. Dabei denke ich an Wabi-Sabi, ein japanisches Konzept der Wahrnehmung von Schönheit. Weil wir im Winter definitiv die Sonne vermissen, habe ich ein wenig Kokoscreme hinzugefügt, die an den Sommer erinnert.

Für 1 Glas

4,5 cl El Dorado Rum 12-Years

3 cl gekühlter Hōjicha (s. S. 320)

2,25 cl Kokos-Sahne-Sirup (Rezept s. unten)

2,25 cl frisch gepresster Limettensaft

0,75 cl Demerara-Sirup (s. S. 318)

Garnitur: Genmai-Pulver (gerösteter japanischer Reis)

Rum, Hōjicha, Kokos-Sahne-Sirup, Limettensaft und Demerara-Sirup mit Eis in einen Shaker geben. Schütteln, um den Drink abzukühlen, dann in ein Coupe-Glas abseihen. Mit Genmai-Pulver bestäuben. Dafür geröstete Reiskörner mit Mörser und Stößel vorsichtig zu einem leichten Pulver zerstoßen.

KOKOS-SAHNE-SIRUP

1 Dose (45 cl) gesüßte Kokosnusscreme (z.B. Coco Lopez), 225 g Zucker und 240 ml Wasser in einem Mixer zu einer glatten Masse verarbeiten. Bis zu 2 Wochen im Kühlschrank haltbar. Ergibt 72 cl.

shōsetsu

CASSIS OOLONG

Cassis ist eine beliebte Zutat in japanischen Cocktailbars, oft gepaart mit Soda, Tee oder Orangensaft. Ich genieße den maulbeerfarbenen Likör eher im Winter, wegen des Kontrasts zwischen seiner dunklen, üppigen Seite und der spritzigen Säure. Wenn er mit Oolong-Tee kombiniert wird, ergänzen sich die beiden Zutaten zu einem verlockenden Gemisch aus kräftigen Tanninen, floralen Noten und Beeren – unterstrichen von der Tiefe des Süßkartoffel-Shōchū. Eine einfache, aber befriedigende Sache.

Für 1 Glas

2,25 cl Jacoulot Crème de Cassis de Dijon

3 cl Nishi Shuzō Satsuma Hozan Sweet Potato Shōchū

gekühlter Oolong-Tee (Rezept s. unten)

Garnitur: 1 Zitronenzeste

Crème de Cassis, Süßkartoffel-Shōchū und Oolong-Tee in einem Rührglas vermengen. Eis hinzufügen und umrühren, um den Tee zu kühlen. Über frisches Eis in ein Highball-Glas abseihen. Mit der Zitronenzeste garnieren.

GEKÜHLTER OOLONG-TEE

2 TL Oolong-Teeblätter und 18 cl heißes Wasser (knapp unter dem Siedepunkt, ca. 90 °C) in einem hitzefesten Glasgefäß mischen und 3 Minuten ziehen lassen. Abseihen und beiseitestellen. Dann die Blätter nochmals 3 Minuten lang in 18 cl heißem Wasser ziehen lassen. Abseihen und die beiden Aufgüsse vermischen. Den Tee zum Abkühlen in den Kühlschrank stellen. Wer den Tee schneller abkühlen möchte, stellt ihn in ein Eisbad. Ergibt ca. 15 cl.

taisetsu

HEFTIGER SCHNEEFALL

Kälte setzt ein, der Winter beginnt, Bären ziehen sich in ihre Höhlen zurück, Lachse sammeln sich und schwimmen stromaufwärts

Oben in den Bergen hält der Schnee mit voller Wucht Einzug und wirft einen dicken weißen Mantel über die Gipfel. Manchmal überzog eine leichte Schicht aus eisigen Diamanten die immergrünen Bäume in unserem Garten. Ein meiner Lieblingsecken in unserem Haus in Miyamaki war der Engawa, ein Korridor, der zwischen Wohntrakt und Garten verlief. Ähnlich wie ein geschlossener Flur, flankiert von Schiebetüren, erstreckte er sich am Außenbereich des Hauses entlang und sorgte für Luftzirkulation im Sommer und zusätzliche Wärme im Winter. Unser Engawa war mit einer Art Gitter ausgestattet, das mit transparentem Papier bespannt war und die obere Hälfte sowie einen beweglichen Rahmen an der Unterseite, der sich hochschieben ließ, abdeckte. So konnten wir am warmen Kotatsu sitzen und in den Garten hinausschauen. Diese Gitterblenden werden »yukimi shoji« genannt, was so viel bedeutet wie »Schnee-Shoji«. Den fallenden Schneeflocken zuzusehen, während man Mikan knabbert und warmen Tee schlürft, sorgt für viel Behaglichkeit.

taisetsu

MATCHA MIRUKU

Als ich klein war, gaben mir meine Eltern immer warme Milch, wenn ich nicht schlafen konnte. Milch ist in Japan als Lebensmittel nicht so verbreitet wie beispielsweise in Europa und auch traditionell selten Bestandteil von Getränken. Aber abgepackte Milchgetränke kann man in japanischen Läden und Automaten überall finden – immer fröhlich bunt und mit lustigen Schriften darauf. Banane und Erdbeere sind gängige Geschmacksrichtungen, ebenso wie Matcha. Heißer Matcha mit Milch ist im Winter in modernen japanischen Cafés sehr beliebt.

Ich wollte dieses Gefühl in einem Cocktail einfangen, aber statt Kuhmilch verwendete ich Cashewdrink (unter diesem Begriff ist aus Cashewkernen gewonnene »Milch« im Handel), den ich wegen seines nussigen Geschmacks sehr schätze. Besonders gefällt mir, wie die erdigen Noten des Süßkartoffel-Shōchū mit dem Cashewdrink harmonieren. Ein netter alkoholarmer Drink, unter dem Kotatsu oder vorm Schlafengehen zu genießen.

Für 1 Person

4,5 cl heißes Wasser (95 °C)

0,75 cl Honigsirup (s. S. 317)

3 cl Nishi Shuzō Tomi no Hozan Süßkartoffel-Shōchū

4,5 cl Cashewdrink

3 Chashaku Matcha-Pulver (s. Hinweis auf S. 133)

Heißes Wasser, Sirup, Shōchū und Cashewdrink in ein vorgewärmtes Gefäß geben. Umrühren, damit sich die Zutaten vermischen. Eine Chawan (japanische Teeschale) erwärmen, und den Matcha durch ein Teesieb in den Chawan sieben, um Klümpchenbildung zu vermeiden. Den heißen Cocktail in den Chawan zum Matcha gießen und mit einem Chasen (japanischer Matcha-Besen aus Bambus) verrühren. Um den richtigen Grad an Belüftung zu erreichen, langsam beginnen und mit dem Schneebesen eine Welle oder ein W-Muster in die Flüssigkeit knapp oberhalb des Chawan-Bodens malen, damit kein Pulver am Boden haften bleibt. Dann kräftig aus dem Handgelenk schlagen, bis sich an der Oberfläche ein schöner Schaum gebildet hat.

taisetsu

ALKOHOLFREI
MATCHA MIRUKU

Diese alkoholfreie Version des Matcha Miruku (s. S. 281) hat dank des Kinmokusei-Sirups, der den Süßkartoffel-Shōchū ersetzt, Geschmackstiefe. Für den nussigen Charakter und eine unaufdringliche Süße sorgt der Cashewdrink. Insgesamt ist das Getränk jedoch blumiger als die Variante mit Alkohol. Weil das Getränk einem heißen Milchkaffee ähnelt, kann man entweder morgens eine Tasse genießen oder sich tagsüber einen Energiekick gönnen.

Für 1 Person

1,5 cl Honigsirup (s. S. 317)

0,75 cl Kinmokusei-Sirup (s. S. 318)

9 cl Cashewdrink

4,5 cl heißes Wasser (95 °C)

3 Chashaku Matcha-Pulver (s. Hinweis auf S. 133)

Honigsirup, Kinmokusei-Sirup, Cashewdrink und heißes Wasser in ein vorgewärmtes Gefäß geben. Umrühren, damit sich die Zutaten vermischen. Die Temperatur sollte sich zwischen 65 °C und 70 °C bewegen. Eine Chawan (japanische Teeschale) erwärmen, und den Matcha durch ein Teesieb in den Chawan sieben, um Klümpchenbildung zu vermeiden. Das Heißgetränk in den Chawan zum Matcha gießen und mit einem Chasen (japanischer Matcha-Besen aus Bambus) verrühren. Um den richtigen Grad an Belüftung zu erreichen, langsam beginnen und dann mit dem Schneebesen eine Welle oder ein W-Muster in die Flüssigkeit knapp oberhalb des Bodens malen, damit kein Matcha-Pulver am Boden haften bleibt. Dann kräftig aus dem Handgelenk schlagen, bis sich an der Oberfläche ein schöner Schaum gebildet hat.

taisetsu

FROSTY MIKAN

Zitrusfrüchte haben im Winter Saison, und meine Lieblingssorte ist die Mikan, eine kleine Verwandte der Mandarine, die auch Satsuma genannt wird. In manchen Jahren aß ich so viele davon, dass meine Hände von der vielen Nascherei orangefarben waren. Doch zu anderen Zeiten sparte ich sie für mein Lieblingsspiel im Winter auf. Wenn es in den Bergen heftig schneite, spielten wir in den Schneewehen, warfen Mikans in flauschig-weiße Schneewehen und fischten sie am nächsten Tag heraus, um sie gefroren zu essen. Wenn die saftigen Segmente in der eisigen Kälte mit heftigem Knacken zerbrachen, erinnerte uns das an kleine Feuerwerkskörper.

Um diese Erinnerung in einem Cocktail wieder aufleben zu lassen, begrabe ich den Satsuma-Saft unter einer frostigen Schicht aus zerstoßenem Eis und Absinth. Wenn der Absinth in den Saft sickert, bildet er eine trübe weiße Schicht, die an Schnee erinnert. Der erste Schluck ist erfrischend kalt, dann trifft eine prickelnde Welle von Anisette auf den Satsumasaft, der für einen süßen Kontrast sorgt. Wenn Mikan-Saison ist, erfreut mich dieser Drink mit jedem Schluck und entführt mich in eine andere Zeit und an einen anderen Ort.

Für 1 Glas

3 cl Satsumasaft (s. Hinweis)
0,75 cl Zuckersirup (s. S. 318)
3 cl Absinth

Club Soda zum Auffüllen
Garnitur: 1 Satsumascheibe und 0,75 cl Absinth

Satsumasaft, Zuckersirup und 3 cl Absinth in ein Highball-Glas geben. Leicht umrühren, dann Crushed Ice ins Glas geben und mit Club Soda auffüllen. Mit einer Satsumascheibe garnieren und zusätzlich 0,75 cl Absinth ins Glas geben.

HINWEIS Ich bevorzuge Satsuma statt Mandarinen wegen der intensiveren, fruchtigeren, süßeren und blumigeren Note. Es kann aber auch ein beliebiger Mandarinensaft statt des Satsumasafts verwendet werden.

taisetsu

SAKÉ CHAI FLIP

In Japan gibt es ein Getränk namens Tamagozaké, bei dem ein ganzes Ei mit Zucker verquirlt und dann langsam mit heißem Saké übergossen wird. Es ähnelt dem Egg Nogg oder dem Tom-&-Jerry-Cocktail und ist ein wohliges Wintergetränk. In meiner gekühlten Version sorgt ein Bouquet von Gewürzen wie Chai und Piment für weihnachtliche Aromen, während Saké Süße beisteuert und Gersten-Shōchū mit seinen Getreidenoten für ein solides Grundgerüst sorgt. Bei robusten Cocktails wie diesem kann man eine erschwingliche Flasche Nihonshu besorgen, denn er verschmilzt nahtlos mit den anderen Geschmacksrichtungen. Ein hochwertiger Saké würde gar nicht zur Geltung kommen, was eine schreckliche Verschwendung wäre.

Für 1 Glas

4,5 cl Akashi-Tai Tokubetsu Honjōzjō Saké

3 cl Mizu Saga Barley Shōchū

1,5 cl Somrus Chai Cream Liqueur

0,75 cl St. Elizabeth Allspice Dram

1,5 cl Kinmokusei-Sirup (s. S. 318)

1 Ei

Garnitur: frisch gemahlener schwarzer Pfeffer, frisch geriebene Muskatnuss und Angostura Bitter

Saké, Shōchū, Chai Cream Liqueur, Allspice Dram und Kinmokusei-Sirup in einen Boston Shaker geben, der leichter zu reinigen ist. Das Ei aufschlagen und in einen anderen Shaker geben. Beide Teile zusammengießen und kräftig ohne Eis schütteln, damit sich die Zutaten gut verbinden. Dann drei große Eiswürfel hinzufügen und erneut schütteln, um den Drink zu kühlen und einen hübschen Schaum zu erzeugen. In ein Cocktail- oder Coupe-Glas abseihen. Mit einem Spritzer Angostura Bitter aromatisieren und mit frisch gemahlenem schwarzem Pfeffer und frisch geriebener Muskatnuss bestreuen.

taisetsu

NEITHER-NOR

Zwischen dem Gin-basierten Negroni und seinem Cousin, dem Boulevardier auf Whiskey-Basis, liegt eine Welt voller opulenter Aromen. Beide sind beliebte Cocktails in japanischen Bars. Wie wäre es, statt sich für einen zu entscheiden, das Beste aus beiden Cocktails in einem Drink genießen zu können – und zwar mit japanischem Touch? Das ist genau das, was ich mit diesem Drink erreichen wollte, in dem sich Gran Classico und Sherry in einem Labyrinth aus dunkler Bitterorange und nussiger Würze vereinen, während Cranberry-Gin-Likör eine herbe Note hinzufügt, die an Campari erinnert. Kintaro Baisen ist ein Shōchū aus gerösteter Gerste, dessen Röstnoten für ein starkes Finish sorgen und helfen, die anderen Zutaten in Einklang zu bringen. Im Vergleich zum traditionellen Negroni oder Boulevardier bietet dieser Hybrid üppige Schönheit und strotzt nur so vor Komplexität.

Für 1 Glas

- 3 cl Tempus Fugit Gran Classico Bitter
- 3 cl Nishiyoshida Shuzō Kintaro Baisen Honkaku Gersten-Shōchū
- 1,5 cl Koval Cranberry Gin Liqueur
- 1,5 cl Valdespino Contrabandista Medium Dry Amontillado Sherry
- Garnitur: je 2 Zitronen- und Orangenzesten

Gran Classico, Gersten-Shōchū, Cranberry-Gin-Likör und Sherry in ein Rührglas geben. Eis hinzufügen und alles leicht umrühren, um die Zutaten zu vermengen. Der Drink muss nicht so stark verdünnt werden wie der typische Negroni oder Boulevardier, da der Shōchū einen geringeren Alkoholgehalt hat als Gin oder Whisky. Also nicht zu viel rühren. In ein Glas über frisches Eis abseihen. Je 1 Zitronen- und Orangenzeste über dem Glas leicht ausdrücken, um mit dem austretenden ätherischen Öl den Cocktail zu aromatisieren, dann entsorgen. Mit den weiteren Zesten garnieren.

tōji

WINTER-
SONNENWENDE

Braunellen sprießen, Hirsche und Elche werfen ihre Geweihe ab, Weizen keimt unter dem Schnee

Die Tage sind am kürzesten, doch die Feiertagsvorfreude erreicht ihren Höhepunkt. Japan ist kein christliches Land, und doch hat Weihnachten dort eine Heimat gefunden und bestimmte westliche Traditionen hielten im Laufe der Zeit Einzug (s. S. 299). Wir feiern mit Erdbeer-Weihnachtskuchen, und zur Wintersonnenwende ist es üblich, Yuzu-Bäder zu nehmen, um Krankheiten vorzubeugen. Außerdem essen wir köstliche Kürbisse, Lotuswurzeln und Satsumas. Für Silvester dekorieren wir das Haus mit Bitterorangen und anderen Glückssymbolen. An den Feiertagen reichen wir cremige Drinks wie den Strawberry White Cake (s. S. 295) und prickelnde Getränke wie den Holiday Highball (s. S. 298) – alles, was Freude macht, ist zu Hause und an der Bar gleichermaßen willkommen.

tōji

WHITE GRASSHOPPER

Der Grasshopper ist ein klassischer Cocktail auf Sahnebasis, der besonders in japanischen Cocktailbars sehr beliebt ist. Bei meiner Version wollte ich die »grünen« Aromen betonen und gleichzeitig den Verstand mit einem weißen Outfit täuschen. Die Hauptzutat ist Mizunomai Grüntee-Shōchū aus der *Munemasa Destillery*. Destilliert aus Gerste, schwarzem Kōji und frisch gedämpftem Grüntee, ergänzt dieser Shōchū die traditionelle Mischung aus Crème de Cacao, Crème de Menthe und Sahne durch eine »grüne« und schokoladige Note. In Japan werden die meisten Grasshopper-Cocktails im Mixer mit Eis aufgeschlagen, damit sie eine dicke und cremige Textur erhalten. Ich habe meine Variante geschüttelt, weil ich es praktisch finde, dass man den Drink so ohne Strohhalm oder Löffel genießen kann. Zum Schluss noch ein Hauch von Matcha, der in der Nase kitzelt und die krautige Note der Minze und des Grüntee-Shōchū unterstreicht.

Für 1 Glas (Foto auf S. 293)

2,25 cl Mizu Green Tea Shōchū
2,25 cl Giffard Crème de Cacao blanc
2,25 cl Giffard Menthe Pastille Liqueur
3 cl Sahne
Garnitur: Matcha-Pulver

Grüntee-Shōchū, Crème de Cacao, Menthe-Pastille-Likör und Sahne mit Eis in einen Shaker geben. Zum Abkühlen schütteln, dann in ein festliches Glas der Wahl abseihen. Mit etwas Matcha bestreuen.

ANMERKUNG ZU GLÄSERN AUF SEITE 293   Der rechts abgebildete White Grasshopper wird in einem alten Cocktailglas von *Central Glass Works* aus den 1920er- oder 30er-Jahren serviert. Der Sanshō-Grasshopper, links, ist in einem modernen Glas der *Kimura Glass Company* aus Tōkyō zu sehen. Es gehört zu ihrer Kikatsu-Serie, die antiken Glaswaren nachempfunden ist. Ich frage mich, ob das Glas von *Central Glass Works* wohl Kimuras gepunktetes Design inspiriert hat.

tōji

SANSHŌ GRASSHOPPER

Für eine andere Version des klassischen Grasshoppers wollte ich ein ganz besonderes japanisches Gewürz in den Fokus rücken: Sanshō. Es hat große Strahlkraft – einer der Gründe, warum es in mehreren japanischen Gins als Botanical eine tragende Rolle spielt, ganz besonders im Nikka Coffey Gin. In diesem Getränk paart sich die mentholartige Persönlichkeit des Sanshō hervorragend mit den schokoladigen Noten der Crème de Cacao. Ich garniere den Cocktail mit einem Zweig Kinomé (Blätter des Sanshō-Baums), der sich hervorragend auf der kissenartigen weißen Oberfläche des Drinks macht. Es sieht aus wie ein Stechpalmenblatt auf einem Schneebett. Alles an diesem Getränk weckt bei mir Urlaubsgefühle. Ich hoffe, das geht auch meinen Gästen so.

Für 1 Glas

- 2, 25 cl Giffard Crème de Cacao blanc
- 2, 25 cl Giffard Menthe Pastille Liqueur
- 2, 25 cl Nikka Coffey Gin
- 3 cl Sahne
- Garnitur: 1 Kinomé-Zweig

Crème de Cacao, Menthe-Pastille-Likör, Gin und Sahne in einem Shaker mit Eis verrühren. Schütteln, um den Drink abzukühlen, dann in ein festliches Glas abseihen. Mit dem Kinomé-Zweig garnieren.

SANSHŌ

Der Sansho-Baum (Gelbholz/Amerikanische Stachelesche) trägt Blätter, Blüten, Früchte und Samen, die in der japanischen Küche eine große Rolle spielen. Seine Knospen nutzt man wegen ihres herrlichen Aromas und ihrer Schönheit zum Garnieren von Speisen und Getränken. Sie schmecken sowohl blumig als auch zitrusartig und ergänzen Gerichte wie gegrillten Tofu, geschmorte Bambussprossen und Sashimi. Wenn man auf ein Blatt beißt, prickelt es auf der Zunge und man schmeckt einen Hauch minziger Frische.

Die Sanshō no mi (sanshō-Samen) werden in der Mitte des Frühjahrs geerntet. Frisch genossen betäuben und kitzeln sie den Gaumen auf unglaubliche Weise. Auch die Schoten werden durch Trocknen oder Einlegen in einer Salz- oder Shoyu-Lösung (Sojasauce) konserviert. Getrocknete Schoten verwendet man als Botanical für japanischen Gin oder in Pulverform in der japanischen Würzmischung Shichimi Tōgarashi.

Anfang Mai verwandeln sich die nicht geernteten Samen in tiefgrüne Blüten mit einer hellen Schärfe in den Blütenblättern.

WHITE GRASSHOPPER
(Seite 291)

SANSHŌ GRASSHOPPER

tōji

STRAWBERRY WHITE CAKE

Jedes Jahr im Dezember dürfen sich alle Naschkatzen auf die Weihnachtskuchen in den japanischen Geschäften freuen. Die Kuchen bestehen aus Biskuit, sind ummantelt mit schneeweißer Sahne, mit Erdbeeren belegt und mit Puderzucker bestreut. Um die Essenz dieser Kuchen in einen festlichen Cocktail zu verwandeln, wählte ich Erdbeerlikör und Buchweizen-Shōchū, der Vanille- und Mandelnoten enthält, die sich auch im Biskuit finden. Eine Schicht aus Kakaosahne ahmt den Zuckerguss nach. Darauf träufle ich einen Tropfen Peychaud's Bitters, der das Erdbeer-Topping ersetzt.

Beachten Sie die kleine Menge, bevor Sie den Drink mixen. Wie der Line Cocktail (s. S. 234) fällt dieses Rezept in die Kategorie der Shortdrinks – Cocktails, die man in zwei oder drei Schlucken austrinkt. Das Format funktioniert bei diesem Rezept am besten, da der Cocktail sehr süß ist. Ich empfehle, den Drink im Kühlschrank aufzubewahren oder für ein paar Minuten vor Genuss in den Gefrierschrank zu stellen, damit er knackig kalt ist.

Für 1 Glas

0,75 cl Giffard Crème de Fraise des Bois (Erdbeerlikör)

1,5 cl Kitsukura Soba Shōchū

Garnitur: Kakaosahne (Rezept s. unten) und 1 Tropfen Peychaud's Bitters

Erdbeerlikör und Shōchū in ein Rührglas geben und kühl stellen. Die Kakaosahne zubereiten. Wenn der Cocktail trinkfertig ist, in ein kleines Glas mit Stiel gießen und vorsichtig mit ca. 0,75 cl Kakaosahne auffüllen, um einen Schichteffekt zu erreichen. Mit einem Tropfen Peychaud's Bitters aromatisieren.

KAKAOSAHNE

1 Teil weiße Crème de Cacao mit 4 Teilen Sahne vermischen. Leicht aufschlagen, bis die Mischung etwas eindickt, aber noch so cremig ist, dass sie gut fließt. Sofort verwenden.

tōji

FRENCH 75

Gebratener Truthahn, der in den USA an Weihnachten auf den Tisch kommt, ist in Japan kein Weihnachtsklassiker. In den 1970er-Jahren begann die Fast-Food-Kette KFC, gebratenes Hähnchen als besonderes Feiertagsgericht (s. S. 299) zu promoten. Brathähnchen und Champagner sind seitdem auf vielen Weihnachtstafeln im ganzen Land präsent. Das Einzige, was mir an den Feiertagen besser schmeckt als ein Glas guter Sekt, ist der klassische French 75. Man kann den Drink das ganze Jahr über in japanischen Cocktailbars bekommen, aber im Dezember strahlt er eine ganz besondere Festlichkeit aus. In dieser Variante vertragen sich der raffinierte Roku-Gin, Zitronensaft und Sekt bestens.

Für 1 Glas

4,5 cl Suntory Roku Gin
2,25 cl frisch gepresster Zitronensaft
1,5 cl Zuckersirup (s. S. 318)

Champagner zum Auffüllen
Garnitur: 1 Zitronenzeste,
1 Zitronenspirale

Gin, Zitronensaft und Zuckersirup mit Eis in einen Shaker geben. Schütteln, dann in eine Sektflöte abseihen und mit Champagner auffüllen. Die Zitronenzeste über dem Glas leicht ausdrücken, um den Cocktail mit dem austretenden ätherischen Öl zu aromatisieren, dann entsorgen. Mit der Zitronenspirale garnieren.

HOLIDAY HIGHBALL
(Seite 298)

FRENCH 75

tōji

HOLIDAY HIGHBALL

Ich bevorzuge meinen French 75 mit Gin statt mit Cognac, wie er in vielen japanischen Bars angeboten wird. Es ist großartig, wie sich der Wacholder im Meer der Zitrusaromen behauptet. Bei der Überlegung, wie man den festlichen Klassiker noch aufregender gestalten könnte, habe ich mich für eine Dosis Cranberry-Gin-Likör aus einer Destillerie in Chicago entschieden, statt herkömmlichen Gin zu verwenden. Außerdem folge ich der japanischen Tradition und serviere den Cocktail in einem Highball-Glas über einer Eisstange (Collins Spear) statt in einer zarten Flöte. Das schafft ein völlig anderes Trinkerlebnis. Bei dieser Variante wirkt das Eis Wunder, denn es mildert die adstringierenden Eigenschaften von Cranberrys und Zitrone ab und sorgt für einen festlichen Anblick, wenn die Champagnerbläschen um den Spieß herumtanzen.

Für 1 Glas (Foto auf S. 297)

3 cl Suntory Roku Gin	1,5 cl Zuckersirup (s. S. 318)
2,25 cl Koval Cranberry Gin Liquer	Champagner zum Auffüllen
2,25 cl frisch gepresster Zitronensaft	Garnitur: 1 Limettenspirale

Gin, Cranberry-Gin-Likör, Zitronensaft und Sirup in einem Shaker mit Eis vermischen. Kurz schütteln, um den Cocktail abzukühlen, dann in ein hohes Glas über eine Eisstange gießen. Mit Champagner auffüllen. Mit einer Limettenspirale garnieren.

WEIHNACHTEN IN JAPAN

Von gebratenem Hähnchen bis hin zu funkelnden Lichtern und luftigen Torten mit Zuckerguss – Weihnachten ist ein Paradebeispiel dafür, wie tiefgreifend der Einfluss der westlichen Welt in Japan ist. Und doch wurden die importierten Bräuche an die Bedürfnisse des Landes angepasst. Ein paar Schlüsselmomente in der Geschichte brachten uns dahin, wo wir jetzt sind – zu einer lebhaften Zurschaustellung westlich inspirierter Feiertagsstimmung, die schnell in Kartons verpackt wird, wenn die Vorbereitungen für ein Ereignis von größerer kultureller Bedeutung beginnen: das Neujahrsfest.

1549 erreichten römisch-katholische Jesuitenmissionare über Kagoshima, die Präfektur an der Südwestspitze der Insel Kyushu, Japan. Missionare und Einflüsse aus dem Westen wurden jedoch schnell unterbunden und erst 1868 – mit Beginn der Meiji-Restauration – öffnete Japan seine Pforten für den Westen. Heute bekennt sich ein Prozent der Japanerinnen und Japaner zum Christentum. Für die anderen 99 Prozent steht das Weihnachtsfest vor allem für romantische Abendessen und Spaziergänge im Lichterglanz, die in Weihnachtskuchen und KFC (s. unten) gipfeln.

Der Erdbeerkuchen ist nicht nur ein Emoji auf unseren Smartphones, sondern ein fester Bestandteil des japanischen Weihnachtsfestes. Typischerweise besteht er aus einem Biskuit mit weißem Zuckerguss und Erdbeerschichten und einer Dekoration mit Figuren aus Zuckerguss, die mit einer an Schnee erinnernden Puderzuckerschicht bestäubt werden. Als das Land nach dem Zweiten Weltkrieg wieder auf die Beine kam, verteilten amerikanische Soldaten westliche Süßigkeiten an Kinder, eine für viele unbekannte Geschmacksrichtung. So wurde die Möglichkeit, einen Kuchen zu backen oder sogar zu kaufen, ein Symbol für Wohlstand. Diese Tradition ist heute fest in der Gesellschaft verankert.

Eine weitere japanische Feiertagstradition ist »kurisumasu ni wa kentakki!« oder »Kentucky for Christmas« – ein Slogan, der die Franchise-Hähnchenbraterei KFC vom Beinahe-Bankrott zu großem Wohlstand führte. Es gibt zwei verschiedene Versionen der Geschichte. Die erste erzählt von Takeshi Okawara, dem Manager des ersten KFC, der 1970 in Nagoya in Japan eröffnete. Er soll im nationalen Fernsehen verbreitet haben, in Übersee würden Brathähnchen zu Weihnachten aufgetischt. Eine Art Notlüge. Die offizielle Version von KFC Japan lautet anders. Sie erzählt, dass man Brathähnchen als hervorragenden Ersatz für den amerikanischen Weihnachtsklassiker Truthahn promotete, der in Japan nicht erhältlich war. Wie dem auch sei – die Kampagne »Kentucky for Christmas« war ein voller Erfolg. Noch heute landen Tonnen von Hähnchen an Weihnachten in den Haushalten.

Weihnachten ist in Japan kein nationaler Feiertag, und meistens kommen die Menschen an Heiligabend zusammen, um zu feiern. Sie gehen ihrem normalen Tagesablauf nach und treffen sich abends zu KFC-Essen mit Familie oder Freunden. Dazu gibt es Portwein und Champagner.

Unabhängig von der Art und Weise, wie es gefeiert wird, ist Weihnachten Teil der japanischen Ess- und Trinkkultur geworden – nur nicht so, wie man es vielleicht erwarten würde. Das macht es so interessant, einen Blick auf die Hintergründe der Tradition zu werfen.

shōkan

KLEINE KÄLTE

Petersiliensprossen, Schneeschmelze,
Fasane beginnen zu rufen

Nach den üppigen Genüssen an den Feiertagen beruhigen sich die Ess- und Trinkgewohnheiten wieder. Wir erleben kleine Glücksgefühle, wenn wir den Teekessel aufsetzen, um Tee aufzubrühen oder Shōchū mit heißem Wasser aufgießen. Der heiße Dampf steigt auf wie Nebelschwaden – ein faszinierender Anblick im fahlen Januarlicht. In der Küche ist die Zubereitung von Dashimaki tamago (gerolltem Omelett mit Dashi) ähnlich meditativ. Es ist ein Gericht, bei dem die Eier während des Backens Schicht für Schicht gefaltet werden. Zu Ehren des neuen Jahres machen wir außerdem Amazaké, ein niedrigprozentiges (manchmal auch gänzlich alkoholfreies) Getränk, das aus den gleichen Zutaten wie Saké hergestellt wird. Mit seiner üppigen Konsistenz und der angenehmen Süße aus dem Reis ist es an sich schon köstlich, aber Amazaké ist auch beliebt, weil es gesund sein soll.

shōkan

ALKOHOLFREI
AZALEA

Ein traditioneller Bestandteil der Neujahrsfeiern in Japan ist Mochi-tsuki, ein kommunales Treffen zum Mochi-Stampfen. Ich war sieben Jahre alt, als meine Familie zum ersten Mal an diesem Ereignis in Tomio teilnahm. Dort probierte ich dann auch erstmalig frischen Mochi in Form von Klößchen in Zenzai, einer süßen Suppe aus Adzukibohnen (roten Bohnen). Als Hommage an dieses köstliche Gericht habe ich Sirup aus Koshian (rote Bohnenpaste) mit cremigem Amazaké (einem alkoholfreien Reisgebräu; s. S. 302) vermischt – eine kräftige Basis für ein Getränk. Diese beiden wunderbaren Aromen passen gut zusammen und ergänzen sich noch besser, wenn man sie mit der Säure von Verjus und der Schärfe von Umé-su vermischt. Ein Spritzer Tonic lockert den ansonsten schweren alkoholfreien Drink auf und sorgt für einen Hauch von Chinin, um die Süße ein wenig zu mildern. Insgesamt ein köstliches Getränk für kalte Winterabende.

Für 1 Glas (Foto auf S. 303)

6 cl Amazaké (s. S. 302)

2,25 cl Koshian-Sirup (Rezept s. unten)

2,25 cl Verjus Rouge

0,75 cl Umé-su (s. S. 316)

Tonic Water zum Auffüllen

Garnitur: frisch geriebene Muskatnuss

Amazaké, Koshian-Sirup, Verjus Rouge und Umé-su mit Eis in einen Shaker geben. Zügig schütteln, um den Drink abzukühlen, dann durch ein Hawthorne-Sieb mit enger Spirale in ein Cocktailglas abseihen. Oder mit einem Teesieb zweimal filtern, damit keine Eissplitter im Getränk landen. Das Tonic Water dazugeben. Mit etwas geriebener Muskatnuss bestreuen.

KOSHIAN-SIRUP

In einem Mixer 450 g Koshian (süße rote Bohnenpaste), 225 g Zucker und 250 ml lauwarmes Wasser verrühren, bis eine glatte Masse entstanden ist. Durch ein feinmaschiges Sieb passieren und in einem luftdichten Behälter im Kühlschrank bis zu 2 Wochen aufbewahren. Ergibt 750 ml.

AMAZAKÉ

Ursprünglich als medizinisches Elixier in der Kofun-Zeit (ca. 300–538 n. Chr.) erfunden, ist Amazaké ein traditionelles japanisches Getränk aus den gleichen Zutaten wie Saké: fermentierter Reis, Wasser und Kōji. Trotz des Namens (»zaké« bedeutet Alkohol) ist das Getränk in der Regel alkoholfrei oder sehr niedrigprozentig. Man kann Amazaké kalt oder heiß trinken. Im Sommer genieße ich ihn kalt mit einer Banane püriert oder – als salzige Erfrischung – mit Shiozakura verfeinert. Heiß schmeckt er besonders gut mit grünem Tee oder mit geriebenem Ingwer, wie es bei Tempelbesuchen in der ersten Woche des neuen Jahres üblich ist.

Wenn Sie Amazaké zubereiten wollen, spülen Sie 225 g japanischen Kurzkornreis einmal ab, um alle Rückstände zu entfernen. Dann abtropfen lassen und erneut abspülen. Harken Sie dabei diesmal mit den Fingern durch den Reis, damit sich die Körner gegenseitig sanft polieren. Spülen Sie weiter, bis das Wasser klar ist, dann geben Sie den Reis in einen Reiskocher und füllen Wasser bis zur 750-ml-Markierung auf. Den Reis nach Anleitung für den Reiskocher garen und darauf achten, dass das Wasser nicht überkocht. Verwenden Sie die Einstellung für Porridge, wenn der Reiskocher sie bietet. Dann füllen Sie das Wasser aber nur bis zur 250-ml-Markierung ein.

Wenn der Reis gar ist, die Schüssel aus dem Reiskocher nehmen und den Reis mit einem Reisschaber oder Löffel in Scheiben zerteilen. So kühlt er schneller ab. Um den Prozess zusätzlich zu beschleunigen, können Sie einen Ventilator verwenden. Nach 10 bis 20 Minuten sollte der Reis die optimale Temperatur erreicht haben. Nun geben Sie nach und nach 250 ml Wasser zu. Dann rühren Sie den Reis um und lassen ihn stehen, bis er auf ca. 55 °C abgekühlt ist. Das dauert ca. 10 Minuten.

Sobald der Reis die gewünschte Temperatur erreicht hat, geben Sie ein 200-Gramm-Päckchen Komékōji dazu. Das Zerteilen geht am besten, wenn der Kōji noch in der Packung ist. Dazu drücken Sie mit den Fingern, bis die Stücke lose sind. Mischen Sie den Kōji unter den gedämpften Reis, stellen Sie die Reisschüssel wieder in den Reiskocher und decken Sie sie mit einem sauberen Geschirrtuch locker ab. Stellen Sie den Reiskocher auf warm, aber lassen Sie den Deckel geöffnet, sodass die Temperatur zwischen 55 °C und 60 °C bleibt. Belassen Sie den Reis acht Stunden im Reiskocher, und rühren Sie gelegentlich um, damit sich die Hitze gleichmäßig verteilt. Nach ein paar Stunden beginnt der Amazaké süßlich zu riechen, mit einem Hauch von Schärfe. Nach acht Stunden nehmen Sie die Schüssel aus dem Reiskocher und lassen sie in einem Eisbad abkühlen. Pürieren Sie den Reis im Mixer glatt. Im Kühlschrank aufbewahren. Ergibt acht Portionen.

AZALEA
(Seite 301)

shōkan

WARM NOTE

Wenn die Feiertage vorbei sind, ist es an der Zeit, sich dezenteren Aromen zuzuwenden, die nahrhaft sind. Im tiefen Winter genieße ich gerne ein Getränk namens Yuzu-Cha, das mit einem Löffel Yuzu-Marmelade und heißem Wasser zubereitet wird. Die Mischung aus Ingwer und Grüntee-Shōchū vereint die Elemente Feuer und Erde in perfekter Balance. Süße steuert der Honigsirup bei. Der Unterton des Heißgetränks ist erdige Würze, gleichzeitig ist er sehr rein und hell – wie eine heilende Brühe im tiefsten Winter.

Für 1 Person

16,5 cl heißes Wasser (90 °C)

4,5 cl Mizu Green Tea Shōchū

1,5 cl Ochiai Distillery Rihei Ginger Shōchū

1,5 cl Honigsirup (s. S. 317)

Garnitur: 1 Kumquat- oder Mikan-Scheibe, Zitronenzeste nach Belieben

Das heiße Wasser in eine große Teetasse abmessen und Grüntee-Shōchū, Ingwer-Shōchū und Honigsirup dazugeben. Mit einer Kumquat- oder Mikan-Scheibe garnieren. Für eine zusätzliche Geschmacksexplosion die ätherischen Öle einer Zitronenzeste über dem Getränk ausdrücken, dann die Zeste entsorgen.

shōkan

SKY DIVING

So förmlich und zugeknöpft viele japanische Bartender auch erscheinen mögen, die meisten werden alles tun, um Kunden ein Lächeln ins Gesicht zu zaubern. Manchmal durch die Verwendung besonderer Liköre wie Blue Curaçao. Der Bartender Yoshiyuki Watanabe aus Ōsaka gewann 1967 den ersten Platz bei der *Nippon Bartenders Association* (NBA) mit diesem Getränk. Bei der Namensgebung spielte natürlich die grandiose Farbe eine Rolle. Aufzeichnungen zeigen, dass er ein Verhältnis von 3 : 2 : 1 von Rum zu Curaçao und Limettensirup wählte. Meine Variante ist etwas voluminöser, aber immer noch im ursprünglichen Verhältnis. Außerdem habe ich entschieden, einen Limettensirup aus frischen Limettenschalen und -saft herzustellen, statt Saft und Zuckersirup zu verwenden. So bekommt der Drink eine leicht bittere Note.

Für 1 Glas

2,25 cl Bacardi Superior White Rum   0,75 cl Limettensirup (s. S. 318)
1,5 cl Senior & Co. Blue Curaçao

Rum, Blue Curaçao und Limettensirup mit Eis in einen Shaker geben. Schütteln und in ein kleines Cocktail- oder Cordialglas abseihen.

daikan

GROSSE KÄLTE

Die Pestwurz sprießt,
das Eis auf den Bergbächen wird dicker,
die Hühner beginnen, Eier zu legen

Von Mitte Januar bis Anfang Februar war es in unserem Haus besonders kalt. Die Türen zu ungenutzten Räumen blieben geschlossen, sodass sich die Wärme auf der kleineren Fläche leichter halten konnte. Meine Mutter nutzte den Engawa wie einen Kühlschrank, um Kisten mit Mikan aufzubewahren, die man zwischendurch essen konnte. Denke ich an diese Zeit als Kind in Japan zurück, stelle ich fest, dass sich wenig geändert hat. Die Ess- und Trinkgewohnheiten sind immer noch ähnlich. In meinem Fall bedeutet das eine Mischung aus japanischen und westlichen Traditionen – ein Old Fashioned (s. S. 310) mit japanischem Whisky, wenn ich etwas Besonderes brauche, oder eine Schüssel Reis mit Misoshiru (Miso-Suppe) und Kinpira gobō (gebratene Klettenwurzel) für die nostalgischen Gefühle.

daikan

AFTER ANGELS

Das Wohlgefühl, das Süßkartoffeln auslösen, hilft mir, den Winter zu überstehen. Nishi Shuzō in Kagoshima stellt einen in Sherryfässern gereiften Süßkartoffel-Shōchū namens Tenshi no Yūwaku (die Engel, die Versuchung) her. Dies ist natürlich eine Anspielung auf den Angel's share, der den Fässern entweicht, wenn der Shōchū im heißen Kagoshima-Klima lagert. Dieser Shōchū ist betörend, buttrig und kräftig. Für einen winterlichen Oyuwari kombiniere ich ihn mit violettem Süßkartoffel-Essig und Umé-shu. Der Essig ist kräftig, sodass man nur einen kleinen Spritzer braucht. Aber nicht gleich wegstellen, denn vielleicht lockt ja eine zweite Runde.

Für 1 Person

9 cl heißes Wasser (90 °C)

4,5 cl Nishi Shuzō Tenshi no Yūwaku Sweet Potato Shōchū

1,5 cl Umé-shu

1 knapper BL Beni-imo-su (lila Süßkartoffel-Essig)

Das heiße Wasser in eine Teetasse gießen. Sweet Potato Shōchū, Umé-shu und Beni-imo-su dazugeben. Durch die Wärme des Wassers vermischen sich die Zutaten schnell.

daikan

OLD FASHIONED

Viele Bartender in Japan wählen einen klassischen Cocktail und widmen ihm viel Zeit und Aufmerksamkeit, bis sie ihn beherrschen – für mich ist das der Old Fashioned. Ich habe unzählige Stunden damit verbracht, ihn zu perfektionieren. Spirituosenbetont und leicht bitter, sollte dieser Cocktail zum Repertoire eines jeden Bartenders gehören. Dieses Rezept ist ziemlich nah am traditionellen. Ich lade alle ein, es als Ausgangspunkt für die persönliche perfekte Mischung zu nutzen.

Für 1 Glas

6 cl Eagle Rare Kentucky Straight Bourbon Whiskey

0,75 cl Demerara-Sirup (s. S. 318)

2 Spritzer Angostura Bitter

1 Spritzer Orangenbitter

Garnitur: 2 Orangenzesten

Bourbon, Demerara-Sirup und Bitter in einem Rührglas vermengen. Eis hinzufügen und umrühren, um den Drink zu kühlen. In ein Old-Fashioned-Glas über eine Eiskugel abseihen. Die Orangenzeste über dem Glas leicht ausdrücken, um mit dem austretenden ätherischen Öl den Cocktail zu aromatisieren, dann entsorgen. Mit der zweiten Zeste garnieren.

HINWEIS Der Old Fashioned war einer der ersten klassischen Cocktails, die ich zuzubereiten lernte. Das Rezept, das mir anfangs vorgestellt wurde, erinnerte allerdings eher an einen Fruchtcocktail als an eine raffinierte Mischung aus Spirituose, Bitter, Zucker und Wasser. Ich liebe die Flexibilität der Vorlage – innerhalb des Rahmens gibt es Dutzende von Möglichkeiten zum Mischen. Man kann zum Beispiel Mezcal und Agavennektar mit Orangenbitter verwenden oder einen Old Fashioned mit Rum und japanischem Currysirup anstelle von Demerara-Sirup und Bràulio Amaro anstelle von aromatischem Bitters.

daikan

MILLION DOLLAR

Der legendäre Louis Eppinger kreierte den Million-Dollar-Cocktail 1894 während seiner Zeit als Bartender im *Grand Hotel* in Yokohama. Im Originalrezept trifft Gin auf süßen Vermouth, Ananassaft und Grenadine. Als Eppingers Schützling Shogo Hamada den Drink in den frühen 1920er-Jahren mit ins *Café Raion* in Ginza nahm, soll er einen Old Tom Gin verwendet haben, aber das Rezept im *The Savoy Cocktail Book* (1930) empfiehlt ausdrücklich Plymouth. Für moderne Gaumen empfehle ich Suntory Roku Gin wegen der sanften Raffinesse. Für mehr Balance verwende ich trockenen Vermouth anstelle von süßem, was auch die Fruchtigkeit zurücknimmt. Zu betrachten als eine geschmeidigere, etwas lebhaftere Version des Cocktails, die das ganze Jahr über schmeckt.

Für 1 Glas

- 4,5 cl Suntory Roku Gin
- 1,5 cl Cocchi Vermouth di Torino
- 1,5 cl Dolin Dry Vermouth de Chambéry
- 1,5 cl Ananassaft
- 0,75 cl Grenadine (Rezept s. unten)
- 1 Eiweiß
- Garnitur: 1 Zitronenzeste, Ananasspalte

Gin, die beiden Vermouths, Ananassaft, Grenadine und Eiweiß in einen Shaker geben. Trocken schütteln, dann Eis hinzufügen und erneut schütteln, um den Drink zu kühlen. In ein Coupe-Glas abseihen. Die Zitronenzeste über dem Glas leicht ausdrücken, um mit dem austretenden ätherischen Öl den Cocktail zu aromatisieren, dann entsorgen. Mit der Ananasspalte garnieren.

GRENADINE

Beim Kauf von Grenadine im (Online-)handel sind BG Reynolds oder Small Hand Foods Grenadine eine gute Wahl. Beide sind wohlschmeckende und bewährte Produkte, die einem Cocktail Konsistenz und Reichhaltigkeit verleihen. Wer es vorzieht, seinen eigenen Grenadine zu Hause herzustellen, kann in einem Topf 2 Teile Granatapfelmelasse mit 1 Teil Granatapfelsaft und 1 Teil Rohrzucker vermischen. Bei schwacher Hitze erwärmen und verrühren, bis sich der Zucker vollständig aufgelöst hat. Wenn die Mischung anfängt zu blubbern, vom Herd nehmen, weiterrühren und abkühlen lassen. Im Kühlschrank bis zu 3 Wochen haltbar.

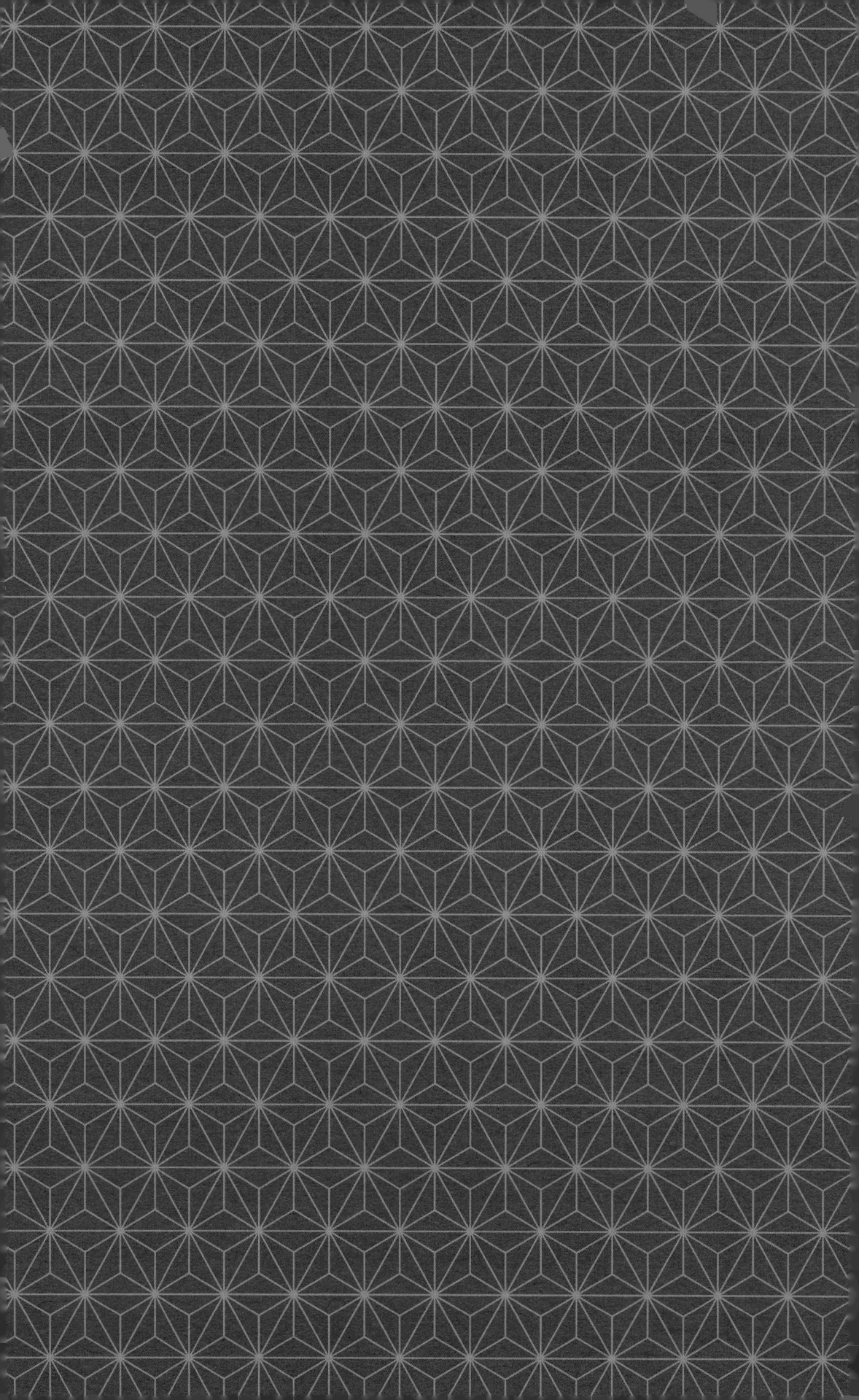

TEIL III

ANHANG

jikasei no mono

HAUSGEMACHTE ZUTATEN
Sirups, Aufgüsse, Tees und mehr

CASHEW-ORGEAT

5 grüne Kardamomkapseln aufbrechen und in einer Pfanne bei schwacher Hitze rösten, bis sie aromatisch duften. Die Pfanne gelegentlich schütteln, damit die Kapseln nicht verbrennen. Zubereitung mit Sous-Vide-Technik: 500 ml Cashewdrink zusammen mit dem Kardamom in einen Sous-Vide-Beutel geben. Den Beutel verschließen und 1 Stunde bei 80 °C im Backofen garen.

Zubereitung auf dem Herd: 500 ml Cashewdrink mit den Kardamomkapseln in einen Topf geben und zugedeckt bei schwacher Hitze (knapp unter dem Siedepunkt) 30 Minuten köcheln. Die Hitze bei Bedarf regulieren, die Mischung darf nicht überkochen oder anbrennen. Den Kardamom abseihen. Den Drink abwiegen und auf 1 Teil gewürzten Cashewdrink 2 Teile Zucker geben. Zum Schluss ¼ TL Orangenblütenwasser einrühren. Im Kühlschrank aufbewahren. Ergibt 32 Portionen.

Verwenden für:
Japanese Cocktail (s. S. 213)
Japanese Cocktail #2 (s. S. 215)

SHISO NO JYÜSU

350 g rote Shiso-Blätter waschen und beiseitestellen. In einem großen Topf 1,75 l Wasser zum Kochen bringen. Die Shiso-Blätter hinzufügen und 5 Minuten mitkochen, dann den Topf vom Herd nehmen. Shiso-Blätter herausnehmen und entsorgen, das Wasser bleibt im Topf. 400 g Zucker in das Shiso-Wasser geben und rühren, bis er sich aufgelöst hat. Dann 2 TL Zitronensäure dazugeben und umrühren, bis der Saft purpurrot wird. Nachdem er abgekühlt ist, vorsichtig in einen Glasbehälter umfüllen. Im Kühlschrank aufbewahren. Ergibt 30 Portionen.

Verwenden für:
Murasaki Sonic (s. S. 191)
Alkoholfrei: Magenta Cooler (s. S. 193)

SHIOZAKURA-SALZLÖSUNG

Shiozakura (gesalzene Sakura-Blüten) aus der Packung nehmen. Um genügend Garnitur für 10 Cocktails zu erhalten, mit mindestens 20 Blüten arbeiten. Einige werden auseinanderfallen, daher ist es besser, einen Vorrat zu haben. Wenn man nur ein paar auf einmal verwenden will, nur so viele Blüten abspülen, wie benötigt werden, da das Salz als Konservierungsmittel dient. Shiozakura abwiegen und das Gewicht notieren, dann das Doppelte des Gewichts an warmem Wasser zugeben und rühren, bis sich das Salz aufgelöst hat. Ein Sieb über eine Schüssel hängen und Blüten und Flüssigkeit trennen. Die Salzlösung in einem verschlossenen Behälter und die Blüten in frischem Wasser im Kühlschrank aufbewahren.

Verwenden für:
Alkoholfrei: Shiozakura Highball (s. S. 135)
Sakura Collins (s. S. 137)
Sakurazuké Martini (s. S. 141)

UMÉ-SU

Es gibt mehrere gute Marken Umé-su, die man in Spezialgeschäften oder im Onlinehandel kaufen kann – beachten Sie aber, dass es zwei verschiedene Arten gibt. Uméboshi-su, hergestellt aus in Salz eingelegten Umé und Shiso, ist extrem salzig und sauer. Umé-su ist sauer und süß. Japanische und koreanische Märkte bieten die größte Auswahl. Achten Sie darauf, dass Zucker und nicht Salz die Hauptzutat ist. Für die in Korea hergestellten Produkte findet man häufig die Bezeichnung »Extrakt«. Diese haben unterschiedliche Süß- und Säuregrade. Um die Säure anzupassen, gebe ich manchmal Reisessig hinzu. Mein derzeitiger Favorit ist Beksul Plum Extract, erhältlich im Onlinehandel.

Für die, die ihre eigene Version zu Hause herstellen wollen, hier mein Rezept: 1 kg Umé waschen und die kleinen runden Kappen am Stielende entfernen. Jede Kappe 5- bis 6-mal mit einem Zahnstocher einstechen. Die Umé auf ein sauberes Handtuch legen und abtupfen. Sobald sie vollständig getrocknet sind, die Umé in einen Plastikbeutel geben und einfrieren, bis sie hart sind. Ein großes Glas mit Deckel (mit einem Fassungsvermögen von 5 l) in kochendem Wasser sterilisieren. Dann sofort 1 kg weißen Kandiszucker und die Umé in das Glas schichten – beginnend und endend mit dem Kandiszucker. 250 ml Reisessig über den Inhalt des Glases gießen. Das Glas in der ersten Woche nur locker verschließen, damit der Druck entweichen kann. In dieser Woche einmal täglich schwenken. Der Sirup ist nach 2–3 Wochen fertig. Vor der Verwendung die Umé entfernen und in einem separaten Gefäß zum Naschen oder Dekorieren aufbewahren. Den Sirup in sterilisierten Gläsern im Kühlschrank aufbewahren. Ergibt 2 l.

Verwenden für:
Grey Wolf (s. S. 188)
Alkoholfrei: Azalea (s. S. 301)

UMÉ-SHU

Man kann Umé-shu (s. S. 96) natürlich kaufen. Für die, die ihre eigene Version zu Hause zubereiten möchten, hier mein Rezept: 1 kg Umé waschen und die kleinen runden Kappen am Stielende entfernen. Jede Kappe 5- bis 6-mal mit einem Zahnstocher einstechen. Die Umé auf ein sauberes Geschirrtuch legen und abtupfen. Sobald sie vollständig getrocknet sind, die Umé in einen Gefrierbeutel geben und einfrieren, bis sie hart sind. Ein großes Glas mit Deckel (mit einem Fassungsvermögen von 5 l) in kochendem Wasser sterilisieren. Sobald das Glas sterilisiert ist, 1 kg weißen Kandiszucker und die Umé in das Glas schichten – beginnend und endend mit dem Kandiszucker. 1,5 l Shōchū oder Wodka (35–40 %) über den Inhalt des Gefäßes gießen. Den Behälter mit dem Deckel verschließen. An einem kühlen, trockenen Ort aufbewahren und etwa einmal pro Woche drehen. Es dauert mindestens 6 Monate, bis der Umé-shu trinkfertig ist, ich warte jedoch mindestens 1 Jahr, damit sich die Aromen entfalten können. Ergibt knapp 1,5 l.

Verwenden für:
Umé Old Fashioned (s. S. 112)
Smoked Umé Margarita (s. S. 115)
Umé Shōchū Sour (s. S. 185)
After Angels (s. S. 309)

shiroppu

SIRUPS

KRÄFTIGER HONIGSIRUP

2 Teile Honig mit 1 Teil heißem Wasser vermengen. Umrühren, bis sich der Honig vollständig aufgelöst hat. Bis zu 3 Wochen im Kühlschrank haltbar.

Verwenden für:
Umé Old Fashioned (s. S. 112)
Umé Shōchū Sour (s. S. 185)
Chawari Toddy (s. S. 226)
Hot Campari (s. S. 270)
Matcha Miruku (s. S. 281)
Alkoholfrei: Matcha Miruku (s. S. 283)
Warm Note (s. S. 305)

KINMOKUSEI-SIRUP

1 EL getrocknete Duftblüten (Osmanthus; Kinmokusei) mit 250 ml gerade noch kochendem Wasser (95 °C) vermengen, 6 Minuten ziehen lassen und abseihen. Die Flüssigkeit abmessen und die gleiche Menge Zucker hinzufügen. Gekühlt bis zu 1 Woche haltbar. Ergibt 300 ml.

Verwenden für:
Kinmokusei Cocktail (s. S. 242)
Alkoholfrei: Golden One (s. S. 245)
Alkoholfrei: Matcha Miruku (s. S. 283)
Saké Chai Flip (s. S. 287)

LIMETTENSIRUP

Mit einem Sparschäler die Schale von 2 Bio-Limetten abziehen, dabei die weiße Haut unter der Schale so weit wie möglich nicht mitschälen. Die geschälten Limetten für die spätere Verwendung beiseitelegen. Die Schalen und 225 g Zucker in einer Schüssel mischen, dabei kräftig drücken, damit sich das ätherische Öl aus den Schalen mit den Zuckerkörnern verbindet. Mindestens 15 Minuten ruhen lassen, dann in einen Topf umfüllen. 3 cl Limettensaft auspressen, in den Topf geben und die Mischung bei mittlerer Hitze zum Köcheln bringen. 5 Minuten unter ständigem Rühren köcheln lassen, bis sich der Zucker aufgelöst hat. Die Limettenschalen 10 Minuten in der heißen Mischung ziehen lassen, dann abseihen und abkühlen lassen. Im Kühlschrank aufbewahren und am besten innerhalb von 3 Tagen verbrauchen. Ergibt 250–300 ml.

Verwenden für:
Gimlet (s. S. 153)
Sky Diving (s. S. 306)

KRÄFTIGER ZUCKERROHRSIRUP

Petite-Canne-Zuckerrohrsirup aus Martinique ist ein großartiger fertig zu kaufender Zuckerrohrsirup zur Verwendung in Cocktails. Er ist gleichmäßig süß und bietet eine rundere Textur als hausgemachte Versionen. Wenn Sie den Sirup dennoch selbst herstellen möchten, kombinieren Sie 2 Teile Rohrzucker mit 1 Teil heißem Wasser. Rühren Sie, bis sich der Rohrzucker vollständig aufgelöst hat. Im Kühlschrank bis zu 2 Wochen haltbar.

Verwenden für:
Rose Manhattan (s. S. 124)
Washitsu (s. S. 133)

KRÄFTIGER DEMERARA-SIRUP

2 Teile Demerara-Zucker mit 1 Teil heißem Wasser vermengen. Rühren, bis sich der Zucker vollständig aufgelöst hat. Bis zu 2 Wochen im Kühlschrank haltbar.

Verwenden für:
Daiquiri (s. S. 168)
Grey Wolf (s. S. 188)
Hōjicha Coconut Daiquiri (s. S. 277)

EINFACHER ZUCKERSIRUP

1 Teil Zucker und 1 Teil warmes Wasser vermengen. Rühren, bis sich der Zucker vollständig aufgelöst hat. Im Kühlschrank bis zu 2 Wochen haltbar.

Verwenden für:
Smoked Umé Margarita (s. S. 115)
Hishimochi-Bitter-Soda (s. S. 119)
Sakura Collins (s. S. 137)
Ryūkyū Gimlet (s. S. 155)
Glyzinie (s. S. 159)
Midori Shōchū Sour (s. S. 163)
Spindrift (s. S. 167)
Elderflower Sour (s. S. 175)
Mojito (s. S. 177)
Kamakiri (s. S. 179)
Kyohō Sour (s. S. 219)
Sudachi Shōchū Sour (s. S. 225)
Kaki Flip (s. S. 230)
Pashmina (s. S. 237)
Kiku Cocktail (s. S. 251)

Kami Hikōki (s. S. 269)
Yuzu Salty Dog (s. S. 274)
Frosty Mikan (s. S. 284)
French 75 (s. S. 296)
Holiday Highball (s. S. 298)

ERDBEERSIRUP

500 g Erdbeeren putzen: Um die Blütenansätze zu entfernen, die Messerspitze direkt darunterschieben und einen kleinen Kegel aus der Spitze der Erdbeere und den harten weißen Kern darunter herausschneiden. Die Erdbeeren waschen und trocken tupfen. Der Länge nach halbieren. Die Erdbeeren wiegen und das gleiche Gewicht an Kristallzucker in die Schüssel geben. Gut umrühren, bis jedes Erdbeerstück mit Zucker bedeckt ist. Mit Frischhaltefolie abdecken und im Kühlschrank 24 Stunden ruhen lassen, dann haben die Erdbeeren Saft gezogen. Abwiegen, Erdbeeren und Saft in einen Topf geben und die Hälfte des Gewichts an Wasser zugeben. Bei mittlerer Hitze zum Kochen bringen und 15 Minuten sprudelnd kochen. Vom Herd nehmen und abkühlen. Im Kühlschrank bis zu 2 Wochen haltbar. Ergibt ca. 600 ml.

Verwenden für:
Ichigo Sour (s. S. 127)

infyūjon
AUFGÜSSE

MIT INGWER INFUSIONIERTES SHŌCHŪ

In einem großen Glasgefäß 3 EL frisch geriebenen Ingwer und 750 ml Reis-Shōchū vermengen. Bei Zimmertemperatur 24 Stunden ziehen lassen. Durch ein feinmaschiges Sieb abseihen (oder für ein glatteres Ergebnis durch einen Kaffeefilter). Ich empfehle Chiyonosono 8.000 Generations Rice Shōchū oder Takahashi Shuzō's Hakutake Shiro Rice Shōchū für diesen Aufguss. Er ist unbegrenzt haltbar.

Verwenden für:
Kamakiri (s. S. 179)
Warm Note (s. S. 305)

MIT GRÜNTEE INFUSIONIERTER SHŌCHŪ

5 EL losen japanischen Grüntee und eine 750-ml-Flasche Reis- oder Gersten-Shōchū vermischen und bei Zimmertemperatur 3 Stunden ziehen lassen. Abseihen und an einem kühlen, dunklen Ort aufbewahren. Ich empfehle Chiyonosono 8.000 Generations Rice Shōchū, Takahashi

---

ÜBER SHŌCHŪ-INFUSIONEN Ich verwende handelsübliche Marken von Grüntee- und Zitronengras-Shōchū für die Cocktails in diesem Buch. Aber natürlich kann man auch eigene Aufgüsse zu Hause herstellen, wenn man Lust hat. Bei der industriellen Herstellung werden die Hauptaromastoffe des Shōchū normalerweise in der zweiten Stufe des Gärungsprozesses hinzugefügt, kurz bevor die Moromi (Maische) destilliert wird. Daher kommen die Aromen von Ingwer, Zitronengras oder anderen Zutaten in den käuflichen Produkten anders zum Ausdruck als in hausgemachten Aufgüssen. Abgesehen davon ist es nicht unüblich, dass Bars ihre eigenen Shōchū-Aufgüsse mit frischem Obst und Gemüse herstellen – eine wunderbare Möglichkeit, Shun (Saisonalität) in einer Flasche einzufangen. Die hier vorgeschlagenen Ziehzeiten sind genau das – nur ein Vorschlag. Je nachdem, welchen Shōchū man wählt, wie fein man die Zutaten schneidet und wie hoch die Zimmertemperatur ist, verändert sich die Intensität des Aufgusses und die Zeit, die er braucht, damit sich die Aromen entfalten können. Hier gilt: einfach ausprobieren.

Shuzōs Ginrei Shiro Rice Shōchū oder Yanagita Koma Honkaku Barley Shōchū für diesen Aufguss. Er ist unbegrenzt haltbar.

Verwenden für:
Ryūkyū Gimlet (s. S. 155)
Midori Shōchū Sour (s. S. 163)
White Grasshopper (s. S. 291)
Warm Note (s. S. 305)

MIT GEWÜRZEN INFUSIONIERTER WODKA

In einem Suribachi (Mörser und Stößel) 1 EL rosa Pfefferkörner leicht zerstoßen. Dann mit 1 EL getrockneten Hibiskusblüten, ¼ EL Salz und 1 EL frisch geriebenem Wasabi* in ein großes Glasgefäß geben. Eine 750-ml-Flasche Suntory Haku Vodka dazugießen. Bei Zimmertemperatur 48 Stunden ziehen lassen. Durch einen Kaffeefilter abseihen. Bis zu 3 Wochen im Kühlschrank haltbar. Ergibt ca. 750 ml.

* Wer keinen frischen Wasabi bekommt, kann diesen durch Wasabi-Paste ersetzen. Achten Sie darauf, eine Marke zu wählen, die echten Wasabi verwendet und nicht Meerrettich. Auf dem Etikett sollte »Hon-Wasabi« stehen.

Verwenden für:
Kumiko Bloody Mary (s. S. 150)

ocha

TEE

GEKÜHLTER HŌJICHA

In einem Glas- oder Keramikbrühgefäß 3 g Hōjicha und 300 ml heißes Wasser (95 °C) vermischen und 2 Minuten ziehen lassen. In ein Glasgefäß abseihen und abkühlen lassen. Falls es schnell gehen soll, dafür ein Eisbad verwenden. Ergibt ca. 270 ml.

Verwenden für:
Geklärter Mezcal-Milchpunsch (s. S. 261)
Hōjicha Coconut Daiquiri (s. S. 277)

GEKÜHLTER MUGI-CHA

In einem Topf 1 l Wasser zum Kochen bringen. 1 Packung Mugi-cha ins Wasser geben, die Hitze reduzieren und 5 Minuten köcheln lassen. Vom Herd nehmen und 10 Minuten ziehen lassen. Den aufgebrühten Mugi-cha abseihen und in einem Eisbad abkühlen. Im Kühlschrank bis zu 1 Woche haltbar. Ergibt ca. 900 ml.

Verwenden für:
Mugi Gin and Tonic (s. S. 180)
Alkoholfrei: Mugi Tonic (s. S. 182)

COLD-BREW-SENCHA

In einem Glasgefäß 10 EL Sencha-Blätter und 750 ml gefiltertes Wasser bei Zimmertemperatur 3 Stunden ziehen lassen. Die Blätter abseihen und den Tee aufbewahren. Aus den abgeseihten Blättern kann man weitere 1–2 Tassen heißen Tee aufbrühen. Die Blätter haben immer noch Geschmack, und es wäre schade, sie nicht zu verwenden. Ergibt ca. 750 ml.

Verwenden für:
Ryokucha-Hi (s. S. 156)
Alkoholfrei: Magenta Cooler (s. S. 193)
Alkoholfrei: Golden One (s. S. 245)

QUELLEN

bā yōhin to garasu
BARBEDARF UND GLASWAREN

Barstuff: barstuff.de
Barbedarf: barbedarf.at
Spirituosenworld:
  spirituosenworld.de
Bar Times Store:
  bar-times-store.tokyo
Cocktail Kingdom:
  cocktailkingdom.com
Etsy: etsy.com
Kimura Glass: kimuraglass.net
Korin: korin.com
Koto Tea: kototea.com
MTC Kitchen: mtckitchen.com
Nalata Nalata: nalatanalata.com
Nihon Ichiban:
  anything-from-japan.com
SoKichi: sokichi.co.jp
Toiro: toirokitchen.com
Umami Mart: umamimart.com

zairyō
ZUTATEN

Spirituosenworld:
  spirituosenworld.de
Asian Food Grocer:
  asianfoodgrocer.com
Kettl Tea: kettl.co
Koto Tea: kototea.com
MTC Kitchen: mtckitchen.com
Spirit Tea: spirittea.co
Yunomi: yunomi.life

supirittsu
SPIRITUOSEN

Spirituosenworld:
  spirituosenworld.de
Japanwhiskys: japanwhiskys.com
Ginza Berlin: ginza-berlin.com
Hawesko: hawesko.de/japanische-
  spirituosen/https://japanwhiskys.
  com
Colnaco: www.conalco.de

BEACHTENSWERTE BARS

FUKUOKA

Bar Oscar
Hakata Yatai Bar Ebi-chan

KYŌTO

Bar Bunkyu:
 barbunkyu.jimdofree.com
Bar Ixey: facebook.com/ixey26
Bar Rocking chair:
 bar-rockingchair.jp
Bee's Knees: bees-knees-kyōto.jp
Cinematik Saloon:
 cinematiksaloon.com
L'Escamoteur: facebook.com/LEscamoteur-1392735951033939
nokishita711: nokishita.net

ŌSAKA

Bar Juniper:
 facebook.com/bar.juniper
Tom & Jerry Bar:
 tom-and-jerry-bar.com

SAPPORO

Bar Yamazaki:
 bar-yamazaki.com/english.html

TŌKYŌ

Bar BenFiddich:
 facebook.com/BarBenfiddich
Bar Four Seasons:
 bar-fourseasons.jp/
Bar High Five: barhighfive.com
Bar Hoshi: facebook.com/Bar-89F-1554652388099013
Bar Ishinohana: ishinohana.com
Bar L'Osier im Shiseido Parlor:
 losier.shiseido.co.jp
Bar Lupin: lupin.co.jp
Bar Orchard Ginza:
 facebook.com/barorchardginza
Bar Shake: barshake.jp
Bar Tram: small-axe.net/bar-tram
Bar Trench:
 small-axe.net/bar-trench
Bar Triad: small-axe.net/bar-triad
Bar Tsubomi
Gen Yamamoto: genyamamoto.jp
JBA Bar Suzuki:
 jba-barsuzuki.owst.jp/
Kamiya Bar: kamiya-bar.com
Le Parrain
Little Smith: littlesmith.net
Main Bar im Tōkyō Kaikan: kaikan.co.jp/en/restaurant/main_bar
Mixology Experience:
 spirits-sharing.com
Mōri Bar
Nikka Blender's Bar:
 nikkabar.wixsite.com/nikka
Old Imperial Bar at Imperial Hotel Tōkyō: imperialhotel.co.jp/e/tokyo/restaurant/old_imperialbar
The SG Club: sg-management.jp
Star Bar Ginza: starbar.jp
Tender
Y&M Bar Kisling

YOKOHAMA

The Bar Casablanca:
 casablanca.yokohama
Bar Noble:
 noble-aqua.com/bar_noble
Bar Sea Guardian II at Hotel New Grand: hotel-newgrand.co.jp/english/restaurant/sea-guardian-2
Cocktail Bar Nemanja:
 bar-nemanja.com

BIBLIOGRAFIE UND EMPFEHLENSWERTE LITERATUR

Alexander, Jeffrey W. *Brewed in Japan: The Evolution of the Japanese Beer Industry.* UBC Press, 2013.

Arnold, Dave. *Liquid Intelligence: The Art and Science of the Perfect Cocktail.* W. W. Norton & Company, 2014.

Boothby, William. *The World's Drinks and How to Mix Them.* Palace Hotel, 1900.

Brekell, Per Oscar. *The Book of Japanese Tea.* Tankosha Publishing, 2018.

Broom, Dave. *Japanischer Whisky: Eine Reise zu den wichtigsten Destillerien Japans.* Hallwag Verlag, 2019.

Chong, Doryun et al. *Tokyo 1955–1970: A New Avant-Garde.* The Museum of Modern Art, New York, 2012.

Craddock, Harry. *The Savoy Cocktail Book.* Constable & Company, LTD, 1930.

Fitts, Robert K. *Issei Baseball: The Story of the First Japanese American Ballplayers.* University of Nebraska Press, 2020.

Fuller, Hector. *Getting Into Port Arthur.* The Reader Magazine: Volume 4, Number 6, November 1904.

García, Héctor et al. *Ichigo-ichie: Die japanische Kunst, den perfekten Moment zu nutzen.* Allegria Verlag 2019.

Hachisu, Nancy Singleton. *Japan: Das Kochbuch.* Phaidon 2018.

Hachisu, Nancy Singleton. *Preserving the Japanese Way: Traditions of Salting, Fermenting, and Pickling for the Modern Kitchen.* Andrews McMeel Publishing, 2015.

Higuchi, Susumi et al. *Japan: Alcohol Today.* Addiction, 2007, 102, 1849–1862.

Howard, A.C. *A.C. Howard's Directory, for the City of Indianapolis.* A.C. Howard, 1857.

Hughson, David. *The New Family Receipt-book, Or, Universal Repository of Domestic Economy: Including a Fund of Useful Knowledge and Experience in All the Various Branches of Cookery, Medicine, Confectionery, Pastry, Brewing, Distilling, Pickling, Preserving, Perfumery, Dyeing, Gilding, Painting, Varnishing, Agriculture, Farriery, Gardening, Hunting, Fishing, Fowling.* United Kingdom: W. Pritchard and J. Bysh, 1817.

Karan, Pradyumna P., and Kristen Stapleton. *The Japanese City.* University Press of Kentucky, 1997.

Kaze, Yoshimura. *The Rise of Cocktail Culture in Japan Observed in Cocktail Books from the Meiji and the Early Showa Era.* Journal of Liberal Arts and Sciences at Tokyo City University, Vol. 8, 2015.

King, Joseph L. *History of the San Francisco Stock and Exchange Board.* Joseph L. King, 1910.

Lippit, Seiji M. *Topographies of Japanese Modernism.* Columbia University Press, 2002.

Lyman, Stephen und Chris Bunting. *The Complete Guide to Japa-*

nese Drinks: Saké, Shochu, Japanese Whisky, Beer, Wine, Cocktails and Other Beverages.* Tuttle Publishing, 2019.

MacElhone, Harry. *Harry's ABC of Mixing Cocktails.* Dean & Son, Limited, 1923.

Mansfield, Stephen. *Tokyo: A Cultural and Literary History.* Signal Books, 2009.

Meehan, Jim. *Das geheime Cocktail-Buch: Das Barbuch der New Yorker PDT Bar.* Gestalten Verlag, 2012.

Neff, Robert. *Letters from Joseon: 19th Century Korea Through the Eyes of an American Ambassador's Wife.* Seoul Selection, 2012.

Niehaus, Andreas und Tine Walravens. *Feeding Japan: The Cultural and Political Issues of Dependency and Risk.* Palgrave Macmillan, 2017.

Pellegrini, Christopher. *The Shochu Handbook: An Introduction to Japan's Indigenous Distilled Drink.* Telemachus Press, LLC, 2014.

Sand, Jordan. *House and Home in Modern Japan: Architecture, Domestic Space, and Bourgeois Culture, 1880-1930.* Harvard University Press, 2003.

Sanmi, Sasaki. *Chado the Way of Tea: A Japanese Tea Master's Almanac.* Tuttle Publishing, 2005.

San Francisco Call. Volume 104, Number 17, June 17, 1908.

Society for Nada Saké Research (SNSR); nada-ken.com/main/en/.

Sorby, Karol. *Asian and African Studies.* Slovak Academic Press, 1997 (Vol. 6-2, 151).

Stalker, Nancy K. *Devouring Japan: Global Perspectives on Japanese Culinary Identity.* Oxford University Press, 2018.

Stevens, Carolyn S. *On the Margins of Japanese Society: Volunteers and the Welfare of the Urban Underclass.* Routledge, 1997.

Teitelbaum, James. *Destination Cocktails: The Traveler's Guide to Superior Libations.* Santa Monica Press, 2012.

Thomas, Jerry. *The Bartender's Guide: Wie man alle Arten von einfachen und ausgefallenen Getränken mixt,* Selbstverlag 2018. Original: *How to Mix Drinks, or the Bon Vivant's Companion.* Dick & Fitzgerald, 1862.

Tipton, Elise K. und John Clark. *Being Modern in Japan: Culture and Society from the 1910s to the 1930s.* University of Hawaii Press, 2000.

Tsuji, Shizuo. *Original Japanische Küche.* BLV, 1987.

Urushido, Masahiro, and Michael Anstendig. *The Japanese Art of the Cocktail.* Houghton Mifflin Harcourt, 2021.

Utsukushii Kurashikata Institute. (2020). 72 Seasons (1.3.1) [Mobile App] App Store. apps.apple.com/us/app/72-seasons/id1059622777.

Uyeda, Kazuo. *Cocktail Techniques.* Mud Puddle Books, 2010.

Wondrich, David. *Imbibe! Updated and Revised Edition: From Absinthe Cocktail to Whiskey Smash, a Salute in Stories and Drinks to »Professor« Jerry Thomas, Pioneer of the American Bar.* archerPerigee, 2015.

DANK

Viele gute Dinge im Leben entstehen in Teamwork – so auch dieses Buch. Ich danke zunächst ganz herzlich meiner Co-Autorin Emma Janzen, weil sie mit ihrer Erfahrung als Fachjournalistin, Redakteurin und Buchautorin Struktur in meine Geschichte brachte und ihr Leben einhauchte.

Ohne Jennifer Sit, Chefredakteurin bei Clarkson Potter, hätte es dieses Buch nie gegeben. Sie erkannte, dass der Markt reif ist für einen Titel über japanische Cocktails, vertraute mir und stand mir während der Produktion stets zur Seite. Weiterhin möchte ich mich bei Talia Baiocchi, Chefredakteurin von PUNCH, herzlich bedanken, die mich als Autorin für das Buch empfohlen hat.

Ein Dank auch an Kevin Miyazaki für die Fotos, die das einfangen, was Worte nicht beschreiben können.

Mein Dank gilt außerdem den Menschen, die ihre Zeit, ihr Wissen und ihre Erfahrung geteilt haben – darunter Greg Boehm von *Cocktail Kingdom,* Meister-Sommelier Ken Frederickson von *High Road Spirits,* Eric Swanson von *Tokiwa Imports* und Markenbotschafter wie Gardner Dunn von *Suntory,* Emiko Kaji und Naoki Tomoyoshi von *Nikka,* Yumi Yoshikawa von *Chichibu Distillery,* Jonathon Edwards von *Vine Connections,* Maxwell Leer von *MTC Saké* und die unzähligen anderen, die Geschichten und Einblicke in das Leben einiger der weltbesten Saké-Brauereien und japanischen Spirituosen- und Shōchū-Destillerien gewährt haben.

Emma sagte, das Schreiben eines Buches sei eine Familienangelegenheit, und sie hatte recht. Ihr Partner Zach, Kayla, meine Freundin und Bartenderin im *Kumiko,* und mein Mann Sammy, sie alle haben mir ihre Zeit geschenkt und mich unterstützt. Meine tiefste Dankbarkeit gilt außerdem meinen Eltern Nancy und Chris Momosé, die mir beigebracht haben, wie man als Frau zwischen den Kulturen lebt und wie man Gäste bewirtet, und die mir einige Familienrezepte verraten haben.

JULIA

Tausend Dank an die beiden außergewöhnlichen Frauen, die mich für dieses Projekt an Bord geholt haben. Julia, es war mir eine große Ehre und eine große Freude, bei der Verwirklichung deiner Vision mitzuwirken. Danke, dass du mir die Augen für diese schöne Welt geöffnet und mir deine Geschichten anvertraut hast. Und vielen Dank an Jennifer Sit von Clarkson Potter, die mir dieses Projekt anvertraut hat und mich geduldig begleitet hat.

Danke auch an die Lehrer und Berater, die ihre Zeit geopfert haben, ihr Wissen und ihre Kontakte zur Verfügung gestellt haben – Eric Swanson, Maxwell Leer, Greg Boehm, Shingo Gokan, Matthew Rowley, Maggie Hoffman, Hanna Lee – und Kana Wahizu und Stephen Lyman für ihre Freundlichkeit und ihre fachkundigen Führungen durch Südjapan.

Und schließlich danke ich meiner Familie für die »Auszeit«, die sie mir gewährte, und meinem Mann Zach dafür, dass er der beste Komplize ist, den man sich wünschen kann. Von unseren wilden Abenteuern vor Ort in Japan bis hin zu Brainstorming-Sitzungen (ähm, Unterbrechungen deiner täglichen Routine) – wie immer hätte ich das alles nicht ohne dich an meiner Seite bewältigen können.

EMMA

SACHREGISTER

A
aisu-kurasshā (Eiscrusher) 67
aisupikku (Eispickel) 65
aisu-tongu (Eiszange) 67–68
Akashi-Tai (Brauerei) 98
aki (Herbst) 210
Akiyama, Tokuzō 34
Akkeshi (Destillerie) 91
Akuto, Ichiro 91
Amabuki (Brauerei) 83–85
Amazaké 302
Angel's Half 96
Arakawa, Eiji 35
Aritsugu 79
authentische Bars 24, 33
Awamori 89

B
Bamboo Cocktail, Geschichte des 29
Bar BenFiddich 49, 50, 55, 60
Bar Bunkyu 52
Bar Casablanca 43, 46
Bar Gen Yamamoto 49, 52, 55
Bar High Five 42, 49, 52, 53, 55
Bar Hoshi 41
Bar Ishinohana 42
Bar Juniper 51
Bar Le Parrain 43
Bar Lupin 33, 38, 54
Bar Noble 42
Bar Orchard Ginza 21, 43, 49, 53, 55, 60, 86
Bar Oscar 43
Bar Rocking Chair 42, 50
Bar Shake 21, 43, 49, 55, 171
Bartechniken 72
  arbeiten mit dem Jigger 69–71
  Cocktails rühren 71
  Eier in Cocktails verwenden 129
  Eisdiamanten herstellen 66–67
  Eiskugeln herstellen 65
  Eiswürfel herstellen 64–65
  große Eisblöcke zerkleinern 66
  »Hard Shake«, 58
  kristallklares Eis herstellen 64
  Momosé-Methode für Highballs 109
  Rührlöffel verwenden 71–72
  Zitrusöle ausdrücken 75
Barwerkzeuge
  Barlöffel 71–72
  Barsiebe 73
  Bitterflaschen 73
  empfohlene Hersteller 78–79
  für die Eisherstellung 64–68
  Garnierwerkzeuge 75–76
  Geschichte der 59
  Jigger 69–71
  Organisation 68
  Rührgläser 71
  Rührstäbchen, Stößel 75
  Shaker 72
Bar Trench 50, 52, 55, 85, 261
bāsupūn (Barlöffel) 71–72
Bee's Knees 50
Birdy-Shaker 59
bitāzu botoru (Bitterflaschen) 73
Bitterflaschen 73
Bitters, japanische 146
Boehm, Greg 69
bōshu (Das Getreide reift) 176
Boston Shaker 72
Buchweizen-Shōchū 89

C
Cabaret Club 25
Café Purantan 32
Café Raion 32
Chiyonosono (Brauerei) 85
Cobbler Shaker 72
Cocktail (Maeda) 34
Cocktailsiebe 73
Collins-Stangen 62
Cor Cor Rum 95

D
daikan (Große Kälte) 308
Dai Nippon Kaju Kabushiki Kaisha 90
Denki Bran 99
dezain (Design) 51
Diamant- oder Brillantschliff von Eis 62
Dungan, Cornelius 69

E
Ebina, Akio 49
Eier, in Cocktails 129
Eigashima (Destillerie) 90, 91
Eis 61–67
  aus der Maschine 62
  Diamanten schneiden 66–67
  Eiswürfel herstellen 64–65
  große Blöcke zerkleinern 66
  kristallklares Eis herstellen 64
  Würfel, Kugeln und Stangen 62
Eiscrusher 67
Eispickel 65, 66, 78
Eissägen 64–65
Eiszangen 67–68
Eppinger, Louis 29–30
Essstäbchen 76

F
Fruchtliköre 96–98
Frühling 104
  Mikrojahreszeiten 105
Fujita Marunoko Industry Co. Ltd., 79
Futsushu (Tafel-Saké) 83
fuyu (Winter) 262

G
gānisshu tsūru (Garnierwerkzeuge) 75–76
Garnierwerkzeuge 75–76
Gastlichkeit 21–23
Gastropub 24
Gersten-Shōchū 88
geshi (Sommersonnenwende) 184
Gin 92–95
Gin Botanicals 93
Ginza 30–33, 41–42, 43
Gion 7–8
Glaswaren 59–60
Gokujō Tsutsumi Shōchū 99
Grace Rum 95

SACHREGISTER

Grand Hotel 29, 30
Grenadine 313
Grüntee 93
gurasu (Glaswaren) 59–60

H
Hakata Yatai Bar Ebi-chan 49
hakuro (Gleißend weißer Tau) 228
Hakushu (Destillerie) 104
Hamada, Shogo 29, 32
Hamada (Destillerie) 94
Handtücher 21
Hard Shake 58
haru (Frühling) 104
Hauck, Edward 72
Hawthorne-Sieb 73
Heisei-Ära 55
Helios (Destillerie) 95
Herbst 210
  Mikrojahreszeiten 211
Highballs
  Eistangen für 62
  Momosé-Methode für 109
hinoki 93, 94
Hombo Shuzō 90, 94
Honda, Haruyoshi 38, 41
honetsuki (Ausbeinmesser) 66
Honkaku Shōchū 85, 88–89, 187
hon-wasabi 150
Hoshi, Yūichi 41, 55
hosutesu/hosuto-kurabu (Cabaret-Clubs) 25
Hotel Barmen's Guild, Japan (HBG) 40–41
Hotel New Grand 29, 30

I
Ie Rum Santa Maria 95
Imada, Miho 83
Imada Shuzō 83
Imai, Kiyoshi 41
imo (Süßkartoffel-Shōchū) 88
Imperial Hotel 33–34
itadakimasu 18
Iyama, Keiichi 39–40
izakaya (Gastropub) 24

J
Japan Bartenders Association 34 *siehe auch* Nippon Bartenders Association
Japanische Bars
  Auswahl des Drinks 44
  berühmte erste Bars 32
  Bräuche und Kultur 43–47
  Design 51
  Gastlichkeit 44–45
  Handtücher 21
  heutige Bars 322
  in den frühen 2000er-Jahren 42–43
  in den 1920er- und 1930er-Jahren 33–38
  in den 1990er-Jahren 41–42
  Musik 51–52
  Platzgebühr 46
  Spezialisierung 43
  Standardcocktails in 44
  Typen von 24–25
  Weltkriegsjahre 38–39
Japanische Bartender *siehe auch* Bartechniken und Barwerkzeuge
  Einfluss von Barwerkzeugen auf 58
  Frauen 52–53
  Konzept des Wa 12–13
  Meister und Lehrlinge 20–21
Japanische Bitters 146
Japanische Cocktails
  Eier verwenden in 129
  frühe Bücher über 34–35
  Handwerkszeug und Spezialisierung 20–21
  internationale Beachtung 29–30
  kurze Geschichte 27–44
  Mixtipps 103
  Nachkriegsjahre 39–41
  Prinzip der Gastlichkeit 21–23
  Prinzip der Saisonalität 18–20
  Standard 45
  Traditionen und Philosophie 12–13
  zeitgenössische Trends 49–52
Japanische Geschichte 54–55
Japanische Süßkartoffeln 257
Japanischer Bermutto 149
Japan Spirits and Liqueurs Makers Association (JSLMA) 241
Jiggers 69–71
jin (Gin) 92–95
Joghurt-Likör 99
JuJu Gin 94
Julep-Siebe 73

K
Kaikan Fizz Cocktail, Geschichte 38–39, 55
kajitsu-shu (Fruchtalkohol) 96
Kaki-Früchte 233
Kamiya, Denbei 99
Kamiya Bar 99
kanro (Knackige Morgenkühle) 246
kasutori (Saké-Hefe) 89
Kayama, Hiroyasu 49, 50, 51, 55, 60
keichitsu (Insekten erwachen) 126
Keramik 20, 59–60, 226, 253, 262, 320
Kern 39–40
Kikuchi, Hiroshi 29–30
Kimura Garasu 78
Ki No Bi Dry Gin 94
Kiriko-Gläser 60
Kishi, Hisashi 42, 49, 55, 62
Kissui Vodka 92
kōji 84, 86
kokutō (Schwarzzucker-shōchū) 89, 183
kokuu (Nährender Regen) 152
Komasa Gin 94
komé (Reis-Shōchū) 88
kōri (Eis) 61–64
kōrinoka (Eissägen) 64–65
Koshimizu, Seiichi 20
Kristallglas 60
Kumiko 10, 23, 41
kurabu (Mitgliederclubs) 25
kyabakura (Cabaret Clubs) 25
Kyōto (Destillerie) 82
Kyōto Martini 50
Kyoya Shuzō Premium Yuzugin 94

L
L'Escamoteur Bar 51
Liköre 96–99
Little Smith 41, 46, 55

M
madorā (Rührstäbchen) 75
Maeda, Yonekichi 35
maewari (vorgemixtes Shōchū) 87
Maison Kōnosu 32
Maniwa, Tatsuzō 33
Mars Hombo Shuzō (Destillerie) 90

SACHREGISTER

Mars Shinshu (Destillerie) 90
Masahiro Okinawa Gin 95
masshā (Stößel) 75
masutā (Meister des Handwerks) 20–21
Matcha 120
Matsuyama, Shōzō 32
Meiji-Restauration 28, 52, 54
mejākappu (Jiggers) 69–71
Messer 66, 76
Mezcal 50
Mikrojahreszeiten
 Frühling 105
 Herbst 211
 Sommer 161
 über die 19
 Winter 263
Midori 164
mikishingu gurasu (Rührgläser) 71
Million Dollar Cocktail, Geschichte des 29–30
minarai (Lehrling) 20–21
Mise en place 68
Miyanohara, Takuo und Sumiré 60
Miyashita Shuzō (Brauerei) 94
Miyazaki 94
mizuwari/chu-hi (Shōchū Highball) 87
monozukuri (Handwerkskunst und Spezialisierung) 20–21
Mōri, Takao 41–42, 55
Mōri Bar 41, 43, 55
Mörser und Stößel 76
Mount Fuji Cocktail, Geschichte 34
mugi (Gersten-Shōchū) 88
Munemasa (Destillerie) 187
Musik 51–52
Musikbars 25

N

Nagatomo, Shuichi 48
naifu (Messer) 66
natsu (Sommer) 160
nijūshisekki aki no ichiran 211
nijūshisekki haru no ichiran 105
nijūshisekki natsu no ichiran 161
nijūshisekki no ichiran/fuyu 263
Nikka 90–92

Nikka Coffey Gin 94
Nikka Coffey Vodka 92
Nine Leaves Rum 95–96
Nippon Bartenders Association (NBA) 34, 38
Nokishita711 49, 50, 51, 52

O

Okayama Craft Gin 95
Okuda, Komazō 32
Okuhida Reis-Wodka 92
omakasé (Wahl des Drinks) 44
omotenashi (Gastlichkeit) 21–23, 44–45
ongaku (Musik) 51–52
ōsenchikkubā (authentische Bar) 24, 33
oshibori (Handtuch) 45
otōshi (Platzgebühr) 46
Ōtsuka Garsu 79
Ōtsurui Shōchū 85
oyuwari (Shōchū mit heißem Wasser) 87

P

Perry, Matthew C. 90–91
Pinzetten 76
Platzgebühr 46

R

Rakuraku Kōri Chōkoku Best Katayama 78–79
ramu (Rum) 95–96
Reiben 76
Reis-Shōchū 88
Reiwa-Ära 55
rekōdobā (Musikbars) 25
Rhum agricole 96
rikka (Sommeranfang) 162
rikyūru (Liköre) 96–99
risshū (Herbstanfang) 212
risshun (Frühlingsanfang) 106
risuningubā (Musikbars) 25
rittō (Winteranfang) 264
rokusu (Shōchū on the rocks) 87
Rossi, Christophe 51
Rührgläser 71
Rührstäbe 75
Rum 95–96

S

Saisonalität 18–19, 319
Saké 82–85
 bekannte Hersteller 83–85
 Hefe 89

 Premium 83
 Tafel- 83
Sakurao (Destillerie) 94
Sakurao Limited Edition gin 94
Sandoval, Noah 10
Sanpō Sangyō 78
sanshō 93, 292
satsumaimo (japanische Süßkartoffeln) 257
Schälmesser 66, 76
Scheren 75
seimei (Reines Sonnenlicht) 144
Sekiné, Tomoiki 49
sekki (Mikrojahreszeiten) 19
senmon (Spezialisierung) 43
Settsu Shuzō (Destillerie) 18–20, 90
SG Club 50, 55, 86
Shaker 59, 72
shēkā (Shaker) 72
shiozakura, für Cocktails 141
shiso 93, 193
shitagoshiraé (Mise en place) 68
Shōchū
 Infusionen 319
 mit Wasser servieren 87
 Stile 85–86
 Typen 85–86
 Zutaten 222
shōkan (Kleine Kälte) 300
shōman (Die ersten Blüten) 170
shōsetsu (Leichter Schneefall) 272
shosho (Ende der Hitze) 220
shōsho (Kleine Hitze) 190
shot bar 24
shottobā (Shot Bar) 24
Shōwa-Ära 54–55
shūbun (Herbst-Tagundnachtgleiche) 238
Shu-Ha-Li 46
shun (Saisonalität) 18–20
shunbun (Frühlings-Tag-undnachtgleiche) 134
Snackbar 24–25
soba (Buchweizen-Shōchū) 89
Sommer 160
 Mikrojahreszeiten 161
sōkō (Erster Frost) 254
Speakeasy 52

SACHREGISTER

Spezialisierung 43
Standardcocktails 44
Star Bar Ginza 42, 43, 49, 55, 62
Stehbars 25
Stößel 75
sunakku bā (Snackbar) 24–25
Suntory 90–92
Suntory Roku Gin 94
sutandādo kakutera (Standardcocktails) 44
sutandingubā (Stehbar) 25
sutorēnā (Siebe) 73
Süßkartoffeln, japanische 257
Süßkartoffel-Shōchū 88

T

tachinomiya (Stehbar) 25
taisetsu (Heftiger Schneefall) 280
taisho (Große Hitze) 200
Taishō-Ära 54
Takakyu Sangyō 79
Takaminé, Jōkichi 86
Taketsuru, Masataka 90
Takeuchi, Yoshiharu 95–96
Teeda 95
Teesiebe 73
Tender Bar 33, 56, 58
tōji (Wintersonnenwende) 290
tōki (Keramik) 60
Tokubee, Masuda 81

Tōkyō Kaikan 38, 39, 41, 42, 54, 55
Torii, Shinjiro 39, 55, 90, 107
Torys Bars 39, 55, 107
Toyo Sasaki 78
Trinkgefäße 59–60
Tsubokura, Kenji 42–43
Tsuki no Katsura 81, 82, 83, 93
Tsunuki (Destillerie) 90
Tsutsumi (Destillerie) 149

U

Ueno, Hidetsugu 42, 49, 55, 62
uisukī (Whisky) 90–91
Umé 96
Uméboshi 96
Umé-shu 96, 98
Umé-su 96, 98
uokka (Wodka) 91–92
usui (Schneefall wird zu Regen) 118
Uyeda, Kazuo 42, 45, 55, 58

V

Valentinstag in Japan 116
Venture Whisky (Destillerie) 91

W

wa (Harmonie) 12
Wa Bi Gin 94
Wa Premium Craft Wodka 92

Wasabi 150
Weihnachten in Japan 299
Weltkrieg, Zweiter 38–39
Whiskey Trust 86
Whisky 86, 90–91, 241
Winter 262
  Mikrojahreszeiten 263
Wodka 91–92
Wright, Frank Lloyd 33

Y

yakumi 75
Yamachū 79
Yamamoto, Gen 48
Yamazaki (Destillerie) 90
Yamazaki, Tasurō 41, 55
Yamazaki, Yuki 146
Yarai-Muster 71
Yasuda, Hidenori 49, 51
Y&M Bar Kisling 42, 55
Yokohama 28–30, 32, 42, 43, 46, 54, 138, 313
Yokoyama, Tetsuya 59, 78
Yokoyama Kōgyō 78
Yoshida, Mitsugi 42, 55
Yukiguni Cocktail, Geschichte 40
Yuko Kinjo 95
Yuzu 93, 273
Yuzu-koshō 273

Z

Zangen (Garnierwerkzeug) 76
Zypresse 93

REZEPT- UND ZUTATENREGISTER

A
Abokado no Chīzu-yaki
  (Mit Käse überbackene
  Avocado) 46
Absinth
  Frosty Mikan 284
  Kiku Cocktail 251
  Momosé Martini 145
  Glyzinie 159
After Angels 309
Alkoholfrei
  Azalea 301
  Golden One 245
  Magenta Cooler 193
  Matcha Miruku 283
  Mugi Tonic 182
  Shiozakura Highball 135
  Würziger Chrysanthemen-
  Latte 252
Allspice Dram
  Saké Chai Flip 287
Amaro
  Momosé Manhattan 239
Amazaké
  Azalea 301
Ananassaft
  Million Dollar 313
  Mount Fuji 34
Angostura Bitter
  Carré Nouveau 258
  Elderflower Sour 175
  Grey Wolf 188
  Japanese Cocktail 213
  Japanese Cocktail #2 215
  Line Cocktail 229
  Old Fashioned 310
  Vector 234
  Yaki-imo Old Fashioned
  255
Aperol
  Suika Spritz 194
Apfelbrandy
  Ringo Highball 216
Apricot Eau de Vie
  Delicate Refusal 142
Aprikosenlikör
  Apricots and Cream 197
Armagnac
  Carré Nouveau 258
  Japanese Cocktail #2 215
Avocado, mit Käse über-
  backen 46
Awamori
  Grüne-Paprika-Margarita
  205

Ryūkyū Gimlet 155
Suika Spritz 194
Washitsu 133
Azalea 301

B
Bamboo Cocktail 206
Bancha
  Chawari Toddy 226
  Hot Bancha 226
Barolo Chinato
  Sakuranbō Americano
  172
Bénédictine
  Carré Nouveau 258
  Grey Wolf 188
  Line Cocktail 229
  Pashmina 237
  Vector 234
Bloody Mary, Kumiko 150
Blue Curaçao
  Sky Diving 306
Bourbon
  Old Fashioned 310
Brandy
  Kami Hikōki 269
  Saidānekutā 35

C
Cachaça
  Spindrift 167
Campari
  Campari Soda 171
  Hot Campari 270
  Negroni 247
  Sakuranbō Americano
  172
  Sakurazuké Martini 141
Cappelletti
  Kami Hikōki 269
Carré Nouveau 258
Cashewdrink
  Matcha Miruku 281
  Matcha Miruku (alkohol-
  frei) 283
  Würziger Chrysanthemen-
  Latte 252
Cashew-Orgeat
  Japanese Cocktail 213
  Japanese Cocktail #2
  215
  Rezept für 316
Cassis Oolong 278
Chai Cream Liqueur
  Saké Chai Flip 287

Chai Flip, Saké 287
Champagner
  French 75 296
  Holiday Highball 298
  Kyohō Sour 219
Chartreuse
  Kaki Flip 230
Chawari Toddy 226
Chrysanthemen-Honig-
  Likör
  Kiku Cocktail 251
  White Negroni 248
Chrysanthementee 253
Cocchi Americano
  White Negroni 248
Cocchi Rosa
  Rose Manhattan 124
Cognac
  Japanese Cocktail 213
  Kirschblüte 138
Cranberry-Gin-Likör
  Holiday Highball 298
  Neither-Nor 288
Crème de Cacao
  Sanshō Grasshopper 292
  Silken Chocolate Martini
  116
  Washitsu 133
  White Grasshopper 291
Crème de Cassis
  Cassis Oolong 278
  Pashmina 237
Crème de Violette
  Glyzinie 159
Cynar
  Pashmina 237

D
Daiquiri 168
Daiquiri, Hōjicha Coconut
  277
Delicate Refusal 142
Demerara-Sirup 318

E
Eier
  Elderflower Sour 175
  Ichigo Sour 127
  Million Dollar 313
  Mount Fuji 34
  Saké Chai Flip 287
Elderflower Sour 175
Erdbeerlikör
  Strawberry White Cake
  295

REZEPT- UND ZUTATENREGISTER

Erdbeersirup
  Ichigo Sour 127
  Rezept für 319
Essig
  Kyohō Sour 219
  Evening Star 266

F
Falernum
  Opal Martini 221
French 75 296
Frosty Mikan 284

G
Galliano
  Kinmokusei Cocktail 242
Génépi
  Kyūri Cocktail 209
Gersten-Shōchū
  Apricots and Cream 197
  Carré Nouveau 258
  Murasaki Sonic 191
  Neither-Nor 288
  Opal Martini 221
  Pashmina 237
  Ryūkyū Gimlet 155
  Saké Chai Flip 287
  Silken Chocolate Martini 116
  Zitronengras-Shōchū 221
Gimlet 153
Gimlet, Ryūkyū 155
Gin
  Evening Star 266
  French 75 296
  Gimlet 153
  Glyzinie 159
  Holiday Highball 298
  Kaikan Fizz 39
  Kinmokusei Cocktail 242
  Kinomé Martini 149
  Kumiko Bloody Mary 150
  Line Cocktail 229
  Million Dollar 313
  Momosé Martini 145
  Mount Fuji 34
  Mugi Gin and Tonic 180
  Negroni 247
  Sakura Collins 137
  Sanshō Grasshopper 292
  Vector 234
  Vesper 265
  White Negroni 248
  Yuzu Salty Dog 274
Glyzinie 159
Golden One 245
Gran Classico
  Negroni 247
  Neither-Nor 288

Grapefruitsaft
  Sol Cubano 201
  Sudachi Shōchū Sour 225
  Yuzu Salty Dog 274
Grapefruit-Likör
  Delicate Refusal 142
Grasshopper
  Sanshō Grasshopper 292
  White Grasshopper 291
Grüntee-Shōchū
  Midori Shōchū Sour 163
  Rezept für 319–20
  Ryūkyū Gimlet 155
  Warm Note 305
  White Grasshopper 291
Grey Wolf 188
Gurke
  Kyūri Cocktail 209

H
Heering Cherry Liqueur (Kirschlikör)
  Kirschblüte 138
  Sakuranbō Americano 172
Hishimochi-Bitter-Soda 119
Hōjicha
  Geklärter Mezcal-Milchpunsch 261
  Gekühlter Hōjicha 320
  Hōjicha Coconut Daiquiri 277
Holiday Highball 298
Honig
  Honigcreme 197
  Honigsirup 317
Honigmelonensaft 167
Hot Bancha 226
Hot Campari 270

I
Ichigo Sour 127
Ingwer-Shōchū
  Kamakiri 179
  Rezept für 319
  Warm Note 305

J
Japanese Cocktail 213
Japanese Cocktail #2 215
Japanischer Bermutto
  Kinomé Martini 149

K
Kabosu-Saft
  Kamakiri 179
  Kaikan Fizz 39

Kaffee
  Apricots and Cream 197
  Cold-brew-Kaffeekonzentrat 199
  Japanischer Eiskaffee 198
Kakaosahne 295
Kaki Flip 230
Kamakiri 179
Kami Hikōki 269
Kiku Cocktail 251
Kinmokusei
  Golden One 245
  Kinmokusei Cocktail 242
  Kinmokusei-Sirup 318
  Matcha Miruku 283
  Saké Chai Flip 287
Kinomé Martini 149
Kirschblüte 138
Kiss of Fire 130
Kokos
  Kokossirup 277
  Hōjicha Coconut Daiquiri 277
Koshian-Sirup 301
Kumiko Bloody Mary 150
Kumiko Highball 107–8
Kümmel
  Hot Campari 270
Kuromitsu
  Mugi Tonic 182
  Würziger Chrysanthemen-Latte 252
  Würziger Kuromitsu 253
  Yaki-imo Old Fashioned 255
Kyohō Sour 219
Kyūri Cocktail 209

L
Latte, würziger Chrysanthemen-, 252
Likörwein
  Umé Old Fashioned 112
  Washitsu 133
Lillet
  Vesper 265
Limette
  Daiquiri 168
  Grüne-Paprika-Margarita 205
  Hōjicha Coconut Daiquiri 277
  Kamakiri 179
  Kinmokusei Cocktail 242
  Midori Shōchū Sour 163
  Mojito 177
  Ryūkyū Gimlet 155
  Smoked Umé Margarita 115

REZEPT- UND ZUTATENREGISTER

Spindrift 167
Sudachi Shōchū Sour 225
Washitsu 133
Yukiguni 40
Limettensirup
  Gimlet 153
  Rezept für 318
  Sky Diving 306
Line Cocktail 229

M
Magenta Cooler 193
Manhattan
  Momosé Manhattan 239
  Rose Manhattan 124
Maraschino-Likör
  Mount Fuji 34
Margaritas
  Grüne-Paprika-Margarita 205
  Smoked Umé Margarita 115
Martinis
  Kinomé Martini 149
  Momosé Martini 145
  Opal Martini 221
  Sakurazuké Martini 141
  Silken Chocolate Martini 116
Matcha
  Hishimochi-Bitter-Soda 119
  Matcha Miruku 281
  Matcha Miruku (alkoholfrei) 283
  Washitsu 133
  White Grasshopper 291
  Yuzu Salty Dog 274
Melone
  Honigmelonensaft 167
  Midori Shōchū Sour 163
  Spindrift 167
  Suika Spritz 194
Menthe-Pastille-Likör
  Sanshō Grasshopper 292
  White Grasshopper 291
Mezcal
  Geklärter Mezcal-Milchpunsch 261
  Smoked Umé Margarita 115
Midori Shōchū Sour 163
Milch *siehe auch* Cashewdrink
  Geklärter Mezcal-Milchpunsch 261
  Kaikan Fizz 39
  Million Dollar 313

Minze
  Kamakiri 179
  Mojito 177
Mistelle
  Washitsu 133
Mitsuya Cider
  Saidānekutā 35
Mojito 177
Momosé Manhattan 239
Momosé Martini 145
Mount Fuji 34
Mugi-Cha
  Gekühlter Mugi-Cha 320
  Mugi Gin and Tonic 178, 180
  Mugi Tonic 182
Murasaki Sonic 191

N
Negroni 247
Negroni, White 248
Neither-Nor 288

O
Old Fashioned 310
  Umé Old Fashioned 112
  Yaki-imo Old Fashioned 255
Oolong, gekühlter 278
Opal Martini 221
Orangenbitters
  Bamboo Cocktail 206
  Old Fashioned 310
  Opal Martini 221
Orangenlikör
  Grüne-Paprika-Margarita 205
  Kirschblüte 138
  Sudachi Shōchū Sour 225

P
Paprikasirup 205
Pashmina 237
Peychaud's bitters
  Carré Nouveau 258
  Delicate Refusal 142
  Hishimochi-Bitter-Soda 119
  Ichigo Sour 127
  Opal Martini 221
  Smoked Umé Margarita 115
  Umé Old Fashioned 112
Pineau des Charentes
  Momosé Manhattan 239
  Silken Chocolate Martini 116
  Umé Shōchū Sour 185

Pommeau
  Evening Star 266
  Ringo Highball 216

R
Reis-Shōchū
  Ingwer-Shōchū 319
  Grüntee-Shōchū 319–20
  Kinmokusei Cocktail 242
  Opal Martini 221
  Ryokucha-Hi 156
  Saké and Sonic 123
  Zitronengras-Shōchū 221
Ringo Highball 216
Rosenlikör
  Rose Manhattan 124
Rum
  Daiquiri 168
  Glyzinie 159
  Hōjicha Coconut Daiquiri 277
  Kamakiri 179
  Mojito 177
  Opal Martini 221
  Sky Diving 306
  Sol Cubano 201
  Washitsu 133
Ryokucha-Hi 156
Ryūkyū Gimlet 155

S
Sahne
  Honigcreme 197
  Kakaosahne 295
  Mount Fuji 34
  Sanshō Grasshopper 292
  White Grasshopper 291
Saidānekutā 35
Saké
  Geklärter Mezcal-Milchpunsch 261
  Elderflower Sour 175
  Evening Star 266
  Kaki Flip 230
  Kiku Cocktail 251
  Opal Martini 221
  Saké and Sonic 123
  Saké Chai Flip 287
  Sakurazuké Martini 141
  Sakura Collins 137
  Sakuranbō Americano 172
  Sakurazuké Martini 141
Salty Dog, Yuzu 274
Salz-Pfeffer-Mischung 194
Sanshō Grasshopper 292
Sasanigori Spindrift 167
Satsuma-Saft
  Frosty Mikan 284

Schlehen-Gin
  Kiss of Fire 130
Schokolade
  Washitsu 133
Scotch
  Elderflower Sour 175
Scrappy's cardamom bitters
  White Negroni 248
Sencha
  Cold-brew-Sencha 320
  Golden One 245
  Magenta Cooler 193
  Ryokucha-Hi 156
Sherry
  Bamboo Cocktail 206
  Delicate Refusal 142
  Kumiko Highball 107–8
  Kyūri Cocktail 209
  Neither-Nor 288
  Rose Manhattan 124
  Saidānekutā 35
  Smoked Umé Margarita 115
  TSC (Tomato-Sherry-Cobbler) 202
Shiozakura
  Delicate Refusal 142
  Sakura Collins 137
  Sakurazuké Martini 141
  Shiozakura Highball 135
  Shiozakura Saline Solution 316
Shiso-Saft *siehe auch* Shiso no jyūsu
Shiso no jyūsu
  Magenta Cooler 193
  Murasaki Sonic 191
  Rezept für 316
Shōchū *siehe auch* Awamori; Gersten-Shōchū; Grüntee-Shōchū; Reis-Shōchū; Süßkartoffel-Shōchū
  Chawari Toddy 226
  Hot Campari 270
  Kaki Flip 230
  Kamakiri 179
  Opal Martini 221
  Strawberry White Cake 295
  Sudachi Shōchū Sour 225
  Umé Shōchū Sour 185
  Warm Note 305
  Zitronengras-Shōchū 221
Silken Chocolate Martini 116
Sky Diving 306
Smoked Umé Margarita 115

Soba Shōchū
  Kaki Flip 230
  Strawberry White Cake 295
Sol Cubano 201
Sotol
  Delicate Refusal 142
Sekt *siehe auch* Champagner
  Suika Spritz 194
Spindrift 167
Sudachi Shōchū Sour 225
Suika Spritz 194
Suze
  White Negroni 248
Süßkartoffel-Essig-Sirup 135
  After Angels 309
  Shiozakura Highball 135
Süßkartoffel-Shōchū
  After Angels 309
  Cassis Oolong 278
  Ichigo Sour 127
  Japanese Cocktail #2 215
  Matcha Miruku 281
Sirups
  Demerera-Sirup 318
  Erdbeersirup 319
  Honigsirup 317
  Kinmokusei-Sirup 318
  Kokos-Sahne-Sirup 277
  Koshian-Sirup 301
  Limettensirup 318
  Paprikasirup 205
  Süßkartoffel-Essig-Sirup 135
  Tomatenwassersirup 202
  Zuckerrohrsirup 318
  Zuckersirup 318

T
Tee *siehe auch* Grüntee; Hōjicha; Matcha; Mugicha; Sencha
  Cassis Oolong 278
  Chawari Toddy 226
  Chrysanthementee 253
  Gekühlter Oolong 278
  Hot Bancha 226
  Würziger Chrysanthemen-Latte 252
  Würziger Kuromitsu 253
Tequila
  Delicate Refusal 142
  Grüne-Paprika-Margarita 205
Toddy, Chawari 226
Tomaten
  Kumiko Bloody Mary 150

Tomatenwassersirup 202
TSC (Tomato-Sherry-Cobbler) 202

U
Umé-shu
  After Angels 309
  Rezept für 317
  Smoked Umé Margarita 115
  Umé Old Fashioned 112
  Umé Shōchū Sour 185
Umé-su
  Azalea 301
  Grey Wolf 188
  Rezept für 316–17

V
Vector 234
Verjus blanc
  Delicate Refusal 142
Verjus rouge
  Azalea 301
Vermouth
  Bamboo Cocktail 206
  Ichigo Sour 127
  Kiku Cocktail 251
  Kinomé Martini 149
  Kiss of Fire 130
  Kyohō Sour 219
  Kyūri Cocktail 209
  Line Cocktail 229
  Million Dollar 313
  Momosé Manhattan 239
  Momosé Martini 145
  Negroni 247
  Sakura Collins 137
  Sakurazuké Martini 141
  Vector 234
  White Negroni 248
Vesper 265

W
Warm Note 305
Washitsu 133
Wassermelonensaft
  Suika Spritz 194
Whisky
  Elderflower Sour 175
  Grey Wolf 188
  Kami Hikōki 269
  Kumiko Highball 107–8
  mit Süßkartoffeln infusionierter japanischer Whisky 257
  Momosé Manhattan 239
  Old Fashioned 310
  Ringo Highball 216
  Rose Manhattan 124

Umé Old Fashioned 112
Yaki-imo Old Fashioned 255
White Curaçao
  Yukiguni 40
White Grasshopper 291
White Negroni 248
Wodka
  Evening Star 266
  Gimlet 153
  Ichigo Sour 127
  Kiku Cocktail 251
  Kiss of Fire 130
  Kumiko Bloody Mary 150
  Kyohō Sour 219
  mit Gewürzen infusionierter Wodka 320
  Silken Chocolate Martini 116
  Vesper 265

Würziger Kuromitsu 253
  Kumiko Bloody Mary 150
  Rezept für 320

Y
Yaki-imo Old Fashioned 255
Yukiguni 40
Yuzu Bitters
  Momosé Martini 145
Yuzu-Saft
  Golden One 245
  Yuzu Salty Dog 274
Yuzu-shu
  Glyzinie 159

Z
Zitrone
  Campari Soda 171
  Elderflower Sour 175

French 75 296
Glyzinie 159
Golden One 245
Holiday Highball 298
Hot Campari 270
Kaikan Fizz 39
Kirschblüte 138
Kiss of Fire 130
Kumiko Bloody Mary 150
Kyohō Sour 219
Magenta Cooler 193
Midori Shōchū Sour 163
Sakura Collins 137
Shiozakura Highball 135
Zitronengras-Shōchū
  Opal Martini 221
  Rezept für 221
Umé Shōchū Sour 185
Zuckerrohrsirup 318
Zuckersirup 318

JULIA MOMOSÉ, geboren und aufgewachsen in Japan, lebt heute in Amerika und ist eine gefeierte Barmixerin. Mit Akribie und Liebe zum Detail kreiert sie legendäre Cocktails und wurde für viele ihrer Barprogramme ausgezeichnet. Mit ihrer japanischen Bar *Kumiko* hat sie sich in Chicago ihren größten Traum erfüllt.

EMMA JANZEN ist Journalistin, Redakteurin und Fotografin. Sie hat sich auf Themen rund um Getränke, Cocktails und Design spezialisiert.

Die amerikanische Originalausgabe erschien 2021 unter dem Titel *The Way of the Cocktail* bei Clarkson Potter/Publishers, New York, einem Imprint von Random House, Penguin Random House LLC.

© 2021 Julia Momosé
Fotografie © 2021 Kevin Miyazaki
Illustrationen © 2021 Yuko Shimizu
Design: Ian Dingman

Dieses Buch wurde klimaneutral produziert.

Erste Auflage 2022
© 2022 für die deutsche Ausgabe:
DuMont Buchverlag, Köln
Alle Rechte vorbehalten

Verlagskoordination: Kathrin Nick
Lektorat: Bettina Snowdon
Satz: mittelstadt 21, Vogtsburg-Burkheim
Umschlaggestaltung: Birgit Haermeyer
Druck und Verarbeitung: L.E.G.O. S.p.A., Vicenza

Printed in Italy

ISBN 978-3-8321-6918-3

www.dumont-buchverlag.de